高等院校精品课程系列教材

国家级首批新文科研究与改革实践项目
西北大学"双一流"建设项目资助出版
线上一流本科课程（中国大学MOOC）配套教材

创新思维与创业实战

INNOVATION THINKING AND
ENTREPRENEURSHIP PRACTICE

主　编　顾　颖　王莉芳
副主编　董联党　房路生
参　编　范王榜　段　阳　刘天利　彭珍珍
　　　　毛　倩　顾江寒　王肖利　阮添舜

机械工业出版社
CHINA MACHINE PRESS

本书是在《创新创业新思维与新实践》一书的基础上修订而成的。全书共分为15个模块，涵盖创业本领与创业精神，寻找创业合伙人，构建创业团队，商业模式创新，商业计划与创业方法，创新创业与创利，创业融资，创业营销，创业机遇，创业风险，赛教结合与敢闯会创，产业数智化带动创业，技术创新与商业成功，创业标杆：隐形冠军，人工智能技术创业等模块，注重科学性、理论性、系统性和实践性的有机统一。本书的编排融入作者多年来从事通识教育、创新创业教育和创业管理专业教育的经验，有机融入课程思政内容，紧跟创新创业领域的前沿热点，具有鲜明的时代特色。

本书适合作为普通高等院校创新创业基础课程的教学用书，也可供创业者和创业孵化机构工作人员阅读参考。

图书在版编目（CIP）数据

创新思维与创业实战 / 顾颖，王莉芳主编. -- 北京：机械工业出版社，2024.10. --（高等院校精品课程系列教材）. -- ISBN 978-7-111-76704-6

Ⅰ. F241.4

中国国家版本馆 CIP 数据核字第 2024T9X176 号

机械工业出版社（北京市百万庄大街22号　邮政编码100037）
策划编辑：贾　萌　　　　　　　　责任编辑：贾　萌
责任校对：张勤思　马荣华　景　飞　责任印制：张　博
北京联兴盛业印刷股份有限公司印刷
2025年1月第1版第1次印刷
185mm×260mm・14.75印张・346千字
标准书号：ISBN 978-7-111-76704-6
定价：59.00元

电话服务　　　　　　　　网络服务
客服电话：010-88361066　机 工 官 网：www.cmpbook.com
　　　　　010-88379833　机 工 官 博：weibo.com/cmp1952
　　　　　010-68326294　金 书 网：www.golden-book.com
封底无防伪标均为盗版　　机工教育服务网：www.cmpedu.com

序 言
PREFACE

当今世界正经历百年未有之大变局。美欧结盟强化、北约东扩、WTO弱化、"区域"经济与贸易协定重构，全球供应链重组、产业投资转移、AI进入爆发期、科技革命的浪潮汹涌澎湃，宗教与意识形态冲突加深。与此同时，错综复杂的国际关系和波诡云谲的地缘政治局势，使世界各国普遍面临经济发展动能不足、社会进步维艰、民生矛盾突出等窘境。

在世界东方的中国，虽然也须直面有效需求不足、部分行业产能过剩、社会预期偏弱、风险隐患仍然较多，以及国内大循环存在堵点，外部环境的复杂性、严峻性、不确定性上升等诸多挑战，但总体而言，中国安全发展基础巩固夯实，民生保障有力有效，现代化产业体系建设取得重要进展，科技创新实现新突破，全面建设社会主义现代化国家步伐坚实。当前，中国顶住外部压力、克服内部困难，不仅自身扎实推进高质量发展，也为世界经济回升向好做出了重大贡献。

特别是在实施创新驱动发展战略方面，中国在保持航天、核电、高铁、光伏、基建等产业竞争优势的基础上，又在大飞机、高端芯片、量子计算、5G通信、新能源、智能手机、无人机等制造技术和产业领域建立了新的国际竞争优势。与此同时，中国面临着世界经济重心东移的机遇。

中国经济砥砺前行，创新创业人才是关键因素。高等学校作为培养创新创业人才的重要基地，培养学生的创新精神、创业意识和创造能力，为国家创新驱动发展战略提供强有力的人才支撑是其重大使命。《国务院办公厅关于深化高等学校创新创业教育改革的实施意见》《教育部关于大力推进高等学校创新创业教育和大学生自主创业工作的意见》均明确要求，中国所有高校都要开设创新创业教育课程，并进一步强调指出创新创业教育要深度融入高校人才培养全过程。

多年来，教育部通过遴选国家级教改项目、一流课程、优秀教材、优秀教学成果奖等方式，强力支持高等学校提升创新创业教育教学质量和水平，大力推进新工科、新医科、新农科、新文科交叉融通，高阶性创新创业教育也更加注重聚焦产教融合、科教融汇和专创结合。

呈现在读者面前的这本教材《创新思维与创业实战》，是在《创新创业新思维与新实践》一书的基础上修订而成的。新教材既包含了作者多年来从事通识教育、创新创业教育和创业管理专业教育的经验，也体现了他本人及其团队三年来完成国家级新文科教改项目和省部级教材研究项目的成果，以及承担省级一流本科课程教学等教学研究与实践的体悟。新教材之"新"主要表现为以下三方面：

其一，深化创新精神、创业本领、创业模式和创业教育方式。书中既谈企业家精神、工匠精神，也谈科学精神和科学家精神，强化课程思政内容，突出创业者意志磨砺和"心理韧性"提升。同时，针对商业计划经常跟不上变化，讲述了"反向孵化"、精益创业、设计思维、众包、"第一性原理"等创业理念和模式，这些创业新方法比一般的商业计划更为创新务实。在创业教育方式上，注重赛教结合与敢闯会创，通过细述"互联网+"双创大赛不同赛道规则要求、专家评审要点，以及赢得双创大赛的方法策略，揭示创业"过经过脉"的要点，送上创业"锦囊"，并提升学生/创业者的在位感和亲历感。

其二，通过各模块的"话题"导出问题、议题和主题。书中的三大模块"产业数智化带动创业""技术创新与商业成功""创业标杆：隐形冠军"令人印象深刻。产业数智化带动创业，不仅通过案例表述了中国产业的国际竞争优势，也提炼出中国产业强势带动创业的关键维度，即中国大市场+核心技术的自主创新突破+低成本+高效率。科技创新与商业成功是时代话题，技术领先未必带来商业成功，技术商业化途径、制约因素及难点，新兴技术成熟度与商业化，新能源技术与商业革命等问题值得仔细辨析。关于隐形冠军，无论是德国的"隐形冠军"企业还是中国的"专精特新"企业，几乎都是那些不为人知又无处不在的中小企业创新创业先锋，它们对本国的经济社会稳定发展贡献巨大。

其三，彰显时代性和前沿性。人工智能深刻地影响着工业、教育、文化、医疗等全行业和全产业的发展进步。基于人工智能技术的不断更新迭代，先前人们认知的虚拟世界正在变成当今的现实世界，当下中国已经涌现出一大批运用人工智能技术的创业之星，人工智能技术创业正当其时。

综上，我非常乐意向高校教师、大学生、政府管理者、社会创业者、就业者和所有关心关注创新创业的同人，推荐这本高质量的再版教材。

徐飞 博士
上海财经大学常务副校长，二级教授、博士生导师
教育部高等学校创新创业教育指导委员会副主任
中国高等教育学会创新创业教育分会理事长
中国创新创业创造50人论坛主席
2024年5月20日

《创新创业新思维与新实践》
序 言
PREFACE

五年前,中国政府提出的"大众创业、万众创新"是激发亿万群众智慧和创造力的重大改革举措,是实现国家强盛、人民富裕的重要途径。创新创业已成为时代潮流,成为汇聚经济社会发展磅礴力量的强大动能。

创新创业既是社会发展之必要,同时也是国家缓解就业压力、创造就业岗位之必需。更重要的是,创新创业是学生人生的必修课,对其成长成才不可或缺。创新创业有利于把兴趣与职业紧密结合,实现人生价值;有利于培养自立自强意识、开创意识和风险意识,有利于锤炼拼搏精神和艰苦奋斗作风。创新创业教育不仅有助于为国家造就一批年轻的企业管理人才,也有利于推动我国高等教育形成新的人才质量观、新的教学质量观和新的大学质量文化观。

为加速推进高等学校高质量创新创业教育,《国务院办公厅关于深化高等学校创新创业教育改革的实施意见》《教育部关于大力推进高等学校创新创业教育和大学生自主创业工作的意见》,明确要求所有高校都开设创新创业教育课程,促进"创新创业教育"与专业教育相结合,推动新文科、新工科、新农科和新医科相结合。当前创新创业教育正在深度融入中国高校人才培养的全过程,为国家"创新驱动发展战略"提供强有力的人才支撑。

作为创新创业教育的重要平台,2015年开启的中国"互联网+"大学生创新创业大赛,助力于深化和强化大学生的创新精神、创业意识和创造能力。大学生利用"互联网+",积极探索众创、众包、众扶、众筹等新模式,促进自身学业、专业与市场需求的对接和引领,推动传统产业与新兴产业融合,有效汇聚资源,推进分享经济成长,助推创新驱动发展新格局。

呈现在读者面前的这本《创新创业新思维与新实践》,正是在创新创业不断向纵深发展的新形势下写就的。该教材是基于作者多年来从事创新创业教育和创业管理专业教学的经验积累编写而成的,作者对新时代创新创业教育进行了卓有成效的探索,本教材注重科学性、理论性、系统性和实践性的有机统一,具有鲜明的时代特色,具体表现为如下特点:

一是创新创业"新思维"。面对"互联网+"商业格局从"规模经济"向"范围经济"的巨变，相应地将解决商业问题的传统"外包"思维模式转向"互联网+""众包""区块链"思维模式，将创新从"封闭创新""资源整合创新"推广到"开放创新""开源创新"。由此，创业企业依靠创新的商业模式，使其产品和服务的价值创造成本更低、效率更高、效益更好、风险更小。

二是创新创业"新实践"。"个人单打独斗"的创业时代已经过去，取而代之的是"共投、共创、共享、共担"的合伙创业模式。合伙创业的核心固然是要找到具有创新精神和企业家精神的人，但关键还是要解决好利益分配机制问题。创业持续成功的根本在于具有"聚人、聚财"的本领。当下，小的合伙创业团队也需要与大的平台公司合作创业。如果说阿里巴巴、腾讯等互联网平台公司是"航空母舰"，那么，小公司就是具有战斗力的"舰载机"。创新、创业与创利三者之间相互促进、相得益彰。

三是本教材弥补了线上教学模式的不足。近年来，慕课等线上教学方式以其便捷、高效、灵活等优势赢得了人们的青睐。但是，由于人们对新业态、新商业、新模式等认知的有限性，以及适应网络快节奏学习能力的局限性，线上教学模式很难实现"知行合一"的理想效果。因此，加入线下的深度学习、深入思考、互动交流，特别是在"干中学""行动中学"就显得十分重要。尤其是实施充满商业风险的"实战型"创新创业项目，更是要整合资源、审时度势、充分论证，做到"三思而后行，谋定而后动"。

四是本教材突出"人本"，突出弘扬企业家精神和工匠精神。2018年以来，面对我国国民经济和社会发展进入"深水区"的局面，党和国家领导人更加重视民营中小微企业的发展，国家充分肯定民营企业和企业家为创造中国经济奇迹的重要贡献、社会地位和突出作用，不断强调要弘扬企业家精神，激发和保护企业家精神等。本书将"最重要的创办条件：企业家本人"作为开篇之章，极具深意。

我相信，这本书无论对专家学者、大学生、政府管理者，还是对社会创业者、就业者均有一定的借鉴意义和参考价值。

徐飞
上海财经大学常务副校长，教授、博士生导师
教育部高等学校创新创业教育指导委员会副主任
中国高等教育学会创新创业教育分会理事长
2020年7月30日

目录 CONTENTS

序　言
《创新创业新思维与新实践》序言

模块 1　创业本领与创业精神 …………… 1
1.1　创新创业人才培养 ………………… 1
1.2　企业家本领与创业精神 …………… 4
1.3　企业家精神与价值创造 …………… 8
1.4　选择创业还是选择就业 …………… 11
1.5　认知创业的成功与失败 …………… 12

模块 2　寻找创业合伙人 ………………… 16
2.1　公司治理与合伙创业优势 ………… 16
2.2　创业需要事业合伙人 ……………… 17
2.3　合伙动能机制与公司成长 ………… 19
2.4　阿米巴经营模式：人人做经营者 … 21
2.5　利益分配机制决定合伙制成败 …… 29

模块 3　构建创业团队 …………………… 31
3.1　创业的商业逻辑和目标 …………… 31
3.2　创业团队的力量和价值 …………… 32
3.3　优秀的创业团队需要什么 ………… 35
3.4　如何避免创业团队分崩离析 ……… 39
3.5　创业团队的灵魂：团队精神 ……… 42

模块 4　商业模式创新 …………………… 46
4.1　商业模式的内涵和本质 …………… 46
4.2　企业赋能：商业模式创新 ………… 48
4.3　商业模式画布与需求"痛点" …… 51
4.4　"互联网+"商业模式 …………… 53
4.5　商业模式决定创业成败 …………… 58

模块 5　商业计划与创业方法 …………… 60
5.1　创业需要商业计划书 ……………… 60
5.2　投资人对商业计划书的看点 ……… 61
5.3　商业计划书的编写与完善 ………… 63
5.4　商业计划中的创新思维与
　　　创业新方法 ………………………… 65
5.5　创业找项目：样本和评价 ………… 69

模块 6　创新创业与创利 ………………… 75
6.1　创新驱动经济社会发展 …………… 75
6.2　创新创业的商业价值 ……………… 76
6.3　开放式创新：众包模式 …………… 79
6.4　培育创新思维的方法 ……………… 81
6.5　创利是创新创业的动能 …………… 87

模块 7　创业融资 ……………… 89

7.1　创业融资渠道的分类和特点 ……… 89
7.2　投资人看点和投资决策 …………… 93
7.3　如何通过股权融资获得资本 ……… 95
7.4　股权融资与股权分配 ……………… 100
7.5　融资问题影响合伙创业成败与
　　 合分 …………………………………… 100

模块 8　创业营销 ……………… 106

8.1　从传统营销到现代营销 …………… 106
8.2　竞争战略与利基战略 ……………… 107
8.3　互联网平台与新媒体营销 ………… 112
8.4　创业营销的策略和手段 …………… 116
8.5　创业网络营销与策划 ……………… 118

模块 9　创业机遇 ……………… 124

9.1　创业机遇的基本来源 ……………… 124
9.2　核心机遇：变化和创新 …………… 127
9.3　机遇识别与商机能力 ……………… 129
9.4　大数据商业价值与创业机遇 ……… 133
9.5　特殊机遇和现实机遇 ……………… 135

模块 10　创业风险 ……………… 138

10.1　企业盲目扩张的风险 ……………… 138
10.2　企业人本管理的风险 ……………… 141
10.3　企业经营的多面风险 ……………… 142
10.4　融资错乱的法治风险 ……………… 143
10.5　跨国经营的商业风险 ……………… 146

模块 11　赛教结合与敢闯会创 …… 149

11.1　以赛促教与人才培养 ……………… 149
11.2　高校主赛道设置和要求 …………… 153
11.3　评审规则和评审重点 ……………… 154
11.4　赢得大赛的办法和策略 …………… 157
11.5　国创大赛金奖项目评价 …………… 160

模块 12　产业数智化带动创业 …… 164

12.1　环境巨变与商业新格局 …………… 164
12.2　产业数智化转型与战略 …………… 165
12.3　中国产业发展与国际竞争 ………… 168
12.4　中国优势产业案例分析 …………… 168
12.5　中国产业链与创业新机遇 ………… 170

模块 13　技术创新与商业成功 …… 172

13.1　认知技术与商业的关系 …………… 172
13.2　技术商业化途径与难点 …………… 174
13.3　新兴技术成熟度与商业化 ………… 180
13.4　新能源技术与商业革命 …………… 182
13.5　技术价值在于商业成功 …………… 183

模块 14　创业标杆：隐形冠军 …… 186

14.1　隐形冠军与专精特新 ……………… 186
14.2　德国隐形冠军企业 ………………… 187
14.3　中国专精特新企业 ………………… 192
14.4　日本专精特新企业 ………………… 195
14.5　"创业王国"与商道智慧 ………… 198

模块 15　人工智能技术创业 …… 202

15.1　元宇宙产业与产业链 ……………… 202
15.2　大模型与人工智能 ………………… 205
15.3　大模型进化、开发与评测 ………… 208
15.4　重构数智商业新生态 ……………… 212
15.5　当下与未来的创业之星 …………… 214

后记 ……………………………… 225

参考文献 ………………………… 227

模块 1
MODULE 1

创业本领与创业精神

□ **内容提要**

创业本领、创业动能和企业家精神决定着创业者能否持续成功,创业者只有在失败中找到创业成功的方法,才能持续获得成功。本章讲述了创新创业人才培养、企业家本领与创业精神、企业家精神与价值创造,并探讨了什么性格的人更适合创业,职业起点是选择创业还是选择就业,以及如何认知创业的成功与失败等内容。

1.1 创新创业人才培养

1.1.1 业态巨变与创新创业教育

当今世界,依靠资本和资源驱动的经济增长已经难以为继,一方面,生产规模化、同质化,造成产品和产能过剩,供求不平衡不可避免;另一方面,消费需求出现了变化,消费需求呈现个性化、差异化、多样化等特点,迫切需要更为多元化的产品与服务。互联网的崛起,进一步改变了人们的生产和生活方式,传统产业迎来了机遇和挑战并存的商业环境,新商业催生出大量新的经济形态,对称经济、分享经济、平台经济和商业生态圈经济等不断涌现。

党的十八大提出实施创新驱动发展战略,强调科技创新是提高社会生产力和综合国力的战略支撑,必须摆在国家发展全局的核心位置。这是党中央在新的发展阶段确立的立足全局、面向全球、聚焦关键、带动整体的国家重大发展战略。我国一方面通过"去产能、去库存、去杠杆、降成本、补短板"等方式进行供给侧结构性改革,调整经济结构;另一方面,培育经济发展新动能,促进传统企业转型升级,强力支持来自各个层面、各个主题的创新创业行为。而科技创新和人才培养是创新创业实现经济可持续发展的关键。从国民经济发展的角度而言,培育"创新创业人才"有利于增强经济的活力、促进社会进步、解决就业岗位、贡献税收,以及为社会培养更多的创新型管理人才等。

教育部在《关于大力推进高等学校创新创业教育和大学生自主创业工作的意见》中指出："在高等学校开展创新创业教育，积极鼓励高校学生自主创业，是教育系统深入学习实践科学发展观，服务于创新型国家建设的重大战略举措；是深化高等教育教学改革，培养学生创新精神和实践能力的重要途径；是落实以创业带动就业，促进高校毕业生充分就业的重要措施。"因此，在高校中开展创新创业教育，培养创新创业人才，有着非常重要的积极作用。

1.1.2　大学是创新创业培育的"国之重器"

青年是国家未来经济社会发展的骨干力量。大学的目的就是培养人，大学是人才培育的"国之重器"，是培育创新创业人才的重要基地。《国务院办公厅关于进一步支持大学生创新创业的指导意见》(国办发〔2021〕35号)指出，将创新创业教育贯穿人才培养全过程。深化高校创新创业教育改革，健全课堂教学、自主学习、结合实践、指导帮扶、文化引领融为一体的高校创新创业教育体系，增强大学生的创新精神、创业意识和创新创业能力。

高校创新创业教育改革是经济结构转型、动能转换的根本需要，是培养应用型、创新型人才的必然要求，也是高等教育综合改革的突破口和重中之重。通过举办以中国"互联网+"大学生创新创业大赛为典型赛事的各类大学生创新创业大赛，"以赛促教，以赛促学，以赛促创"，将创新创业教育融入人才培养全过程，以创新创业教育带动大学生就业以及创新人才的培育。

1.1.3　大学生成长与创新创业人才培育

人才是衡量一个国家综合国力的重要指标。人才是自主创新的关键，顶尖人才具有不可替代性。国家发展靠人才，民族振兴靠人才。过去，人们对"人才"的认知和界定是有知识、有文化、有文凭等，而新时代的"人才"含义更为全面，不仅要有知识、技能、业绩，还应当具有一系列优秀特质。

德国有专家提出，能否成为人才取决于是否在基础教育、继续教育、实践经验过程中获得磨炼和成就。不同的学科使人获得不同方面能力的修炼。英国著名思想家、哲学家和科学家弗兰西斯·培根认为："史鉴使人明智，诗歌使人巧慧，数学使人精细，博物使人深沉，伦理之学使人庄重，逻辑与修辞使人善辩'学问变化气质。'"多学科融合学习使人的发展更加全面。复合型、应用型人才更能够适应市场经济发展的需要，这些人才进入社会也更容易成为"成功者"。

大学生学习和实践创新创业，不仅可以获取知识，还能培养自立自强意识、风险意识、商业本领和拼搏精神，而且对其未来的职业生涯发展和整个人生也具有重要的意义和价值。但是，企业创办成功并能够持续生存绝非易事，青年的创业者往往需要经历许多的挫折和磨砺，才能成为一名真正的企业家。开展创新创业人才培育，能够有效引导大学生全面认识创业、筑牢创业知识基础、扎实掌握创业本领、培育正确的创业心态，成长为对社会更有贡献的创新创业人才。

1.1.4 课程思政与大学生素质

党的十八大以来，围绕培养什么人、怎样培养人、为谁培养人这一根本问题，党和国家擘画了从思政课程到课程思政，再到社会大课堂的"大思政"格局。将思政元素融入专业知识体系中，能培养学生的问题意识和创新素养；挖掘学科发展史上杰出贡献者的品德和精神，能增强学生的自信和激发奋起意识；同时，结合专业发展引导学生把积极服务国家需求和满足个人成长诉求统一起来，有助于提升人才培养质量，实现为国家建设培养优秀的创新创业人才这一重要使命。

智慧故事

钱学森：心怀祖国的科学家

钱学森是新中国历史上伟大的人民科学家。在他的故居墙壁上，有这样一句打动人心的话：我的事业在中国，我的成就在中国，我的归宿在中国（如图1-1所示）。他于1923年考上北京师范大学附属中学。据他后来回忆说："我们在附中上学，都感到有一个问题压在心上，就是民族国家的存亡问题。我们努力学习就是为了振兴中华。"

在美国留学期间，他凭借着自己的天赋和努力，与老师冯·卡门共同研究空气动力学，建立了著名的"卡门－钱学森"公式，为飞机早期克服热障、声障提供了理论依据。他对导弹、火箭等多个领域的研究，推动了美国火箭研究的发展历程，成为闻名世界的空气动力学家。

图 1-1　钱学森故居墙壁上的话语

图片来源：科技武林门

1949年新中国成立后，钱学森意识到报效祖国的时候到了。得知他要回国，美国不断用金钱、地位、名利来诱惑他，想要留下这位中国科研人才。当时的美国海军部副部长金贝尔说："一个钱学森抵得上5个海军陆战师。我宁可把这个家伙枪毙，也不能放他回中国去！"

钱学森不为所动。1950年，当他和夫人收拾好行李时，收到了美国移民局的通知：严禁钱学森离开美国。他在被美国非法关押在洛杉矶以南特米诺岛的拘留所期间，遭受百般折磨，但仍然完成了出版《工程控制论》和创建物理力学两大成就。这次经历，让钱学森更加坚定了自己回国的信念。

祖国这边也在为钱学森回国想尽办法，多次交涉不成，中方提出用15名当时被扣押在中国的美国顶级飞行员换1个钱学森，美国深知培养15名顶级飞行员的时间和金钱代价，不得不换人。经过中方的努力，1955年，美国正式同意释放钱学森回国。他回国后很快投身国防尖端科技的研制工作，使得我国国防事业获得了突飞猛进的发展。用外国人的话说，"正是钱学森回中国效力，使得中国导弹、原子弹发射时间至少提前20年"。

我国一代又一代科技工作者前赴后继，接续奋斗，创造了一个又一个彪炳史册的科学奇迹，锤炼形成了中国科学家独有的精神品质。这种精神品质有一个响亮的名字——科学家精神。当今，中国科技水平能走在世界前列，离不开邓稼先、李四光、钱三强、钱伟长、竺可桢、童第周、华罗庚、陈景润、苏步青等胸怀祖国、服务人民、敢为人先的科学家先锋，他们的爱国精神值得永远传承。

资料来源：党史博采官方账号发文，钱学森：我的事业在中国，我的成就在中国，我的归宿在中国，2021-12-11。

1.2 企业家本领与创业精神

1.2.1 创业者向企业家学习什么

1. 什么样的人是企业家

在经济发展的历史上，关于什么是企业家，许多著名经济学家和管理学家有不同的看法。理查德·坎蒂隆认为："企业家为承担经济经营风险的人。"马歇尔认为："企业家是组织、管理工商企业并承担风险的人。"沃克认为："企业家是工业进步的策划者和生产的主要代理人。"科斯认为："当人们通过形成一个组织即企业，并允许某个权威即企业家来支配资源和组织生产时，其交易费用会低于通过市场来支配资源和组织生产的交易费用。"

创新理论奠基人、发展经济学家熊彼特的看法最为真切。他认为，"企业家就是那些有冒险意识的人，是担当着创新责任的人""他们有眼力、创造力和胆识，能在经济管理中成功地引入新产品，能看到潜在市场和潜在利润之所在，并能创造性地做出科学决策"。

2. 企业家本领和特点

企业家就是那个创办企业的人。而创办企业就是创造新产品、新服务、新价值，并最终获得经济效益。但是，这一目标实现的前提是企业家需要先投入人力、物力等资源。市场经济下企业之间形成的竞争格局，市场环境的不确定性，用户消费需求的不断变化，使创办企业有机遇，也有经营风险，即企业可能盈利、赚钱，也可能亏损、赔钱。企业家是要承担盈亏责任的人，因此，企业家要有眼力、有胆识，在引入新产品、把握市场潜在利润等方面做出科学的判断和决策。

企业家是那些能够带领企业从无到有、从小到大、诚信经营、持续发展，并且贡献得到公认的人，而那些不太符合上述标准的人，或者仅仅"懂经营、会赚钱的商界精英"可能会被称为"职业经理人"。真正被人们称为"企业家"的人，还要有一定的社会贡献和社会影响力，如美国的乔布斯、比尔·盖茨，日本的盛田昭夫、稻盛和夫，中国的褚时健、曹德旺、雷军等。企业家能够持续成功，最重要的是具有企业家精神。

1.2.2 企业家的人格与价值观

1904年美国《企业家》杂志在创刊时，选用《常识》中的一段话作为发刊词。此后，百余年中沧海桑田，物是人非，但杂志扉页上的这段话却从来没有改变，它被称为企业家誓言：

"我是不会选择做一个普通人的——如果我能够做到的话,我有权成为一位不寻常的人。我寻找机会,但我不寻求安稳。我不希望在国家的照顾下,仅仅成为一名有保障的国民,那将被人瞧不起,而使我感到痛苦不堪。我要做有意义的冒险。我要梦想,我要创造。我要失败,我也要成功。我的天性是挺胸直立,骄傲而无所畏惧。我勇敢地面对这个世界,自豪地说:'在上天的帮助下,我已经做到了。'"

这段话体现了企业家的人格和价值观:"不走寻常路",不贪图安稳和照顾以及保障,他们有梦想、要创造、要成功,同时也乐于承受风险,能够接受失败。

1.2.3 企业家类型与创业行为

人性是指人的本性或者人类天性,也表示人之所以为人,与其他动物相区别的属性;人性的行为表现阐释着人对真善美的追求和对假恶丑的厌恶。性格是指表现在人对现实的态度和相应的行为方式中的比较稳定的具有核心意义的个性心理特征;性格是人在后天社会环境中逐渐形成的品德,由于受人的价值观、人生观、世界观的影响,人的性格有好坏之分。

人格也称个性,这个概念源于希腊语 Persona,原来主要是指演员在舞台上戴的面具,类似于中国京剧中的脸谱,后来心理学研究者借用这个术语来说明人格的内涵:在人生的大舞台上,人也会根据社会角色的不同来换面具,这些面具就是人格的外在表现。

在研究人类性格特征是否决定命运的过程中,"九型人格"学说最早起源于古代中亚西亚地区,又称为"九柱图"。近代的九型人格是由 20 世纪 60 年代智利的一位心理学家 Oscar Ichazo 所创立的,后来形成了九型人格理论。这是将人格划分为九种,研究各种人格的特点以及不同人格之间差别的理论。九型人格理论既简单,又寓意深远。它描述了每种性格更高层面的认知,提示我们每天如何更好地与自己的性格打交道,让我们真正认识自己、了解别人。根据常见的分类方法,九型人格包括完美型、助人型、成就型、艺术型、智慧型、谨慎型、享乐型、权威型、和平型。下面我们对每种类型对应的企业家进行简单介绍。

图片来源:360 图片

1. "完美型人格"企业家

这种类型的企业家追求完美、严于律己、持续改进、坚持原则。比如,台塑集团有着严格的管理体系,原董事长王永庆严格要求自己,也直接参与管理,坚持每天的"午餐汇报"。他每天吃完午饭后,就召见各事业单位的主管,听报告、提问题,直到问题解决。按照九型人格分类的话,王永庆就是典型的"完美型人格"领导。

2. "助人型人格"企业家

这种类型的企业家表现为热情友善、慷慨大方、乐于付出、成就他人;他们比较注重人际关系，觉察力较强，经常能够敏锐地察觉别人的需求，善解人意，渴望倾听并为他人提供建议、意见和尽可能的帮助。一辈子都在为穷人服务的孟加拉国"穷人银行家"穆罕默德·尤努斯就是典型的"助人型人格"企业家。

3. "成就型人格"企业家

这种类型的企业家的特征是**重视名利、追求成功、注重形象、期望表现自我**。典型代表是企业家陈光标，他做过许多慈善活动，其个性是从不放过任何"博眼球"或者自我表现的机会。2014年8月22日，陈光标发微博展示其挑战冰桶全过程，并扬言："谁能挑战标哥30分钟的纪录，标哥捐100万元，有效期为6天。"这条微博一发出，便引发声势浩大的全民挑战，引起哗然。但当行家提出质疑时，陈光标的解释是：这是带有夸张成分的行为艺术。

4. "艺术型人格"企业家

这种类型的企业家的特征是**具有浪漫主义情怀、情感丰富、高度自我认同、特立独行**。例如，万科集团原董事长王石的内心信念是：我是独一无二的，我就是与众不同的。他的行为往往以独特性为指导，比如他不会选企业家喜爱的高尔夫，他登山一定要攀登世界第一高峰，他选商学院要选择顶级的哈佛、剑桥商学院，而且不选其他企业家普遍选择的战略类或营销类商科专业，而是选择城市规划和宗教，这体现了"艺术型人格"企业家的一些特质。

5. "智慧型人格"企业家

这种类型的企业家善于观察、具有理想主义情怀、博学多识、冷静理智，他们注重独立空间、积极进取，对事物敏感而不喜欢跟人交流。按照九型人格理论，这类人不太适合做管理者，他们一旦成为领导者就会有自己的特色，如喜欢用遥控式管理，不告诉下属原因，只告诉下属怎样做才能达到预期目的，

图片来源：360智图

在公司管理方面也往往有惊人之举。比如，原万通集团董事长冯仑在别人搞庆祝日的时候，设立了万通反省日。他认为庆祝会导致懈怠，而反省则不同，将更有意义。

6. "谨慎型人格"企业家

这种类型的企业家有很强的洞察力，**谋事长远、小心谨慎、将安全放在首位、忠贞不贰**；他们预估最坏的情形，以有备无患。华为的创始人任正非就有这样的特质。任正非在《华为的冬天》中说："华为总会有冬天，准备好棉衣，比不准备好。""十年来我天天思考的都是失败，对成功视而不见。"身为企业家，任正非始终存在着危机感。还在春天的时候，就考虑到冬天的问题，其"谨慎型人格"的性格特征表露无遗。

7. "享乐型人格"企业家

这种类型的企业家的特征是具有乐观主义精神、率性而为、打破常规、求新求变；他们

总能保持积极乐观、热情洋溢、精力充沛，也相当富有创造性；他们的思维敏捷，各种想法迅速迸发并多次切换，善于根据形势变化而变化，不会在一条路上走到黑。SOHO中国董事长、联合创始人潘石屹就是这样的企业家。这也是很多互联网人物的共性，他们先时而变，但由于变化太快也常常出现不够稳定、控制不力的问题。

8. "权威型人格"企业家

善于直面挑战、锄强扶弱、霸气十足——这类人天生就是掌控者、领导者。他们控制欲强，喜欢让所有的事情按自己的意愿发展，经常对周边的人或事施加直接的影响和控制。他们对自己掌控局面全力承担责任，因此，往往显得非常霸道。企业家董明珠和黄光裕便是"权威型人格"的两个典型代表。2004年2月，有家电行业"价格屠夫"之称的国美擅自将格力空调降价销售，董明珠得知后下令停止向国美供货。得知消息后，黄光裕直接向全国销售分支发布"把格力产品清场、清库存"的决定，霸道总裁的形象跃然纸上。在剑拔弩张之时，格力与大中电器签下一份包销的年度协议，这项举措进一步刺激了黄光裕，不久，黄光裕就不惜代价并购了大中电器。

9. "和平型人格"企业家

这种类型的企业家的表现为温文尔雅、平和恬淡、乐观豁达、随遇而安。他们追求和平、和谐及正面评价，不喜欢冲突、紧张和恶意。为了这种和平，他们通常倾向于放弃自己想法和感受，让别人成为更积极主动的部分。新东方教育集团创始人俞敏洪就是这种人格的领导者。他比较有耐心，性格宽容，不轻易和他人发生剧烈冲突，不把事情弄到极端。在新东方教育集团成长过程中各种各样的摩擦、斗争和伤害，他都能容得下。

总而言之，在商业竞争中，不同人格的企业家优势各异、难分伯仲、各有千秋。青年创业者如果能够识别、洞察、适应"九型人格"，那么，对于他们提升自我修养、用人谋事、把握时局、历练本领均有重要的意义和价值。

1.2.4　什么性格的人更适合创业

关于什么性格类型的人更适合创业，不同的人有不同的看法。根据瑞士心理学家卡尔·古斯塔夫·荣格的人格理论来看，ENTP（extroversion、intuition、thinking、perception，即外向、直觉、理性思维、知觉）性格类型的人与创业具有相关性，ENTP性格类型的人可能更适合去创业。这类人往往不走寻常路，富有智慧，是人群中当之无愧的企业家性格类型。

ENTP性格类型的人与众不同，挑战传统是家常便饭，不按套路出牌是他们的本能，他们有数不尽、用不完的金点子，各种新创意和新方法信手拈来。如果你是ENTP性格类型的人，那么你可能还有许多缺点和短板，而你最应该做的就是刻意发掘自己的本领并持续练习，形成自己行走江湖的独门绝技。下面，我们结合创业的特点，简析为什么ENTP性格类型的人更适合创业。

（1）创业需要自由创新的工作环境。创业需要自由创新的工作环境，直觉天赋（N）与知觉天赋（P）助你营造自由和创新的工作环境。你可以自己制定公司的"游戏规则"，并让他人遵从你制定的规则。

（2）创业需要跟很多人打交道。创业需要跟很多人打交道，外向天赋（E）让你更善于跟很多人打交道，例如对内进行人员引进与调配，对外与供应商、合作商进行商务谈判，与投资人接洽等。

（3）创业需要冒险精神。创业需要冒险精神，知觉天赋（P）使你更喜欢刺激、体验新鲜。创业本身就是一种自带高风险属性的工作类型，恰巧能满足你爱猎奇、爱冒险的性格特质。

（4）创业需要成就和业绩。NT类型通常被称为完美主义者类型，这一类型的人会渴望不断提升自我综合素养，增强自身的思考、行为能力，为公司创造业绩；可能更喜欢与强大的企业家和竞争对手打交道，因为这有助于向强者学习，获得更高的成就。

图片来源：360智图

（5）创业需要策划并执行。直觉天赋（N）与知觉天赋（P）使你很擅长出谋划策、把握全局、制订方案，并与创业团队成员一起执行方案。企业家的职责正是在于引领企业的价值观，确立使命、商业模式等体系，再将具体方案交给执行部门执行。

（6）创业需要说服和演说能力。外向天赋（E）让你充满热情和正能量，这种热情很容易点燃别人。直觉天赋（N）赋予你很强的创新能力，同时，你能将各种创造性的想法运用理性思维天赋（T），充满条理性、逻辑性地表达出来。也就是说，你不但热情洋溢，而且可能拥有深刻的见解，人们愿意追随你，并和你一起实现公司的战略目标。

点评：用"ENTP性格类型"解读更适合创业的人格，侧重于人的"天赋"条件，而实际上很多成功的创业企业家更相信人的"后天"的勤奋、智慧与坚持。著名企业家褚时健曾说，"人要对自己负责任，你自己不想趴下，别人是无法让你趴下的"，杰出女性企业家董明珠的理念则是"我的命由我不由天"，她曾说，"世上没有不会的，只有不学的"。

1.3 企业家精神与价值创造

1.3.1 创业原动力与企业家精神

信心是每一个人干成事业、取得成功的基础。恒心是指人们持之以恒，追求目标的态度。

企业家创业的原动力是实现目标：一是对利益的追逐，创业者长时间不创造效益，创业者和企业就无法生存；二是创业者要追求独特的理性精神，也被

图片来源：360智图

称为"企业家精神",比如,企业家的"成功欲""创新精神""担当精神""坚持精神",以及"敢冒风险、以苦为乐的精神"和"追求进取、超越自我的事业精神"。数字时代,创业者要洞察和适应环境变化,规避商业风险,持续创造新产品、新服务、新价值,同时实现自身价值。

许多企业家的使命与愿景就是将自己领导的企业办成"受到国家社会尊重的企业"。但是,要成就这类有品质、有价值的企业,企业家始终要承担艰巨的经济责任和社会责任。为了实现自己的使命和目标,企业家要学习:读万卷书,行万里路,阅人无数,名师点悟,这也是企业家长期自我修炼的过程。按照中国传统文化中的"道"与"术"的哲学思想,企业家一方面应把握规律、提升智慧、寻求开悟,另一方面应懂得操作、掌握方法、熟悉流程。

企业家的角色包括两方面:一方面,有爱心、有耐心、有信心;另一方面,建立制度、遵循流程,追求结果。如果企业不创造效益,企业和企业家就无法生存。

那么,企业家的境界是什么?成功的企业家往往不会为表面的名利而"欣喜若狂",他一直在为长远的收益、风险而运筹帷幄,他展示给常人的姿态有时甚至是大智若愚、大巧若拙的。

1.3.2 企业家信念与意志力

要想成为有信心、有恒心、有目标的企业家,每个人对自己的能力、意志力要有清晰的判断。

智慧故事

狐狸与刺猬的争斗

《从优秀到卓越》(作者:吉姆·柯林斯)一书讲到,在古希腊流传着这样的智慧故事:相对于刺猬,狐狸是一种高大的动物,它行动迅速、反应敏捷,而刺猬是一种弱小的动物。当刺猬从洞穴中出来时,狐狸猛扑上去,试图吃掉刺猬。刺猬本能地蜷成一团,变成锋芒满满的"球",狐狸看见了刺猬的防御工事,无法张口。尽管狐狸对刺猬反复发起进攻,但是,均以狐狸的失败和刺猬的胜利而告终。那么,为什么会出现弱对强、小对大却实现逆袭的局面呢?其中道理和奥妙是:刺猬有单纯、坚定的信念。

图片来源:图虫创意

小品文《刺猬与狐狸》的作者衣赛亚·伯林提出,狐狸的思维是"凌乱或是扩散的,在很多层次上发展",从来没有使它们的思想集中成为一个总体理论或统一观点。而刺猬则把复杂的世界简化成单个有组织性的观点,由一条基本原则或一个基本理念,发挥统率和指导作用。不管世界多么复杂,刺猬都会把所有的挑战和进退维谷的局面压缩为用简单的"刺猬理念"去应对。对于刺猬,任何与"刺猬理念"无关的观点都毫无意义。

根据这个智慧故事，可以演绎出两个方面的比喻。

（1）可以把狐狸和刺猬看作商业社会中存在的两类不同的人，狐狸狡猾，计谋多端，具有明显的优势，但狐狸的思维是发散的；而刺猬则像是商业社会中的"弱势群体"，但他们可以依靠身上代表着"勤奋、智慧、坚持"的"锋芒"，活下来、干成事。

如图1-2所示，在现实社会中，我们可以用"刺猬理念的三环图"来研判自己：你对什么充满热情、你能够在什么方面成为世界上最优秀的、是什么在驱动你，成为你的经济引擎，从而找到自己的生存竞争优势。

（2）可以把狐狸比喻为生存于市场经济社会中的大型企业，这些企业实力雄厚，凭借资金和技术等资源，在市场竞争中处于有利地位；而创业企业则是小型企业，如同小刺猬，尽管地位不利，但是也有自己的优势，只要找准核心竞争力，坚持不懈，也能够取得成功，甚至成为"隐形冠军"。

图1-2　刺猬理念的三环图

1.3.3　企业家的创造能力

日本著名管理学家、经济评论学家大前研一，在这方面具有独到、务实的看法。他认为企业家或者创业家是那些"专业主义者"，但他们又不是仅仅是在某项技术、某个专业领域有特长的人，而是博中有专、专中有博的"多面手"。企业家要想创造价值、为社会做贡献，必须有一定的创造能力，具体包括如下方面。

- 先见能力：这是指对于今后的时代所需的先见能力，是一种能够看清别人看不到的事物的能力。
- 构思能力：要在所预见的未来蓝图的基础上构思新的事业，并以最快的速度和最佳的方法让机会变为现实，就需要构思能力。
- 讨论能力：当我们看不清前进的道路与成功的模式时，充分讨论至关重要，讨论问题和互相学习可以获得必不可少的能力与素质。
- 适应矛盾能力：经营中也包含着相互矛盾的事物，或者说需要同时解决多方面问题。如今更需要的不是把问题进行分解并还原为诸多因素，而是俯瞰全局思考问题的能力。

案例

乔布斯的"梦幻手机"

苹果公司的创始人之一乔布斯，在20世纪80年代第一次创业时以失败告终，而在20世纪90年代起第二次创业时，他有了常人所没有的"先见能力"：人们在10年、20年后需要的是什么样的手机？人们未来需要的"梦幻手机"就是他的目标，他为之构思了宏伟蓝图。

要想让人们梦想中的手机变成现实，乔布斯也很明白，他需要依靠团队合作、借助外力并克服重重障碍。他的综合能力的产出体现为"梦幻手机"的诞生，而"梦幻手机"为苹果公司、为社会创造了价值，也成就了乔布斯伟大的企业家的地位。

我们再看一看优秀的企业家，例如索尼的盛田昭夫、松下的松下幸之助、微软的比尔·盖茨、华为的任正非、格力的董明珠等，他们均沿着"能力－产品－价值"的方向，将梦想变为现实。

在初次创业的时候，他们都经历过许多挫折和失败，甚至可能被他人看不起；但是，当他们通过经验积累和能力增强，坚持不懈地创造出优质产品时，则被刮目相看。这些企业家依靠经验和能力创造出独特的、有价值的产品，产品的价值在一定程度上代表了他们为社会创造的价值，也是他们本人的价值的体现，铸就了他们作为杰出企业家的荣誉。

1.4 选择创业还是选择就业

1.4.1 价值观不同则选择不同

现实生活中，几乎每个人在面对工作时都会遇到一个问题：到底是选择创业还是选择就业？通常来说，就业者更希望过一种安安分分的生活，更关注眼前的利益，更注重安全感；创业者拥有自己的理想和目标，不愿意墨守成规，循规蹈矩，想要在更长的时间内来规划自己的远景目标。

对个人而言，当选择创业时，必须暂时放弃就业；反之亦然。不过，在选择就业的过程中，通过积累财富、能力、经验和社会资源，也可以为日后务实创业做准备。用经济学思维解读这两者之间的关系，可以说它们既互为机会成本，又相辅相成。

智慧故事

"提桶"还是建设"管道"

《管道的故事》（作者：贝克·哈吉斯）一书中讲述了这样一个故事：在百年前的意大利的一个偏远小村，为方便村民用水，村长把名叫布鲁诺和博珀利的两个年轻人约到村头，在他们面前摆放了两个大水缸，告诉他们：每提一桶水给他们1分钱，直至加满水缸。

话音刚落，两个年轻人都提着桶飞奔到附近的小河，一桶一桶地提水。

布鲁诺觉得这个生意不错，他想：我提一周的水，赚到的钱可以买一双鞋子，一个月赚的钱可以买一头牛，提水半年以后就可以娶妻生子了。于是他单纯地做好手头的工作，买想买的东西。

而博珀利则想：我现在年轻，能够提水，等我老了提不动了怎么办？于是，他把赚到的钱一半用于日常开销，而另一半则储存起来，投资于附近其他村庄甚至全世界需要供水管道的村庄。

多年后，两人重逢，布鲁诺已经苍老，也因为村民不再需要提水而失去了工作，生活穷困；而博珀利因持续建设管道而成了一名富豪。

1.4.2 责任不同则收获不同

就业者的责任主要体现在对岗位工作负责。就业者的工作主要集中在完成分配的任务和承担职责上,而不需要承担企业经营中可能面临的全部风险和责任。创业的责任则要求创业者对所有结果负责,这包括但不限于公司的运营、团队的管理、产品的市场表现等。创业不仅需要超越职责内容本身去工作,而且需要有能力守住创业初心,在面对挑战和诱惑时保持方向,确保团队和个人的长期目标得以实现。

◆ **案例**

企业家与工程师的对话

某知名企业家与跟随他的一名工程师之间有一段对话。

工程师问他:我们多年前就一起工作,为什么你成为企业家,而我却要一直给你打工呢?企业家回答了以下 3 个方面的原因。

1. 无退路和有退路

企业家说,我选择创业时,赌上我的全部家产,没有退路,可能会变成在"沙漠"中死去的骆驼;你选择就业,可以轻松地递上简历,获得稳定的工作和收入,你如果对公司不满意,甚至可以随时提出走人。可见,咱们之间存在无退路和有退路的差别。

2. 选择与被选择

企业家说,我每天考虑的是与谁合作为公司创造利润,每一个决策都可能影响着公司所有人的未来,要做出许多重要选择;而你被分配到某个部门工作,只要按照要求干完工作就可以照顾家庭或者投身于其他爱好。可见,咱们之间存在选择与被选择的差别。

3. 责任大小不同

企业家说,我承担公司全部的责任,包括经济责任、社会责任及其他无限责任;而你仅仅承担公司定时的、部分的工作岗位职责。可见,咱们之间的责任大小不同。

通过这段对话,我们可以看出:创业者担的责任,就业者担不了,创业者受的罪,就业者不会受,那么创业者赚到的钱,就业者也难以赚到。

1.5 认知创业的成功与失败

1.5.1 企业家成功的要素和品质

著名经济学家温元凯认为创业成功者应具备六大要素:第一,机遇;第二,贵人相助;第三,好的德行;第四,才能;第五,勤奋;第六,坚毅。成功者最重要的共性品质是什么?有专家认为是专注、勤奋、好学、自省,成功者苛求完美的魄力、人格魅力和一颗坚韧的心。我们看待一个企业家,不仅要看他"成功、辉煌"时的光鲜,更要看他处于低谷或者失败时的崛起能力。万达集团的王健林在谈他的成功经验时认为,勤奋、坚持、创造力、情商最为重要。中国民生银行的创业董事、企业家冯仑认为,"伟大"是熬出来的。

美国当下最时髦的教育理念之一是 Grit。Grit 在古英语中的原义是沙砾,即沙堆中坚硬耐磨的颗粒。Grit 可译为"坚毅"，但其含义比毅力、勤勉、坚强都要丰富得多。Grit 侧重的是对长期目标的持续激情及持久耐力，是不忘初衷、专注投入、坚持不懈，包含了自我激励、自我约束和自我调整的性格特征。

美籍亚裔心理学家、宾夕法尼亚大学副教授 Angela Duckworth 认为："能很投入地一直做一件事很久，向着长期的目标，坚持自己的激情，即便历经失败，依然能够坚持不懈地努力下去，这种品质就叫作坚毅"。顺时不狂，逆时不伤，"坚韧"是企业家或者说成功者最重要的品质。这个名词与毅力、耐力、坚持、坚毅、意志力等有着内在的必然联系。

在本书中，我们将创业者实现成功的共性品质概括为"勤奋、智慧、坚持"，勤奋改变命运，实践增长智慧，坚持成就梦想。

1.5.2 创业持续成功的关键：心理韧性

1. 什么是"心理韧性"

创业如同一场马拉松比赛，能够让创业者走得更远的是心力，或者说"心理韧性"。对于心理韧性，尚没有形成统一的定义。吕特（Rutte）认为，"心理韧性是当个体身处容易导致不良适应结果的危险情境时，那些能缓解、改善或改变个体应对或反应的保护性因素"。孔普弗（Kumpfer）则认为，所谓心理韧性，"是指面对逆境时，个体的韧性资产与外部环境中的韧性资源相互作用，以获得积极适应的过程"。马斯滕（Masten）认为，心理韧性是指"尽管面临严重的适应或发展威胁，仍能获得积极结果的一类心理现象"。卢瑟（Luthar）认为，"心理韧性是个体身处重要逆境时，仍能获得积极适应的一种动态性过程"。应激研究专家博南诺（Bonanno）将心理韧性界定为，"当面对那些具有潜在高破坏性的单一事件时，既能使人保持相对稳定且健康的身心机能，还能获得认知的成长与积极的情绪体验的能力"。

图片来源：知乎

本书认为，心理韧性是指人们从逆境、矛盾、失败甚至是积极事件中恢复常态，甚至获得认知的成长与积极的情绪体验的能力，主要包括三个方面。

一是抗逆能力：面对逆境、挫折的心理应变和复原能力。

二是坚毅能力：向着长期的目标坚持付出，保持激情，即便经历失败，依然能够坚韧不拔、坚持不懈地努力下去的能力。

三是反脆弱能力：塔勒布在著作《反脆弱》中指出，反脆弱并非简单的坚强或坚韧，而是在面对逆境、压力、不确定性时，能够逆势反弹，甚至从中获益的能力。这种能力超越了传统的风险管理和抗风险概念，它强调的是一种积极主动的应对态度，一种在波动和不确定中寻找机会的智慧。在创新创业过程中，要提高反脆弱能力，只有接受无常、扛得住危机、经得起风险，才有机会享受接下来的美好。当面临危机时，越是能沉着应对、迎难而上，越能收获颇丰，从而不断进步，实现成长。

2. 高心理韧性创业者的特质是什么

很多时候，成功靠的不是智商、情商，也不是人脉和天赋，而是坚毅能力。达尔文说：人不是最强大的动物，也不是最聪明的生物，而是能够适应环境变化的生物。

高心理韧性创业者的特质主要在于：一是用积极的认知风格去敏锐地感觉、用准确的"潜意识"去分析判断人和事物，做出最有价值的取舍；二是有较强的自我效能感，觉得自己有用，觉得自己能成功，相信自己能够完成答卷，给出独一无二的答案；三是有强烈的内控意识，有勇气和能力去改变可以改变的事情，有智慧接受不能改变的事情。

3. 如何提升心理韧性

创业者在失败与成功的起伏中积累了经验，心理韧性就能逐渐由弱变强。创业者想要提升心理韧性，主要关注以下方面。

一是提高自我效能感。自我效能感强的人，更可能扛得住各种压力、挫折和打击，把对抗各种压力、挫折、打击当作一种证明自己的机会。

二是培养成长型思维。通过专注、投入、努力和坚持，解决问题的能力会不断攀升，坚持长期主义，关注能力的成长，也就更愿意接受挑战，在困境中做得越好。

三是提高自我调控能力。对于创业者来说，有欲望并采取行动是值得鼓励的，但通常任何人实现任何愿望，总有一个必须经历的过程。延迟满足，就是指一种甘愿为更有价值的长远结果而放弃即时满足的抉择取向，以及在等待期中展示的自我控制能力。延迟满足相关实验表明，当阶段性目标达成后，不可盲目乐观，创业者要提高自我调控能力，有"甘愿为更有价值的长远结果而放弃即时满足的价值取向"。

1.5.3 不怕失败的创业才可能成功

成功的企业家有许多都是在失败中一次一次地站起来的，创业过程在很大程度上就是试错和"屡败屡战"的过程。巨人网络集团董事长史玉柱曾说："每失败一次，智商就上升一截。"褚时健在 75 岁时二次创业，进入橙子种植行业，开创了褚橙品牌而被誉为"中国橙王"。他的理念是：人要对自己负责任，只要自己不趴下，别人是无法让你趴下的。换个角度看，如果一个人"想趴下"，谁也不能把他拉起来。新东方教育集团创始人俞敏洪的创业经历了许多挫折和失败，后来他将"追求卓越，挑战极限，从绝望中寻找希望，人生终将辉煌"作为新东方教育集团的校训。

有这样一个小故事，影视明星施瓦辛格曾经当过健美运动员、演员，也做过美国加利福尼亚州的州长。有人问他：你做健美运动、训练肌肉需要机械地、重复做每一个动作，是不是很枯燥、无聊？他说，你们的感觉是做这些事很无聊，而我感到每天每练一个动作，就离成功更近了一步。还有篮球巨星迈克尔·乔丹，当别人肯定他是成功者的时候，他反问道："我成功吗？我在全美篮球直播比赛中投篮失败了 9 000 次。"

失败是成功之母,在从失败中崛起的经历中,创业者收获了经验、智慧和胸怀,从而能够用经验横渡暗流险滩,用智慧冲破云霄天际,用胸怀笑纳风云人生。

◆ 随堂讨论题

1. 创业者应该具备哪些人格特质?为什么说"ENTP 性格类型的人适合创业"?
2. 2015 年,小米的创始人雷军在武汉大学毕业典礼上说:创业艰辛,老板不如员工,赚钱真累。为什么他还在小米公司当董事长?
3. 古希腊关于狐狸和刺猬的智慧故事对创业者有什么启示?
4. 为什么说"坚韧"对创业持续成功十分重要?什么是心理韧性?如何提高自己的心理韧性?

◆ 单元作业题

1. 讨论:《"提桶"还是建设"管道"》这一故事中的不同选择对你的职业发展有什么启示?
2. 请列举至少三种类型的企业家的性格特点,并分析每一种性格特点对于商业决策的有利和不利之处。

模块 2
MODULE 2

寻找创业合伙人

□ 内容提要

单打独斗的创业时代已经过去,取而代之的是合伙创业;"共投、共创、共享、共担"的合伙创业变为主流。本章讲述了公司治理与合伙创业优势、创业需要事业合伙人、合伙动能机制与公司成长,以及阿米巴经营模式:人人做经营者。

2.1 公司治理与合伙创业优势

2.1.1 传统公司治理机制的缺陷

未来学家凯文·凯利出版了几本经典的书籍:《失控》《科技想要什么》《必然》。《必然》一书揭示了我们的世界和社会发生了很大的变化,介绍了"新物种的基因特征、所思所想、行为规则和未来走向"。"扰乱"社会发展秩序的是"个人电脑"和"移动手机"。未来 30 年,人们的生活更多面对的是形成(becoming)、知化(cognifying)、流动(flowing)、屏读(screening)、使用(accessing)、共享(sharing)、过滤(filtering)、重混(remixing)、互动(interacting)、追踪(tracking)、提问(questioning)以及开始(beginning),凯文·凯利用了上述 12 个名词来刻画这种变化。

他谈到"形成"时说,"水可以腐蚀金属""润滑油是可以蒸发的"。对于这些说法,如果我们秉持传统的观念来看,必然会感觉到很迷惑。比如,我们试着把一个金属块放进一盆水里,观察它很长时间,发现它并没有什么变化。但实际上,它

图片来源:360 图片

受到水和空气的影响而不断变化着，只是我们的眼睛看不出它在改变。而润滑油等无论沾到什么地方，我们都是很难清除它的。但其实，即使我们不去刻意清除它，它也会随着时间的推移，自然而然消失。

　　书中最后一个名词是"开始"，这个词的寓意是，我们的每天都是已经发生变化后的开始，而永远不变的是新的开始。

　　《失控》一书的核心，即"失控"一词，并不是指"失去控制"，它所讲的是人类智慧的一种构成方式：在蜂群式的集体中，每个个体都要受到周边的影响，要嵌入别人的行动之中，在一个生态体系里面运行。这个整体是没有中心的，但它的创造力却是极大的。这也是本书所提到的"失控"的含义。

　　传统的大公司建立了科层式管理体制。在传统的雇佣制下，管理主要依靠职业经理人完成，组织稳定，但是员工的能动性难以发挥，公司效率较低，效益也不理想。如今，相当数量的现代公司正在尝试各种去中心化，例如互联网公司等采用更扁平化的管理结构，把大公司变成若干个小公司或小团队。小公司内部的运行机制是利益捆绑、权责共担的"合伙制"，公司给予这些团队充分的决策和行动自由。这种方式更好地激发了公司的活力。

2.1.2　职业经理人可以共创、共享但难以共担

　　职业经理人可以创业、干事、共富贵，但不能共患难，一旦遭遇巨大的行业风险，职业经理人则难以依靠。以打工的心态工作，存在"危机时期的离心现象"和"道德风险"。

　　在传统企业里，讲究的是边界清晰、权责分明、责任到位，一个部门往往不关心另外一个部门的事情，专业主义的坚持高于跨界主义的好奇。比如说，为什么部门员工近在咫尺，有事情

图片来源：360图片

不当面口头说明而要发邮件？其中有很大一部分原因是邮件中一字一句清清楚楚，一旦出现问题，责任承担也一目了然。职业经理人制度导致专业主义盛行，但是这样有助于问题的解决吗？其实是不能解决问题的。未来，在创业企业中，职业经理人制度可能会消亡，取而代之的是"事业合伙人"制度。

2.2　创业需要事业合伙人

2.2.1　合作和合伙的区别

　　合作和合伙，都代表双方有紧密联系，但本质是不一样的。

　　合作的本质是交易，一方有什么资源，另一方有什么资源，彼此进行交换。这种体制讲究的是"公平"。合伙的本质则是风险共担，是在最危急时刻还能彼此支持，互不背叛。这

种体制讲究的是"放心"。从这个角度来看，我们可以看清楚很多关系的实质。比如上班一起工作是合作，而一起创业就应当是合伙。

很多时候，合作能够保证在好的时候变得更好，合伙能够保证在坏的时候不会变得更坏。那么，应当找什么样的合伙人共同创业呢？有人说："要和有资源的人合作，和没有退路的人共事。"这句话言简意赅，这也是面对残酷的市场竞争格局，直面生存的压力，许多人谋求高效率工作的必然选择。

2.2.2 合伙创业的"人合"与"资合"

通俗地说，创业主要涉及两大问题：一是人的问题，二是钱的问题。合伙人"合"的不仅有资金，还有人品、格局和规则，根据实践经验来看，"人合"可能比"资合"更为重要。在这个问题上，我国著名企业家王石、俞敏洪等人虽然表达各异，但在一些方面的观点达成了共识。

1. 合伙创业需要创业者的激情与智慧

（1）创业要保持理性心态。创业，本来就是机遇与风险并存的，有时甚至是"九死一生"，但目前社会上，你所能看到的往往是比尔·盖茨、乔布斯等成功者，一个个成功的IPO案例把企业家光辉的一面无限放大，却掩盖了大街小巷每一天都有破产倒闭、都有为失败而痛哭的人的事实。因此，在有些人眼里，满眼都是成功，并用这类与自己无关的成功来激励自己，这种观点是非理性的，也是可怕的。

（2）创业要有高尚的目标。创业不仅仅是为了"发财"，而是为了要去做一件期望实现的事情，是一种追求理想的过程。如果不单纯以盈利为导向，而是以"去完成一件正确的事情"为导向，那么创业更有可能成功。

（3）创业要做好风险预判。假如创业者首先能想到失败后会怎么样，那么，成功的可能性反而会更大；相反，从未思考过失败的创业者，创业之路没有走多远，等待他的往往就是失败。换句话说，如果把创业看成一个灵感工程，那么，很可能会惨淡收场。如果把创业看成一个系统工程，做好系统规划，科学地进行收益和风险预判，那么这样的创业者就走在成功的路上了。

图片来源：360图片

2. 合伙创业应制定规则

创业有人力、财力投入的风险，充满着不确定性，可能赚钱，也可能赔钱。如果几个人合伙创业获得了初步成功，那么公司赚的钱应该如何分配？同样，如果公司赔了钱，那么又应该如何分担责任和债务？还有，如果在合伙创业一段时间后，矛盾冲突不可调和而必须"散伙"，那么经济利益、经济责任又该如何分割？

大量的创业实践表明，合伙创业之前，合伙人商议时最重要的问题是"及时立规"。正如俗语所说，"无规矩，不成方圆"。尽管内部的制度、规则不能够解决创业动态运作中所有问题，但没有规则，将来合伙创业中的矛盾冲突必然会有很多。合伙创业的规则一般应涵盖以下方面。

（1）出钱、出力、出技术和股权分配等规则。解决创业起步阶段，公司核心资源的整合和未来利益分配的问题。

（2）领导、管理和用人等规则。这是指由谁来领导、领导权有多大、领导出现问题后如何处理甚至罢免等规则。公司再小也应当建立明确的责任体系，由一个人来担任承担责任的"老大"即核心领导者角色，其他人则承担具体的用人谋事的执行管理者角色。

（3）公司重要事宜的决策机制和规则。比如，如何吸收新的投资或者合伙人，如何聘用重要管理者，如何制定"绝不合伙法则"，如何制定"分红法则"。此外，还需要有提议、动议、附议、反对、弃权、表决的相关议事规则，以及如何修改的规则。

（4）"丑话在前"，制定"散伙法则"。"散伙法则"是很重要的，因为创业的失败率很高，设置这个法则的目标是起到保障作用——如果创业遇挫，创业者能够好合好分、好聚好散。它既涉及合伙公司的整体解散问题，又可能涉及单个合伙人的退出问题。合伙公司解散涉及公司的结算和清算，需要解决合伙人的债权债务问题，其中应该涵盖合伙人如何退出、原股退出还是议价退出、损耗成本计算标准等问题。

2.3　合伙动能机制与公司成长

2.3.1　合伙动能机制的形成

1. 事业合伙人模式与职业经理人模式的区别

传统企业的经营模式主要是依靠"以管理为天职"的精英人士即职业经理人进行管理，以他为核心组建工作团队。职业经理人享受创业企业高年薪的待遇，企业可以限期聘任或者解职职业经理人，但企业的经营亏损与职业经理人的收入无关，实质上，企业巨亏的经济风险只能由创始人和核心股东承担。

事业合伙人模式的本质是在职业经理人模式上加上"风险共担"机制。在腾讯、小米这样的互联网企业中，当团队一起工作时，管理宽松但效率极高，依靠的就是事业合伙人模式。尤其是小米的"背靠背"信任模式，以及不同部门的相互投资渗透，显著体现出了事业合伙人模式的优势。比如，"一个做电源的部门也投资了小米盒子（高清互联网电视机顶盒）的项目"，那么电源部门就会非常关心这个电视项目，主动为这个项目做配合性的工作。

2. 合伙人的利益共享机制

我国的腾讯、华为，以及国外的黑石、凯雷等企业实行的是"合伙人机制"，即"共投、共创、共享、共担"合作创业机制。比如，硅谷的创业家、华尔街的新金融家积极推动职业经理人制度向更为融合的"利益相关者制度"转变，职业经理人不仅拥有股票，也拥有内部的项目，甚至企业可以作为一个内部孵化平台，让职业经理人变成内部创业者。

3. 新机制激发合伙创业新动能

所谓"跟投",是指对所做项目和所在公司,用真金白银投下去,给出一种"愿意捆绑在一起"的承诺。利益有了捆绑,在新机制驱动下,就有可能打破原来的职业经理人的科层化、责权化和专业化的窠臼,从金字塔式的组织机构转变为扁平化结构。合伙人享受工作收益(薪资)、项目收益(项目跟投分红)和股权收益(股票分红),合伙人之间实现利益共享,背靠背、共进退。

沿着事业合伙人的思想进行转型,万科集团总经理郁亮提出了"事业合伙人2.0"和"事业合伙人3.0"版本,探索如未来能否将项目跟投扩大化,将产业链上下游也变成合作伙伴,建立新型房地产生态系统等问题。如果施工单位也成为事业合伙人,偷工减料的问题就有可能从根源上得到杜绝,工程质量得以保证。房地产本身属于资金密集型行业,如果投资初期在资金方面引入合伙人制度,资金成本也可能大大减轻。

2.3.2 合伙创业的"控制"与"失控"

1. 雇佣制和合伙制的比较

创业企业主要有雇佣制和合伙制两种类型。如表2-1所示,雇佣制和合伙制在制度核心、工作方式、分配方式和权责分担方式方面都有所不同。在雇佣制下,主要是采用创始人单干制,其他员工都是雇佣工作,在合伙制下,提倡合伙人兵团作战;在雇佣制下,利益是层级分配制,在合伙制下,提倡合伙人之间利益分享制;在雇佣制下,职业经理人用脚投票,在合伙制下,提倡合伙人之间背靠背、共进退。在过去,经常是创始人一人包打天下,对公司实行100%控股是常态,无须进行股权设计。在现在,合伙创业成为互联网明星创业企业的标配。

表2-1 雇佣制和合伙制的特征比较

特征	雇佣制	合伙制
制度核心	以钱为中心	以人为中心
工作方式	单干	兵团作战
分配方式	分配制	分享制
权责分担方式	用脚投票	背靠背、共进退

2. 创始人完全控股妨碍公司成长

在过去,有人利用企业创始人不懂游戏规则,趁火打劫,象征性投资20万元,就要求持有创业企业55%的股权;有的"土豪"投资人,固守"谁的钱多,谁当老大"的陈旧观念,高额投资150万元,而后要求持有创业公司70%的股权。这些不良做法把优秀团队和后续资本进入公司的通道全堵上了,公司无法成长。现在,许多风险投资人"投大钱、占小股"的模式成为常态。

实际上,只要公司持续成长,即使少量的股权也能带来可观的财富。例如,小米公司成为上市公司后,其1%的公司股权价值4.5亿美元;阿里巴巴成为上市公司后,其1%的公司股权价值20.1亿美元。反过来,如果公司发展不利,市场价值低,甚至没有价值,公司的创始人就是持有100%的公司股权,那么,也是无法带来收益的。

3. 控制中有"失控"，"失控"中有控制

一家公司，只有实行良好的控制，公司才有明确的决策者，才有方向；只有"失控"，公司才能突破创始人的局限性，补足短板，具备爆发性裂变的可能性。

创始人要管理好控制公司与控股的关系。公司股权架构设计，首先要解决的问题是创始人的持股权数量设计——绝对控股（占 2/3 以上）、相对控股（占 1/2～2/3）与不控股（占 1/2 以下）。

不控股是否也可以控制公司？答案是肯定的。目前，马化腾占腾讯 14.3% 的股权，周鸿祎占 360 公司 14.5% 的股权，刘强东占京东 12% 的股权，李彦宏占百度 16% 的股权，王传福占比亚迪 18.3% 的股权，扎克伯格占 Facebook13% 的股权，都在 19% 以下。尽管上述公司创始人既不是绝对控股也不是相对控股，而是只占较小比例的股份，但是，他们既可以实现对公司的有效控制，也能够实现其个人财富和公司财富的迅猛增长。

2.3.3 合伙创业利益分配理念：财聚人散、财散人聚

有创业能力、创业意志，经过磨合才可能成为合伙人。合伙创业，既是"合伙"一种长期利益，也是"合伙"一种共创、共担、共享的合伙创业精神。

段永平从打造小霸王、步步高到发展 OPPO、vivo，秉持着"大舍即是大得"的理念：他只持有 OPPO 10% 的股权，vivo 不到 20% 的股权。为了应对互联网时代的商业模式创新，海尔提出了"人单合一"模式：一是让组织灵活快捷，使员工对市场反应迅速；二是员工与企业共同面对"生死存亡"的时间挑战。华为任正非坚持把股份分给所有人，自己只持有 1.4% 甚至比例还在逐年降低的公司股份；企业与员工共创、共享、共担。小米的创始人雷军认为，要舍得花时间找事业合伙人，有了一群可靠的合伙人，组建好的创业团队，创造好产品，公司才可能基业长青。

这些优秀企业家和优质企业的利益分配制度中，都体现出了"财聚人散、财散人聚"的观点，通过建立利益共享的分配方式，激励员工将个人目标与企业目标相融合。

2.4 阿米巴经营模式：人人做经营者

2.4.1 什么是阿米巴经营模式

变形虫（amoeba）是一种单细胞生物，音译为"阿米巴"。它没有固定的外形，可以任意改变体形，属原生动物，能够适应复杂乃至糟糕的环境而存活（如图 2-1 所示）。这种生物的特性和适应环境的生存能力，与人们创业或者经营企业的过程相似。优秀的创业者和企业必须像阿米巴一样，能够适应复杂

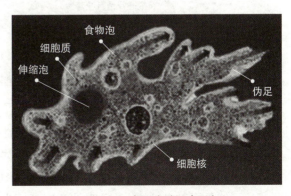

图 2-1 变形虫（阿米巴）

的环境而存活下来。

阿米巴经营模式是日本"经营之圣"稻盛和夫独创的经营模式。这一模式源于稻盛和夫创业早年的困境，当时他一个人既负责研发，又负责营销，当公司发展到100人以上时，觉得苦不堪言，非常渴望有许多个自己的分身可以到各个重要部门承担责任。他打造了两家世界500强企业——京瓷和第二电电（KDDI）。阿米巴经营模式让两家企业茁壮成长、长盛不衰，京瓷更是创造了卓越业绩，50余年从不亏损。事实上，阿米巴经营模式与京瓷会计制度被称为稻盛经营哲学的两大支柱。

1959年，在创办京瓷时，稻盛和夫在致力于技术开发、产品开发和营销活动的同时，不遗余力地确立经营哲学和经营会计制度。在京瓷取得快速发展、规模不断扩大的过程中，他打心眼里渴望获得能够同甘共苦、共同分担经营重任的经营伙伴。于是，他把公司细分成被称为"阿米巴"的小集体，从公司内部选拔阿米巴领导，并委以经营重任，从而培育出许多具有经营者意识的领导者，即经营伙伴。

所谓阿米巴经营模式，就是把组织划分成一个个小的团体，各自独立核算，同时培养具有经营者意识的人才，以各个阿米巴的领导者为核心，让其自行制订各自的计划，依靠全体成员的智慧和努力来完成目标。这种模式让一线的每一位员工都能成为主角，主动参与经营，进而"实现全员共同参与的经营"。

2.4.2 阿米巴经营模式的过程管理

1. 经营模式的"大道至简"

稻盛和夫作为企业家和管理大师，将领导力培养、现场管理和企业文化这三大企业管理的难题集中在一起，予以解决，即培养具有经营者意识的领导人才、确立与市场直接挂钩的部门核算制度、实现全员共同参与的经营"三位一体"，形成了阿米巴经营模式，这一模式也被誉为"伟大的经营模式"，如图2-2所示。

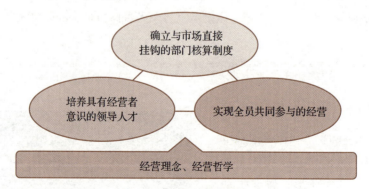

图 2-2　阿米巴经营模式

虽然将三大难题熔于一炉看起来是个更大的难题，但是说简单又特别简单，对经营企业有热情的人，往往能够很好地理解和领悟。比如，一个5 000人的大企业可分为1 000个阿米巴小团队。一年经营下来，即使有300个阿米巴亏损，但如果其他阿米巴经营顺利，整体亏损也可能是可以容忍的，个别阿米巴是活下去还是彻底"出局"，不太影响公司总体盈利或绩效大局。

2. 阿米巴经营模式的必经阶段

阿米巴经营模式的本质是一种量化的赋权管理模式，与其经营哲学、经营会计制度相互支撑，构成完整的经营管理模式，增强企业系统竞争力。这种模式抓住了经营的本质，充分释放每一位员工的潜能来实现经营。然而，阿米巴经营模式对经营者也有很高的要求，经营者不能修炼到"九段高手"的状态时，该模式便难以实现。很多中国企业看到阿米巴经营模式后，马上效仿，但大部分都不具备一步到位实现阿米巴经营的条件，脱离具体的功法套路和修炼节奏，很可能导致"走火入魔"。本书认为，推行量化赋权时应该遵循基本的规律，由上到下，由大到小，分层逐步推进。

3. 阿米巴经营模式的实现条件

所谓阿米巴经营不是单纯的利润管理，而是实现全员参与经营。光靠核算衡量现场业绩是无法实现参与式经营的。阿米巴经营模式的实现条件主要包括以下方面。

条件1：企业内部的信任关系。要实现阿米巴经营模式，企业需要依靠全体员工的智慧，员工必须抱有自己的努力和智慧关系到企业、客户以及自己的长期利益的信念，对企业建立起充分的信任，这样才能实现全员参与式经营。

条件2：严谨的数据。保证数据严谨的关键是经营者要秉持严肃认真的态度。各阿米巴对待数据要有严谨、追究到底的精神。

条件3：及时把前线的数据反馈给现场。企业应当建立一种让现场员工及时根据数据做出判断、采取措施的制度。如果数据不及时反馈，可能导致重大损失；如果等到一切无法挽回的时候，再把数据反馈给现场并追究现场的责任，也会严重打击现场的积极性。

条件4：工作流程。现代企业经营越来越重视灵活性和速度，如果阿米巴的划分和工作特性不符，就有可能在某些环节出现差错或无法灵活处理发生的问题，导致工作失误。阿米巴的划分必须符合工作特性，尤其是工作流程。

条件5：员工教育。员工如果缺乏一定的知识，就无法根据经营数据发现问题并找到合理的解决方式。要实现阿米巴经营模式，企业需要基于实际案例加强现场教育，高层管理人员或经营者和各阿米巴的员工要分享解决问题的智慧。

2.4.3 阿米巴经营模式落地

按照稻盛和夫的经营理念和经营哲学，阿米巴经营模式的落地实施，需要培养具有经营者意识的领导人才、确立与市场直接挂钩的部门核算制度、实现全员共同参与的经营三者的高度融合。本书用以下三个案例来对此进行解读。

◆ 案例

培养经营者的分身

1. 引进阿米巴经营模式前，在A店铺内，由1名店长直接管理整个店铺（见图2-3）。A店铺面临的问题点是：从店铺整体经营角度来看，没有培养现场领导者。

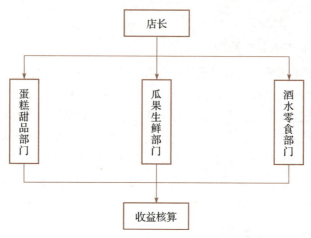

图 2-3　A 店铺引进阿米巴经营模式前

2.引进阿米巴经营模式后,按部门分成多个阿米巴,并设立领导者(见图 2-4)。

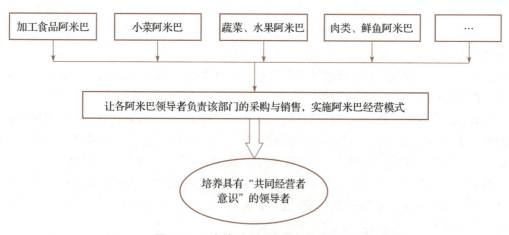

图 2-4　A 店铺引进阿米巴经营模式后

如何培养经营者的分身?基于"按公司运营所需职能建立组织"的思路,应当明确最低限度的必要职能,建立精简高效的组织。

(1)细分组织(见图 2-5)。基于职能对组织进行细分时,需满足下列三个条件:①存在明确的收入,并可算出与此对应的费用;②可作为一项独立的事业;③可履行公司整体的方针,实现整体的目的。

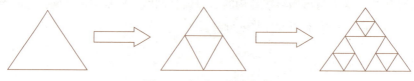

图 2-5　细分组织示意图

(2)培养经营者分身。在京瓷迅速成长的过程中,稻盛和夫产生了这样的想法:如果能像《西游记》里的孙悟空一样,拔下自己的毫毛吹一下,就能变出分身就好了……他希望多培养出像自己一样能够承担公司经营责任,并具有"共同经营者"意识的领导者。稻盛和夫的思路是:如果是一个小型组织,那么年轻、经验尚浅的领导者也能准确掌握自己部门的情况,有效发挥经营者的作用。在这一步中,应将组织分成小小的阿米巴,确认每个阿米巴的经营者,并进行相关管理技能的培养。

(3)把经营委托给阿米巴领导者(见图 2-6)。为了发展阿米巴而选择阿米巴领导者,委以经营之责,根据公司方针制订事业计划,开展实绩管理、劳务管理、物资订购、库存管理、经费管理等全面的经营。

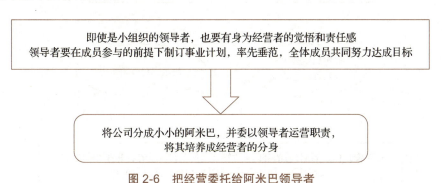

图 2-6 把经营委托给阿米巴领导者

◆ 案例

建立部门核算制度,应对市场变化

1.引进阿米巴经营模式前,B 店铺作为一个整体来管理和核算。B 店铺面临的问题点是:笼统记账而无法掌握实际的经营情况。

2.引进阿米巴经营模式后,B 店铺启动了按部门核算的制度,各部门根据核算结果灵活采取措施,见图 2-7。

图 2-7 B 店铺引进阿米巴经营模式后

具体来看，如何应对市场变化？B店铺采用的办法如下：

（1）数字经营。为应对时刻变化的市场，各阿米巴需要"活生生的经营数字"，以便采取相应的措施。为此，各阿米巴之间需要有更加细致的收支管理方法，进行"公司内交易"核算，将市场价格的变动反映到阿米巴的收支核算中（见图2-8）。

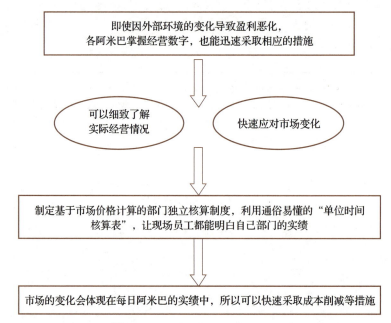

图2-8　数字经营

以成功实施这种经营方式的京瓷为例，精密陶瓷的制造工序可以划分成原料、成型、烧制、加工等工序，每道工序都是一个独立的单元。如果由原料部门将原料卖给成型部门，那么原料部门就产生了"销售"，成型部门就产生了"采购"。在这种模式下，各工序之间采用半成品买卖的方式，各个部门就如同一个中小企业一样，能够成为一个独立的核算单元。这种做法就是"公司内交易"，是阿米巴经营的一大特征。

（2）建立单位时间核算表机制。"销售额最大化，经费最小化"是稻盛和夫思考的经营原则。为了在所有阿米巴中贯彻这一原则，需要建立一个能了解收支情况的核算表。于是，B店铺内部像家庭账本一样通俗易懂、连不具备会计知识的员工也能明白实际经营情况的简易"单位时间核算表"由此产生了。

简单来说，在单位时间核算表里，会列出每项销售额和费用，以及总销售额和总费用两者的差额，这就是产生的附加价值。接下来，用附加价值除以总劳动时间，就得出了每小时的附加价值（即"单位时间核算"）。

◆ 案例

全员参与经营

1. 引进阿米巴经营模式前，C店铺依靠一名店长努力改善经营业绩（见图2-9）。C店铺面临的问题点是：仅凭店长一人，再努力成果也是有限的。

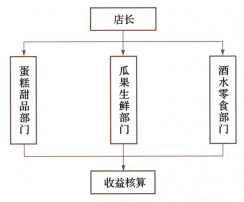

图2-9 C店铺引进阿米巴经营模式前

2.引进阿米巴经营模式后,全员共享目标,集结全员智慧,提供解决经营问题的思路(见图2-10)。C店铺采用这种模式后,集中了现场员工的智慧,并且提高了组织凝聚力。

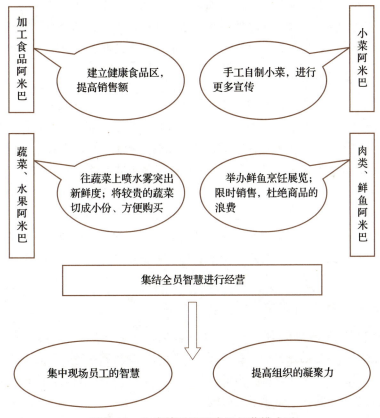

图2-10 C店铺引进阿米巴经营模式后

由以上案例可以看出:①"培养经营者的分身"意味着任何大小的经营组织必须有一个"老大"或者说核心领导者,他就是"阿米巴"的带头人,由他来赋权于每位分身领导者;②"建立部门核算制度"意味着以"阿米巴"为经营单位进行经济效益核算;③"全员参与经营"意味着每一位"阿米巴"成员必须努力贡献,本单位经营绩效是与自己的切身利益挂钩的。

以上三个方面相互促进、相得益彰。阿米巴经营模式成功的根本在于最大限度地调动了每一位员工的积极性、能动性和创造力。

2.4.4 阿米巴经营模式的借鉴

稻盛和夫借鉴原生动物变形虫如何适应环境的变化而活下来的道理，开创了阿米巴经营模式，这对我国企业改变经营模式、提高效率和创造效益具有重要的借鉴意义和价值。

1. 在物质分配中追求全面薪酬管理

我国很多企业在实施阿米巴经营模式的过程中，把"单位时间附加值"作为薪酬分配的唯一依据——附加值高，就分奖金、"发红包"。但是稻盛和夫先生认为这样做是绝对错误的。如果只注重物质的分配，整个阿米巴经营就扭曲了。

京瓷的社训是"敬天爱人"，广泛涉及员工奖金、绩效工资等，不仅涵盖物质分配，更是一种全面薪酬管理制度，其包括四个部分：一是工资，二是福利，三是成长机会，四是企业文化，形成了四个方面的平衡体系。比如，对京瓷来说，陶瓷铸成产品的研发很重要，每次阿米巴经营过程中研发领域"单位时间附加值"比较高的人，都会获得很高的荣誉。稻盛和夫每年都会给科研人员发奖状，跟他们合影。企业不能只重视物质和精神中的一面。

2. 在价值管理中更关注经营哲学

在阿米巴经营模式的整个实施过程中，许多人急于求成，往往造成期望与结果之间出现极大偏差。阿米巴的整个经营管理不仅仅涉及会计核算体系，它更多的是关注经营哲学。很多企业都有自己的经营哲学，但是让它渗透到员工的"细胞"里却很难。稻盛和夫先生深谙此道，他采取的方式是天天念、日日念，直到让这些理念进入员工的"细胞"。

我们学阿米巴经营模式，就一定要学它的经营哲学。当前，公司的绩效考核往往是用单位时间附加值考核，结果越考核问题越多，企业领导者就产生怀疑，产生迷茫——外面都说阿米巴好，为什么在我的公司就遇到问题。其实原因还是在于企业的经营哲学未能统一。所以实践阿米巴经营模式，不仅仅是进行价值管理，更重要的是，经营哲学要渗透于经营管理的整个过程。

3. 不强调个人英雄，而强调协作共赢

阿米巴经营单元最多可能为40～50个人，最少为3～4个人，对阿米巴经营单元的划分是柔性划分。在划分的过程中，尽管每一个阿米巴都有领导者，但是他既是队长又是成员。他只有带领团队，凝聚团队的智慧共同努力，才可能使他们的阿米巴提高效率、创造价值。这里强调的是协作共赢，而非个人英雄。

4. 在经营核算中强调数据及时、有效

经营中所采用的数据要达到及时、有效。在京瓷公司，当天的经营数据第二天一早就可以呈现出来，而且这些数据直接让经营单元中的所有员工了解到。通过对真实全面的经营数据进行分析来不断改进作业，提高经营水平。如果企业的整个经营数据一个月才做成一次报表，那么一年才进行12次反思。阿米巴经营模式下，365天都在反思，它建立起了这样一个循环系统、一种分析策略。

及时、有效的数据一方面能够让员工清晰了解自己的经营成果，另一方面还能够让员工知道目前工作的差距，及时采取措施进行改进，避免更大的经营损失。

5. 变垂直管理为面向客户

阿米巴经营采用的不是垂直管理方式，而是面向客户的管理方式。在企业管理中，阿米巴经营看起来非常简单，没有传统的金字塔组织结构管理。我国的海尔集团实施"人单合一"模式，也是打破传统的官僚层级结构，在内外部响应服务客户，这也是现代互联网企业的普遍特点。阿米巴经营在整个研发、采购、销售等过程中，建立的是一种面向客户的响应系统。

6. 变被动管理为自主经营

阿米巴经营不是被动管理，而是自主、自觉经营，人人都是事业合伙人。我国企业也有自主经营的广泛尝试，例如温氏集团强调的是各家小客户，带领了 56 000 多个家庭农场，搭建的是一个齐创共享的事业合伙管理平台；海尔采用的是自主经营体模式；华为强调"让听到炮声的人呼唤炮火"，即自主决策；美的进行了事业部改造；等等。如果说阿里巴巴、腾讯是"航空母舰"式的平台，那么，小网商就是"舰载机"，也可以看作是一个个阿米巴。

这些企业形式不一样，但是有共同特点，就是让一线团队自主经营，自主决策，及时响应市场的需求。如果企业每天靠着指令传递做决策，难免因为效率问题错失机会，企业就会丧失前进的力量。

在阿米巴经营过程中，有很多操作细节可以做深入的研究，企业借鉴阿米巴经营模式，可以不断提升管理水平和经营业绩。在我国的大企业中，许多互联网大企业的经营模式已经非常类似于阿米巴经营模式，即将大企业做"小企业"。成千上万的"小企业"支撑着大企业，而各个小企业做"活"，变成阿米巴，让整个大企业变成无限细分运动的结合体。采用这种方式，企业能够更好地与时俱进，走得更远、变得更强。

2.5 利益分配机制决定合伙制成败

合伙制以"人"为中心，而非以"钱"为中心，在创业开始前，就约定好了利益分配机制，合伙人之间"共投、共创、共享、共担"，这就从根本上消除了传统公司层级管理的弊端，实行无"管"而治。

以"人"为中心并非"钱"不重要，而是认为不以"钱"的投入作为公司持股的唯一标准，这样有利于公司招募高层次人才、引进风险投资、引入众筹融资以及聚集其他的社会资源。如今，合伙人或者股东"掏大钱、占小股"已是许多合伙创业公司的选择。

合伙创业公司要有制度、规则和契约，从而保证公司运营中"好合好分、好聚好散"，无论对创业公司还是对所有的合伙人，这都是代价最小、风险最低、效率较高的。

创业是场马拉松赛，需要优秀的创业团队前赴后继地执行，改变世界的精神不变，个人利益与企业利益捆绑的激励机制应持续发挥作用。目前，国内的华为、腾讯、京东，以及国外的黑石、亚马逊等公司都是因为拥有这种合伙经营理念,才有了持续发展的动能机制。有了好的合伙人,组建起好的团队,同时建立合理的利益分配机制,事业才能基业长青。

◆ 随堂讨论题

1. 为什么说职业经理人正在被"事业合伙人"淘汰?
2. 为什么说合伙创业的"人合"比"资合"更重要?
3. 创业合伙人之间可能会产生的冲突有哪些?如何解决?
4. 什么是阿米巴经营模式?这种经营模式如何经营才能持续取得成功?

◆ 单元作业题

1. 观看电影《投名状》和电影《中国合伙人》,探讨电影对你与他人合作、合伙做事有什么启示。
2. 讨论:为什么有些公司的创始人只占有很少的股权,却不影响他个人的财富增长以及他对该公司拥有实际控制权?

模块 3
MODULE 3

构建创业团队

□ 内容提要

创业的本质是创造商业价值,创业团队是承担核心任务的载体。本章讲述了创业的商业逻辑和目标、创业团队的力量和价值、优秀创业团队需要什么、如何避免创业团队分崩离析,以及创业的灵魂:团队精神。

3.1 创业的商业逻辑和目标

创业是创新的商业化实现途径,创业的本质是创造商业价值。下面我们对创业的商业逻辑和创业的目标进行简单介绍。

3.1.1 创业的商业逻辑

20世纪60年代,代表战略规划学派的"三安"(指Anthony、Ansoff、Andrews三位学者)范式出现,提出"战略是贯穿组织的主线"这一观点,利用安索夫(Ansoff)矩阵和SWOT分析等方式进行研究,帮助企业对其资源进行合理的配置。根据安索夫的观点,战略是指如何匹配公司能力(资源)与其竞争环境之间的商机。商机是指创业的动力。资源即资本、财物、人脉等,是获利的基础。

根据蒂蒙斯(Timmons)的创业过程模型(见图3-1),创业是一个各方面因素动态平衡与相互匹配的过程。商机是创业过程的开始,同时也是创业的主要动力所在;资源是创业的必要条件与成功的保障。

创业团队是公司业务运作的核心。在商机的引导下,创业者根据创业发展的不同阶段,调整与更新团队的资源和能力,通过将各种资源进行最优配置以寻求创业继续发展的机会,规避商业风险,实现创业赢利。

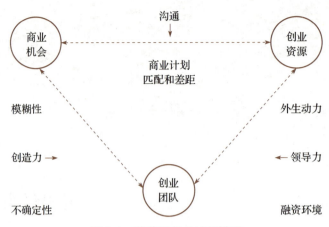

图 3-1 蒂蒙斯创业过程模型

资料来源：斯皮内利，亚当斯. 认识创业：第 10 版 [M]. 赵剑波，焦豪，王曦若，等译. 北京：机械工业出版社，2023.

3.1.2 创业的目标

创业团队在创业过程中要获得成功，应当实现以下目标。

（1）实现强大的商业经营能力。创业者要具有强大的领导力和把握关键组织要素的能力，例如创业团队创造能力、资金运作能力、用户需求把握能力、产品开发能力等，并将这些转化为商业经营能力。

（2）从满足需求到创造需求。创业者可以通过做"比其他更好"的新产品建立相对的竞争优势，或者通过做"与众不同"的新产品建立绝对竞争优势，实现从满足需求到创造需求的跨越。

（3）克服诸多对创业不利的影响因素。创业者需要克服不利的因素，坚持创业目标，挖掘潜力、推动革新、降低成本、提高效率、创造效益，才能在优胜劣汰的市场中把握先机，不受制于人，赢得市场竞争中的主动权。

3.2 创业团队的力量和价值

3.2.1 什么是创业团队

关于创业团队的定义有很多，本书认为，创业团队是由少数具有技能互补的创业者组成的，他们为了实现共同的目标和利益，整合社会商业资源，为了给个人和团队成员以及商业资源的提供者创造价值而形成命运共同体。

创业团队想要达到成功，团队成员需要有坚定的信念和意志力，团队成员应抱成一团，共同用智慧去创造新的财富和价值。

3.2.2 创业团队的分类和特点

创业团队主要可以分为星状创业团队和网状创业团队两类，它们具有不同的特点。

1. 星状创业团队

在星状创业团队中，往往在团队形成之前就有一个核心人物，他的创业想法形成团队的思想，团队因他的思想而组建，成员也由他来选择，成员在团队中更多的时候担当的是支持者角色。星状创业团队的特点包括：①组织结构紧密，向心力大，组织者对其他成员影响巨大；②决策程序相当简单，组织效率较高；③权力相对集中，决策失误风险较大；④组织者拥有绝对的权威，当成员与其发生冲突时，成员往往选择脱离团队。

◆ 案例

万通系的星状创业团队

1991年，以冯仑为"老大哥"，联合王功权、刘军、王启富、易小迪、潘石屹（人称"万通六君子"）组成创业团队，在海南成立了万通地产公司。

这六个性格鲜明、各有所长的男人共聚一堂，呼啸聚义，在海南开始了他们的地产商业，他们组成的就是典型的星状创业团队。然后，两三年后，他们因为想法各异、人各有志而各奔东西，后来才有了潘石屹开创的SOHO中国、易小迪开创的阳光100等公司。

◆ 案例

微软系的星状创业团队

微软的比尔·盖茨和童年伙伴保罗·艾伦以及惠普公司的戴维、斯坦福大学的同学比尔等都是好朋友，他们相识多年，基于一些互动激发出创业点子，最终共同创建了微软公司。

微软公司以比尔·盖茨为核心，他带领微软公司在IT行业坚持不懈地耕耘，做出了巨大的成就，成为世界级商业巨头。

2. 网状创业团队

在网状创业团队中，成员一般在创业之前就有密切的关系，比如同学、亲友、同事、朋友等，全体成员达成共识后共同创业，在企业内部，没有绝对的权威，成员根据各自的特点自发进行角色定位。网状创业团队的特点包括：①团队没有明显的核心，结构较为松散；②决策时，一般通过大量沟通和讨论达成一致意见，因而组织的决策效率相对较低；③团队成员地位平等，一般容易形成多头领导；④团队成员发生冲突时，一般采用协商的方式解决，成员不会轻易离开，如果冲突升级会导致团队涣散。

3.2.3 创业团队的力量

1. 创业团队的作用

创业团队的凝聚力、战斗力和创造力决定创业绩效；而高绩效的创业团队依靠团队成员的力量，发挥团队精神，从而完成个人所不能完成的任务。

创业关注的核心并不是个人英雄主义的个体创业者，而是卓有成效的创业团队。新创企业既可能只为某个创始人或其亲友提供了就业机会,也可能是一个具有较高发展潜力的公司,而两者之间的主要差别就在于是否存在一支高质量的创业团队。没有团队的创业也许并不一定会失败,但要创建一个没有团队而具有高成长性的企业却极其困难。

英国作家萧伯纳有句名言:"两个人各自拿着一个苹果,互相交换,每人仍然只有一个苹果;两个人各自拥有一个思想,互相交换,每个人就拥有两个思想。"

如果团队中每个成员都能把自己掌握的新知识、新技术、新思想拿出来与其他团队成员分享,共同进步,集体的智慧势必大增,就会产生 1+1>2 的效果,团队整体智慧远超每个成员的智慧。创业过程就是团队成员思想不断交流、智慧火花不断碰撞的过程。"三个臭皮匠,顶个诸葛亮",集思广益,精诚协作,团队就能完成个人所不能完成的任务。

图片来源:360图片

2. 创业需要"团队"而非"群体"

"团队"和"群体"的概念看起来类似,都是由多个人形成的正式或者非正式的组织。但是,团队是一个有目标、有任务、有战斗力的集体,而群体通常是没有这种属性的。组织行为学相关理论表明,群体绝不等同于团队。例如,篮球队、龙舟队是有任务、有目标、有竞争力的组织,这就是团队;而旅行团、候机旅客等是没有任务、也不需要竞争的松散结合体,只能归属于群体。

智慧故事

动物团队的启示

在非洲的草原上,如果见到羚羊在奔逃,那一定是狮子来了;如果见到狮子在躲避,那就是大象群发怒了;如果见到成百上千的狮子和大象集体逃命的壮观景象,那是什么来了呢?蚂蚁军团来了。

在动物的世界里,螃蟹团队中,螃蟹抱成一团,强力抵御外来入侵;大雁团队中,群雁整齐划一,保持"人"字或者"一"字队列,头雁在不断发出鼓励的鸣叫;野牛团队中,一头野牛受到威胁狮子,其他野牛一起行动,拼死相救;群狼团队中,则体现出自由独立、强悍卓越的个体理论和坚不可摧的团队精神。

图片来源:360图片

用一句话来概括：在自然界的生存竞争中，动物群体也能够形成有目标、有任务和竞争力的团队，观察动物团队的活动规律，能给我们很多团队建设方面的启示。

资料来源：简书平台发文，在优秀的团队里遇见更好的自己，2019-04-28。

案例

"群体"并非"人多力量大"

德国科学家瑞格尔曼做过一个著名的拉绳实验。实验中，参与测试者分成四组，每组人数分别为1人、2人、3人和8人。实验人员要求各组用尽全力拉绳，同时用灵敏的测力器分别测量拉力。

测量结果显示：2人组的拉力只为单独拉绳时2人拉力总和的95%；3人组的拉力只是单独拉绳时3人拉力总和的85%；而8人组的拉力则降到单独拉绳时8人拉力总和的49%。这项拉绳实验的结果是"1＋1<2"，即整体力量小于各部分之和，并非一定"人多力量大"。

3.2.4 优秀创业团队的价值

创业最需要外部人力和财力资源的支持。一个优秀的创业团队，一方面会吸引外部更优秀的管理人才和技术人才的加入，另一方面也会受到风险投资商的青睐。

风险投资商投资不仅仅看项目好坏，更重要的是看创业带头人和创业团队。创业团队蕴藏的风险是风险投资商面临的最大风险，因为风险投资商作为小股东，一般不参与管理公司，而且也几乎无法进行日常管理。因此，最大的风险是管理风险，也就是创业团队的经营能力不足的风险。

为了规避风险，风险投资商往往在评估创业团队方面做很多工作。一旦发现创业团队能力不足，在诚信上有问题，风险投资商通常都会拒绝投资。

3.3 优秀的创业团队需要什么

3.3.1 团队要有共同奋斗的目标

共同目标就是共同的核心利益，有共同点才会有交叉点，有交叉点才会有前进的动力。目标明确了，大家才会有一起奋斗的激情。目标在团队组建过程中具有至关重要的价值。

（1）目标是一种有效的激励因素。如果一个人看清了团队的未来发展目标，并认为随着团队目标的实现，自己可以从中分享到很多的利益，那么他就会把这个目标当成是自己的目标，并为实现这个目标而奋斗。从这个意义上讲，共同的未来目标是创业团队克服困难、取得胜利的动力。

（2）目标是一种有效的协调因素。团队中各种角色的个性、能力有所不同，但只有步调一致才能取得胜利。《孙子兵法》有云："上下同欲者胜。"只有真正目标一致、齐心协力的创业团队，才会得到最终的胜利与成功。

3.3.2 团队要有能够胜任的带头人

团队带头人是有领导力的人,承担主要责任,协调成员的利益和矛盾冲突。团队带头人要富有智慧、有创造力,能够凝聚其他成员的团队向心力,带领团队克服艰难险阻而持续创造经济效益。

联想创始人柳传志曾经说:"领军人物好比是阿拉伯数字中的 1,有了这个 1,带上一个 0,它就是 10;带上两个 0 是 100;带上三个 0 就是 1 000。"篮球明星迈克尔·乔丹曾说过一句名言:"一名伟大的球星最突出的能力就是让周围的队友变得更好。"

图片来源:360 图片

◆ 案例

史玉柱的"领头羊"作用

在一些人眼中,史玉柱难以捉摸,而在刘伟等内部人看来,史玉柱是个重情重义的人。2002 年,陈国遭遇车祸身亡,史玉柱连夜从兰州坐飞机回上海,停下业务给陈国办后事。此后每年清明,史玉柱都会带着公司高层去祭奠。经历陈国"断臂之痛"后,史玉柱要求用车以 SUV 为主,另外加了一条规定,干部离开上海禁止自己驾车。

与史玉柱一起爬过珠峰的费拥军,说起追随多年的理由,用的是"亲情"一词。追随者相信这一点,在公司遇到财务困难的时候,集团的副总裁程晨甚至会从家里借来钱援助史玉柱。

"无论什么时候看到他,你在他眼中看到的都是自信——我一定能赢的信心。你跟他在一起就充满了活力。""在你绝望的时候能让你看到希望,能跟着走。"刘伟如此评价史玉柱。

在经历巨人公司失败后的二次创业初期,有很长一段时间,史玉柱身边的人连工资都很难领到。但是有 4 个人始终不离不弃,他们后来被称为"4 个火枪手",他们正是史玉柱在大学期间的"兄弟"陈国、费拥军、刘伟和程晨。这就是团队带头人的魅力所在。

3.3.3 团队成员各有所长

组建一个好的创业团队,团队成员之间要做到知己知彼。同时,团队成员应当才华各异,分工明确,能做到优势互补、相辅相成、相得益彰。

1. 知己知彼,百战不殆

(1)创业团队成员应当相互非常熟悉,知根知底。《孙子兵法》有云:"知彼知己,百战不殆。"在创业团队中,团队成员都应当非常清醒地认识到自身的优势和劣势,同时对其他成员的长处和短处也一清二楚,这样可以很好地避免团队成员之间因为相互不熟悉而造成的各种矛盾、纠纷,迅速提高团队的向心力和凝聚力。

(2)"熟人"未必是可靠的创业合伙人。大学生创业时,选择的合作伙伴多是同学、朋友、校友,但是这样的"熟人"更多是进行日常交流沟通,在创业理念方面,团队成员的思想可能是陌生的。有个例子说，有人在许多校园 BBS 上为一项新发明或者好创意而广发"英雄帖"。虽然招募的都是同龄人，但是毕竟没有共同经历过"血与火"的市场考验，这样的团队成员之间是缺乏凝聚力的。因此，我们所指的相互非常熟悉，不仅指日常生活中熟悉，更多指在创业理念上彼此熟悉，互相认同。

2. 扬长避短，恰当使用

（1）分类任用。团队成员大致可分为三类：一是可以信任而不可大用者，这是指那些忠厚老实但本事不大的人；二是可用而不可信者，这是指那些有本事但私心过重，为了个人利益而钻营弄巧，甚至不惜出卖良心的人；三是可信而又可用的人。

作为创业者，都想找到第三种人。但是这种人不易识别，往往与用人者擦肩而过。为了企业的发展，创业者对各类人物应当有清晰的认识。在充分识别的基础上恰当使用，扬长避短，合理配置，就能最大限度地发挥他们的作用。

（2）用人之长，避其所短。创业伙伴之间的优势最好为互补关系。选择的时候要看清其长，包容其短。所谓取长补短，是指取别人的长补自己的短，此为团队的真正价值所在。长城不是靠一人筑成的，想做出成绩，就得有做事情的开放心态。当你的性格属于内向型，不善于交际，只适合从事技术工作时，那你就最好找富有公关能力、会沟通、能处理复杂问题的搭档；当你是个急性子，脾气比较暴躁且又自认为很难改正时，那最好找慢性子、脾气温和的搭档——因为合作中的摩擦是在所难免的，一急一缓可以相得益彰。

（3）相互补充，相得益彰。创业团队虽小，但是"五脏俱全"。创业团队成员不能是清一色的技术型成员，也不能全部是搞终端销售的，优秀的创业团队成员应该各有所长，大家结合在一起，正好相得益彰。

团队应包括以下几种人："一个创新意识非常强的人"，这个人可以决定公司未来发展方向，相当于公司的战略决策者；"一个策划能力极强的人"，这个人能够全面周到地分析整个公司面临的机遇与风险，考虑成本、投资、收益的来源及预期收益，甚至还包括公司管理规范章程、长远规划设计等；"一个执行能力较强的成员"，这个人具体负责公司的运营，包括联系客户、接触终端消费者、拓展市场等。如果是技术类的创业公司，那么还应该有"一个技术研究高手"，当然，这个创业团队还需要有人掌握必要的财务、法律、审计等方面的专业知识。

在一个创业团队中，不应出现两个核心成员的位置重复的情况，也就是说，不应有两个人的主要能力完全一样。比如，两个都是负责出谋划策的人、两个都是负责做市场的人等，出现这种情况是绝对不允许的。因为只要优势重复、职位重复，那么今后难免有各种矛盾出现，最终甚至会导致整个创业团队散伙。

（4）团队成员配合默契。通用公司总裁韦尔奇认为典型团队有如下特点：一是团队最基本的成分即团队成员，是经过选拔组合的，是特意配备好的；二是团队的每一个成员都干着与别的成员不同的事情；三是团队管理是要区别对待每一个成员，通过精心设计和相应的培训使每一个成员的个性特长能够不断地得到发展并发挥出来。符合这些特点，才是名副其实的团队。

智慧故事

《西游记》中的团队角色

中国古典四大名著之一《西游记》向我们阐释了"什么是团队"。一个坚强的团队，基本上要有四种人：德者、能者、智者、劳者。

借鉴到对创业团队的分析中，则应当是德者领导团队，能者攻克难关，智者出谋划策，劳者执行有力。

唐僧虽然没有什么非常特别的本领，但有赴西天取经的明确愿景与目标；孙悟空是唐僧团队中本领最高强的，如果把孙悟空放到现代，他会是很强悍、有主见而且敬业的职业经理人；猪八戒像是办公室中比较常见的人物，平常喜欢偷懒、爱拍马屁，不太服从管理，老指使沙悟净干活，但在生死存亡之际也能坚持立场。沙悟净则像是团队中最没有企图心的人，按部就班做事，对公司的愿景没有太大兴趣，只想有份稳定的任务与薪水。但如果没有他，维持企业运转的行政与总务后勤等任务将会无人完成，陷入混乱。

唐僧的这支团队也被认为是最好的团队之一。这样的团队无疑比"一个唐僧＋三个孙悟空"等模式的团队更能精诚合作、同舟共济。这就是团队的精神，有了猪八戒才有了乐趣，有了沙和尚才有人挑担子，少了谁也不可以。团队成员互补并相互支撑，虽然也会有矛盾，但团队的整体目标可以达成。

3.3.4　团队成员要有创造力

加入创业团队，各成员都应该有激情、有自信、有能力承担任务和责任，以及能与他人相互配合、协同作战，尽全力为团队创造价值。同时，创业团队有效的激励机制是成员拥有持续创造力的保证。

团队成员应该是一群认可团队价值观的人。一群没有共同的理想和目标的人凑在一起，形成的不是一个团队，只是一群乌合之众。合伙人应该是有共同梦想的人，是为了做出一番事业而走到一起，而不仅仅是为了现实利益。

电子资讯系统（Electronic Data Systems，EDS）公司、佩罗系统（Perot Systems）公司的创始人佩罗说："我在找人，找那些喜欢赢得胜利的人。如果我没找到，我就找那些憎恨失败的人。"所有的团队成员都必须是对企业的创业项目有热情的人。因为任何人才，不管其专业水平多么高，如果对创业事业的信心不足，都将无法适应创业的需求。

稻盛和夫所创造的阿米巴经营模式，也展示出一个创业团队应有的管理运营机制：人人做事业合伙人。阿米巴经营模式将团队带头人培养（领导力培养）、经济效益核算（现场管理）和全员参与管理（团队文化建设）这三大企业管理的难题集中在一起，予以解决。这种经营模式极大地调动了成员的积极性和创造力，成员相互协作、协同共进，实现团队的共同目标和个人的自身价值。

3.3.5　团队成员要有合作精神

创业团队各成员必须相互依存、团结协作，绝不能只为个人的短期利益服务。微软集团在用人方面就非常注重团队精神,认为个人即使才华横溢、有超群的技术,如果不懂得与人合作,那么也不能发挥潜能,做出最好成绩。

合作精神能够把企业内部有着不同的文化背景和知识结构的各种人才有效地联合起来,更好地实现高效配合,达到事半功倍的效果。

3.4 如何避免创业团队分崩离析

3.4.1 团队冲突的主要表现

团队冲突主要表现在以下几个方面。

1. 认知冲突

认知冲突是指团队成员对企业生产经营管理过程中出现的问题,意见、观点和看法所形成的不一致性。只要是有效的团队,团队成员之间对生产经营管理过程中出现的问题存在分歧是一种正常现象。认知冲突有助于改善团队决策质量和提高组织绩效,能够促进决策本身在团队成员中的接受程度。

图片来源:360 图片

2. 情感冲突

基于人格化、关系到个人导向的不一致性往往会破坏团队绩效,冲突理论研究者通常把这类不一致性称为"情感冲突"。

情感冲突会阻止人们参与到影响团队有效性的关键性活动中,团队成员普遍不愿意就问题背后的假设进行探讨,从而降低了团队绩效。情感冲突还会引起冷嘲热讽、不信任和回避等问题,因此,将会阻碍开放的沟通和联合程度。

3. 利益冲突

利益冲突是指联合创业者获得的利益与自己的贡献不对等而形成的个人利益与团队利益的冲突,或者当自己想寻求的利益与其他人的利益发生矛盾时产生的冲突。

创业动机的根本在于创业合伙人对物质和精神利益的追逐,利益冲突是最常见的、最重要的问题。如果这个问题解决得不好,那么,既影响创业成员的能动性和创造力,又制约着创业团队的效率和效益;更严重的情况会导致个别联合创业者的退出,或者创业团队的解散和崩溃。

3.4.2 解决团队冲突的方法和理念

团队成员在遇到问题和矛盾时应该向前看,这样有助于达成利益一致,因为实现共同的目标后,成功会给大家带来更丰厚的收获。盯住眼前的事情不放,往往越盯矛盾越复杂,最后裹足不前。只有向前看,用成功的希望激励合作的各方,才能摒弃前嫌,勇往直前,抵达成功的彼岸。

1. 坦诚相待又互相尊重

创业团队成员也是事业合伙人,因此,在平时交往与合作中要坦诚,互相尊重,摆正自己的位置。既然是合伙人,各方都是为了共同的利益才在一起的,无论出资多少,都不会拿着自己的时间和金钱开玩笑。

◆ **案例**

俞敏洪追寻创业合伙人

1995年底,积累了一小笔财富的新东方创始人俞敏洪飞到北美洲,在俞敏洪的鼓动下,昔日好友徐小平、王强、包凡一、钱永强陆续从海外赶回,加盟了新东方。经过在海外多年的打拼,这些海归身上都积聚起了巨大的能量。这批从世界各地汇聚到新东方的个性桀骜不驯的人,把世界先进的理念、先进的文化、先进的教学方法带进了新东方。俞敏洪笑言自己是"一只土鳖带着一群海龟奋斗"。如何将这些有个性的人团结到一起,并让每个人都保持活力和激情,是俞敏洪首先要面对的问题。

俞敏洪说:"在新东方,没有任何人把我当领导看,没有任何人会因为我犯了错误而放过我。在无数场合下,我都难堪到了无地自容的地步,我无数次后悔把这些精英人物召集到新东方来,但又无数次因为新东方有这么一大批出色的人才而骄傲。因为这些人的到来,我明显地进步了,新东方明显地进步了。没有他们,我到今天可能还是个目光短浅的个体户,没有他们,新东方到今天还可能是一个名不见经传的培训学校。"

世界上没有完美的个人,只有完美的团队。作为一个企业的老板,与其自己跟快马赛跑,不如找一匹快马,骑在马上飞奔。团队成员就是所谓的"人才马"。老板只有组建最合适的创业团队,才能"马上成功"。

资料来源:正和岛账号发文,"致敬40年"俞敏洪:成功都是熬出来的!不放弃,是我唯一的出路,2018-11-04。

2. 胸怀博大又善于合作

创业需要合作,创业合作者或合伙人之间能够很好地相处,"和气生财"放之四海而皆准。创业者应该培养博大的胸怀,做到宽厚待人,懂得把握如何合作,懂得什么是合作的度,这样才能更多地体会合作带给我们的快乐、喜悦和丰收的硕果。

携程网创始人之一梁建章说过:"我觉得包容性是很重要的,越是高层的领导,他能包容的人越多。我们几个管理层,分歧也有,但都是健康的。一开始的时候,包括模式的确立,大家都提出自己的观点。现在我们的分工非常明确,都是互补性的,大家的决策越来越准确,争吵越来越少。"

有人认为,一个人的心胸决定了他所能达到的事业高度。宽容是合作者首先必备的一种道德品质。内讧能够摧毁合作,而宽容是合作的黏合剂。只有建立宽松和谐的关系,合作才能愉快,才能激发出合作者最大的工作热情和才智,营造一个有竞争力的团体。

根据实践经验来看,在合作过程中,不要太计较小事。大海航行靠舵手,组建创业团队最关键的人自然是企业的领军人物。而领军人物对其他人的管理要审时度势，宽严有度。该管的要管，不该管的事就要放权。要知道，"水至清则无鱼，人至察则无徒"。适当的宽容对创业合作的各方来说都是保养自己心灵的良药，也是企业组织运转的润滑剂。这与前面讲的及时立规和丑话在前看似矛盾，其实不然，前者讲的是在没有形成事实的情况下的做法，后者是说事实已经形成了，就不要太计较了。其实，事后经常会发现双方的计较毫无实际意义。

3. 既要讲独立，也要讲合作

创业者在创业过程中，既要讲独立，也要讲合作。适当的合作（包括合资）可以弥补双方的缺陷，使弱小企业在市场中迅速站稳脚跟。春秋战国时代，战国七雄讲合纵连横⊖。如今的创业者更需要从创业整体规划出发，明确哪些方面的技能和资源是自己所欠缺的，再据此来寻找具备此类技能和资源的合作者，彼此的资源和技能实现整合，共同发展。

◆ 案例

携程团队的"独立"与"合作"

携程网创始人季琦告诉青年创业者，携程网之所以能够成功，除了抓住当初互联网快速发展的契机，有一个良好的创业团队是关键。携程网的团队成员来自美国 Oracle 公司、德意志银行和上海旅行社等，是技术、管理、金融运作、旅游等领域人才的完美组合。大家在一起创业，分享各自的知识和经验，也避免了很多创业"雷区"。

《论语》有云："君子和而不同。"在创业团队中，既要强调团队精神，也

图片来源：360图片

要有不同的声音。一个感性的老板在鼓动，一个理性的总经理在执行；一个外向的老板在激励，一个内向的总经理在操作；一个董事长在思考，一个总经理在实践，这才是完美的配合，才是成长的必备。古人说：一阴一阳谓之道。其实体现的就是互补，管理之道也是如此。海尔有了张瑞敏和杨绵绵才有了平衡：一个做战略，一个做执行。海信有了周厚健掌舵，于淑珉才能冲在前面。联想的柳传志充满了智慧，才有了杨元庆和郭为的发挥余地。创业团队成员互相搭配才能互补，才能达到企业管理的较高境界。

资料来源：郝志强. 企业家与下属的角色搭配[J]. 经理人，2004（3）：68.

4. 不断优化利益分配机制

（1）签订合伙创业契约。创业不能靠"打白条"，而是要靠股份、期权等形成的契约。

⊖ 战国时期，齐、楚、燕、韩、赵、魏、秦七雄并立。战国中期，齐、秦两国最为强大，东西对峙，互相争取盟国，以图击败对方。其他五国也不甘示弱，与齐、秦两国时而对抗，时而联合。大国间冲突加剧，外交活动也更为频繁，出现了合纵和连横的斗争。

在团队组合时，有一些事情是要坐下来板着面孔谈清楚，提前做好约定的。聘用朋友到自己的公司来做事，千万别说"请你来帮我"，而是要事先讲好规则。依靠友情不能维持合伙关系，事实上，生意上的合伙关系很容易破坏多年的友情。凡涉及权利义务与利益分配问题，要一切先说清楚、讲明白，不能感情用事，不能回避不谈。创业契约是创业者在找到创业伙伴时必然要思考、讨论、制定、执行的公司的第一份契约。合伙要想成功、愉快，必须在合伙之前签订创业契约。有了创业契约，大家各司其职；没有创业契约，那么最后可能很失败。

（2）明确利益分配和退出机制。典型的创业契约应该明确：具体的商业项目是什么？需要每个合伙人投入多少财产、设备、专利等？无形的服务、特有技术、关系网等如何投入？股权、经济利益如何分配？增资、扩股、融资的办法和约定是什么？这样的契约允许合伙人占有的公司股份各不相同，但一定要说明各个合伙人在公司管理中的地位和职务，是否允许合伙人从事公司以外的其他业务等。最重要的一点是确定合伙人以什么样的方式结束合伙关系，即退出机制，"先小人后君子"，以防日后发生难以调和的利益冲突。

创业企业的股权结构不能太复杂，或者说不能在开始阶段赋予太多人股权，因为后续的投资人特别是风险投资人，会关注公司的股权结构，如果股权结构太复杂，谈判就很难进行。对于创业者来说，从企业创立开始就需要制定相对完善的股东协议，明确各个创业者之间及原始投资人之间的关系。

图片来源：360 图片

3.5 创业团队的灵魂：团队精神

3.5.1 什么是团队精神

团队精神包括奋斗精神、敬业精神、牺牲精神、进取精神，以及团结合作精神，等等。在团队精神的感召和鼓舞下，团队上下精诚团结、目标一致、协同共进。如同航行在大海中的巨轮，有睿智舰长的正确指挥，有勇敢船员的协同配合，凝结成巨大的前进动力，在市场竞争激烈的海洋中才能够乘风破浪，到达胜利的彼岸。其中，成员的相互理解、相互支持、相互帮助极为重要！

一个有着团队精神的员工是不会只为薪水而工作的，因为如果那样的话，意味着你不会做自己份额以外的工作，不愿意在薪水之外多做一点事、多出一分力，就不会为团队的整体利益去牺牲个人的利益，就不会帮助其他团队成员，通过集体协作实现整体效应。中国女排很好地诠释了团队精神，女排精神也激励和影响了一代又一代人。2019 年，习近平总书记在会见中国女排代表时指出：广大人民群众对中国女排的喜爱，不仅是因为你们夺得了冠军，更重要的是你们在赛场上展现了祖国至上、团结协作、顽强拼搏、永不言败的精神面貌。

3.5.2 团队精神的作用

古往今来,"英雄主义"总在强调"以一当十"。"以一当十"固然很难,但"以十当一"同样是困难的。"以一当十"需要的是最大限度地发挥一个人的潜力,而"以十当一"则不同,它需要最大限度地发挥多个人的潜力,而且要使这些潜力朝着一个方向使劲,最终形成一股更强大的合力。

图片来源:360图片

智慧故事

曾国藩打造湘军的团队精神

曾国藩当年在编练湘军的时候,曾设想湘军能够在训练时以十当一,而在战斗时以一当十。当然,湘军远没有达到曾国藩所希望的那种程度,但在当时已经取得了相当可观的效果。

湘军是当时唯一能够与"太平军"相抗衡的部队。曾国藩组建湘军的办法是:利用自己的亲戚、朋友、同学、老乡的关系,把一些忠于自己、有能力的人任命为军官,由他们负责组建各自的营队;这些军官再利用亲戚、朋友、同学、老乡的关系,招募下级军官;依此类推,下级军官再用相同的办法招募自己的士兵。这样,曾国藩就组建了一支以亲戚、朋友、同学、老乡关系为纽带,以利益为目标,效忠于自己的军队。尽管湘军有着非常浓厚的个人色彩,但却非常有效地起到了增强凝聚力、提高战斗力的作用。

资料来源:瑞文网发文,团队重要性的感悟12篇,2021-11-02。

3.5.3 "狼性文化"与团队精神

2004年以来,随着姜戎所著的《狼图腾》一书的畅销,"狼性文化"大行其道,备受企业推崇。什么是狼性文化呢?不同的人有不同的解读。本书所讲的狼性文化,是指体现了"敏锐的嗅觉,不屈不挠、奋不顾身的进攻精神,协同作战的团队精神"。

在狼的团队中,一旦攻击目标确定,头狼发号施令,群狼各就各位,嗥叫之声此起彼伏,互为呼应,有序而不乱。待头狼昂首一呼,主攻者奋勇向前,佯攻者避实击虚,助攻者嗥叫助阵。这种高效的团队协作性,使它们在攻击目标时往往无往而不胜。独狼并不是最强大的,但狼群的力量则是非常强大的,所以有"猛虎也怕群狼"之说。

❖ 案例

华为的团队精神

华为强调团队整体奋斗、群体作战,类似自然界中的群狼,这种理念也就是外界所传的

"狼性文化"。它的主要意思是要像狼一样拥有敏锐的嗅觉、敏捷的反应能力和发现猎物之后就要群体合作的特征。

任正非在《华为的红旗到底能打多久》一文中,公开总结了"狼"的三大特性。他说:HAY公司曾问我是如何发现企业的优秀员工的,我说我永远都不知道谁是优秀员工,就像我不知道在茫茫荒原上到底谁是领头狼一样。企业就是要发展一批狼,狼有三大特性:一是敏锐的嗅觉;二是不屈不挠、奋不顾身的进攻精神;三是群体奋斗。企业要扩张,必须有这三要素,所以要构筑一种宽松的环境,让大家去努力奋斗,在新机会点出现时,自然会有一批领袖站出来去争夺市场先机。

当然,有人把任正非这篇讲话中的狼的精神,解读为狼的咄咄逼人以及残忍无情的群狼进攻态势,无形中影响华为的对外开放合作关系。为此,任正非专门进行解释道:我们没有提出过狼性文化,我们最早提出的是一个"狼狈组织计划",是针对办事处的组织建设的,是从狼与狈的生理行为归纳出来的。狼有敏锐的嗅觉、团队合作的精神,以及不屈不挠的坚持。而狈非常聪明,因为个子小,前腿短,在进攻时是不能独立作战的,因此它会趴在狼的背上,一起行动,就像舵一样操控狼的进攻方向。狈很聪明、很有策划能力、很细心,它就是市场的后方平台,帮助做标书、网规、行政服务……我们做市场一定要有方向感,这就是嗅觉;要大家一起干,这就是狼群的团队合作;要不屈不挠,不要一遇到困难就打退堂鼓,世界上的事情没有这么容易,否则现如今就会有千亿个思科公司了。狼与狈是对立统一的案例,单提"狼性文化",会曲解狼狈的合作精神。而且不要一提这种合作精神,就理解为加班加点,出大力,拼苦命。那样太笨,不聪明,怎么可以与狼狈相比。

在《华为的团队精神》一书中,记载了华为在打造狼性的高绩效团队的成功法则,包括华为拥有明确的狼性团队目标、华为优秀群狼的特质、华为员工狼性的培养、华为狼性团队的纪律、华为团队的狼性文化等。可以说,团队精神成就了华为公司这一全球卓越的信息与通信基础设施和智能终端提供商。

资料来源:吴越舟. 华为战略营销笔记[M]. 北京:机械工业出版社,2021.

企业之间的竞争最终是人才的竞争。对企业而言,一个个人才就像一颗颗晶莹圆润的珍珠,企业不但要把最大、最好的珍珠买回来,而且要有自己的"一条线",能够把这一颗颗零散的珍珠串起来,串成一条精美的项链。如果没有这条线,珍珠再大、再多还是类似一盘散沙。那么,这条线是什么呢?就是能把众多人才凝聚在一起,使他们步调一致,为了共同目标而努力的团队精神。

个人单打独斗的时代已经远去,团队合作的时代已然到来。现在,联想提出的口号赫然是"打造虎狼之师",它塑造的员工既要像兽中之王老虎那样有"以一当十"的王者风范、英雄气概、雄厚实力,又要像群狼那样有分工合作、精诚团结的"以十当一"的精神,每个人都知道自己在团队中的位置和作用,把个人目标与团队共同目标合而为一。而这正是华为、联想、微软、苹果等公司能够做大做强的根本所在。

随堂讨论题

1. 如何以团队共同目标为核心培养团队的凝聚力和创造力?

2. 假如你是创业团队中的一名成员,那么你该如何融入所在的团队,并让其他团队成员认可你?
3. 在名著《水浒传》中,梁山一百单八将最终结局各异。请结合本文所讲述的内容,以及"万通六君子"等创业团队的案例分析:为什么这些团队难逃散伙的命运?

◆ 单元作业题

1. 讨论:创业时应当选择什么样的团队成员?他们的技能是具有相似性还是具有互补性?
2. 讨论:虽然小说《狼图腾》中阐述的"狼性文化"曾经引起过较广泛的争鸣,但很多人认为,华为的团队精神就是"狼性文化"和"狼性精神"。你如何看待这些观点?为什么?

模块 4
MODULE 4

商业模式创新

□ 内容提要

商业模式既包括企业的盈利模式,也包括各个利益主体合作创造新产品、新服务的利益分配机制,还包括协同创造新价值的动能机制。本章讲述了商业模式的内涵和本质;企业赋能:商业模式创新;商业模式画布与需求"痛点";"互联网+"商业模式;商业模式决定创业成败。

4.1　商业模式的内涵和本质

4.1.1　什么是商业模式

哈佛商学院将商业模式定义为"企业赢利所需采用的核心业务决策与平衡",也有学者认为"商业模式是利益相关者的交易结构",我们还能见到商业模式的"五要素""六要素"和"九要素"等各类说法。

本书认为,商业模式是将企业"关键资源能力"和"盈利控制能力"结合起来为客户创造价值的营利模式。通俗而言,商业模式就是生意、买卖的模式,因为创业无论"包装"得多么华美,归根到底是一门生意,既可能赚钱,也可能亏本。

理解商业模式,要回答如下三个问题。一是谁是公司的用户,他们最大的需求是什么?企业要对客户和需求进行定位,明确企业赚谁的钱。二是企业应为这些客户提供什么产品或服务?企业应当明确靠什么赚钱,即企业有什么核心能力,能提供什么独特产品。三是企业如何有效地、持续地提供这些产品和服务?企业应当明确如何能够持续赚钱,即如何实现用户持续购买,获得持续的财力支撑。

从这个角度看,为什么传统商业模式被视为陈旧?传统商业模式下,盈利依靠加工、倒卖,利用价格差来获取利润,但随着市场竞争加剧、信息逐渐透明等变化,这种方式能够赚取的利润越来越少,如果不调整企业组织结构、改变经营模式,将更难以生存。现代管理学之父彼得·德鲁克说:21世纪企业竞争的最高境界是商业模式竞争。管理学大师迈克尔·波特则提到：没有不能赚钱的行业，只有赚不到钱的模式。

4.1.2 商业模式的核心是价值创造

如图 4-1 所示，商业模式的核心是价值创造。第一，企业在定位好客户后，还需要进一步把握"客户价值"，即客户的需求偏好、价值主张等。第二，企业要有"自知之明"，尤其是明确所具有的不同于其他企业的"核心能力"，这种核心能力是持续创造价值的根本。如果不具备这种核心能力，企业的产品或者服务的市场竞争力自然不足。第三，企业要明确价值"实现方式"，也就是如何创造价值。企业需要配置人、财、物等所需资源，并把握好成本投入和经营风险，最终企业要给客户提供满意的产品或者服务。客户对购买的产品和服务感到满意，既说明客户认可产品的价值，又说明企业成功实现了价值创造。

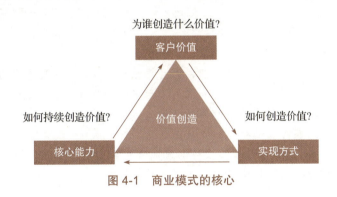

图 4-1 商业模式的核心

◆ 案例

诚品书店的商业模式

如图 4-2 所示，诚品书店是我国台湾地区文化坐标和世界知名书店，它也是从传统书店发展起来的。开始时，书店规模越来越大，场地租金、人工成本等越来越高，书店的利润却越来越低，书店陷入经营困境。

诚品书店改变经营模式，提出了吸引用户的策略：书可以免费阅读，但看书所需要的笔记本、茶水是要收费的。然而，书店经营商很快觉察到，仅仅靠对笔记本和茶水等收费，书店经营仍然难以为继。

后来，书店经营商围绕人们对读书、购书、文化交流等方面的需求，发展出与之相配套的产业，如购物、餐饮、特色礼品、旅游观光等服务，有许多人都去过诚品书店，但是他们买回来的礼品与图书没有任何关系。诚品书店给我们的启示是：传统图书经营商需要与时俱进改变商业模式，否则它们将难以生存和发展。

图 4-2 台湾诚品书店内景
图片来源：360 图片

资料来源：根据成品书店官网资料整理。

案例

医疗器械公司的商业模式

如图4-3所示,美国的医疗产业很发达,患者去医院有医疗保险,还可能有国家的资助。但是,对于医疗器械公司而言,这可能是"噩梦"。

现实情况表明,在医疗事业非常发达的国家,由于大规模、同质化的生产和销售,同行企业成本提升、利润降低、经营艰难。但是,也有不少的医疗器械公司能够赚取丰厚利润。

图4-3 美国某医院手术场景

图片来源:360图片

早年,强生、泰科等国际知名医疗器械公司直接销售医院所需的医疗器械产品。随着市场竞争的加剧,产品价格的透明化,医疗器械产品销售公司逐渐变得如同医疗器械工厂和医院之间的"搬运工",赚的钱越来越少。后来它们发现,医院给病人做手术的时候,经常由于手术前的准备不足而发生医疗事故。医生做手术时,除了手术刀,还需要手术相配套的其他器件和用品。医疗器械提供商的新认知是:不同的手术需要不同的"手术包"。

手术刀是产品,"手术包"是服务,给医院提供"手术包",就是从卖产品到卖服务的转型,这种经营模式实现的商业价值更高,盈利也更多。

4.2 企业赋能:商业模式创新

4.2.1 企业经营的商业逻辑

企业的商业逻辑框架中包括所有权和管理权两大权力。企业所有权方:公司创办初期阶段,所有权方是由创始人和创始股东构成的。企业管理权方:由创始人和创始股东共同认可并聘请经理人及经营团队构成。所有权方负责企业的重大经营决策,比如大项目、高额投资等,管理权方在双方达成的"激励和约束机制"框架下负责执行所有权方的决策。

企业的价值创造(效益或者利润)的关键在经营运作,具体包括三项能力:一是靠自身核心能力(核心技术或经营诀窍)创造出用户需求的好产品,即产品能力;二是用户对该产品的市场需求,在一定阶段能够达到一定的数量或规模,经营团队的用户挖掘、积累能力,即用户能力;三是初创公司难以做到靠短时间的产品销售资金使企业回到产品循环生产的"闭环"中,企业要有足够的资金准备,即资金能力。决定企业生死存亡的是"产品能力-用户能力-资金能力"三位一体的"飞轮效应",没有效率就没有效益。企业商业逻辑及"飞轮效应"如图4-4所示。

1866年,美国新港新闻造船和码头公司的创办人说过这样一段话:"我们要造好船,如果可能的话,赚点钱。如果必要的话,赔点钱,但永远要造好船。"这句话很好地体现了该公司的商业逻辑,一直是该公司的文化和信仰。

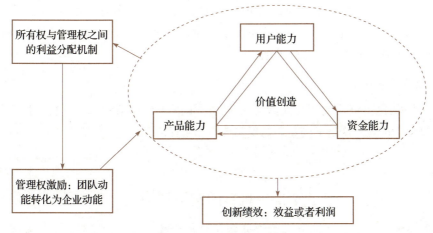

图 4-4　企业商业逻辑及"飞轮效应"

4.2.2　商业模式理论与实践

1. 价值链理论与"微笑曲线"

哈佛大学商学院教授迈克尔·波特于 1985 年提出了价值链理论。他认为,"每一个企业都是在设计、生产、销售、发送和辅助其产品的过程中进行种种活动的集合体。所有这些活动可以用一个价值链来表明"。企业的价值创造是通过一系列活动构成的,这些活动可分为基本活动和辅助活动两类,基本活动包括内部后勤、生产作业、外部后勤、市场和销售、服务等;而辅助活动则包括采购、技术开发、人力资源管理和企业基础设施等。这些互不相同但又相互关联的生产经营活动,构成了一个创造价值的动态过程,即价值链。

如图 4-5 所示,"微笑曲线"是对价值链理论现实运用的解读。我们以加工制造业为例,对加工制造业等实体行业的复杂的价值链进行简单化描述:企业的价值创造环节主要分为研发设计阶段、生产制造阶段、营销阶段,附加值由高到低再到高变化,即形成图中的产业"微笑曲线"。"微笑曲线"可以使人明白实体行业的盈利水平的变化规律,推动企业转型和改变商业模式。

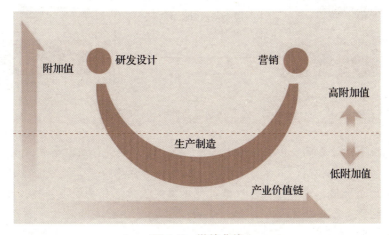

图 4-5　微笑曲线

虽然最早从事加工制造的企业获利不菲,但是,伴随时间推移,竞争加剧,加工制造业的利润越来越薄,导致近年来许多从事低端加工制造的企业纷纷亏损或者破产、倒闭。企业转型、商业模式变革成为不可逆转的趋势。

2. 商业模式创新案例

追求利润从价值链低端到高端跃升,从过去依靠生产环节赚钱,而转向依靠设计、营销、服务等创造价值,这是不同企业的现实选择和生存之道。

> **案例**
>
> ### "苹果手机"的制造和销售
>
> 以苹果手机为例,苹果公司控制和从事手机的前端工作,即手机设计、研发等,以及后端工作,即手机销售渠道、售后服务和品牌管理等,富士康等公司集中、单一做手机的加工、制造等生产环节。其结果是,两类公司所获得的毛利润大不一样,如果苹果公司获得一部手机的毛利润为1 000元,那么,富士康等公司获得的毛利润可能只有30多元。显而易见,处于价值链高端的公司获得利润高;处于价值链低端的公司获得利润低。

> **案例**
>
> ### IBM公司变制造产品为制造服务
>
> 如图4-6所示,20世纪90年代中后期,美国的IBM公司在将PC(个人计算机)业务卖给联想、把打印机生产卖给理光后,实际上已实现了从计算机制造商向服务商以及服务方案提供商的转型。转型后,其利润增速再度提高。1994年时服务收入仅占IBM总收入的26%,2009年时服务收入已经占IBM总收入的60%。
>
>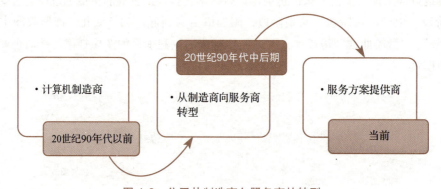
>
> 图4-6 公司从制造商向服务商的转型
>
> 这一变化说明:计算机公司在当年依靠大规模生产"硬件"赢利丰厚,但是随着时代的发展,企业之间的竞争加剧,成本费用提升,企业的利润率降低,迫使企业调整商业模式,转向依靠服务创造价值。这类企业可以给其他单位提供信息化的服务系统,即"软件",因为做"软件"能带来更高的利润。
>
> 资料来源:根据IBM官方网站资料整理。

❖ 案例

主题公园的商业模式创新

主题公园是常见的文化产业之一,其商业模式也实现了创新。

(1)新加坡环球影城主题公园(见图4-7)。文化主题公园提供有吸引力的整套文化服务。比如,在新加坡环球影城主题公园建设之前,总财务预算超过了13亿美元,其中公园的"硬件"基础设施投资仅仅占一半,而另一半投资用于人力资本、文化内涵、信息系统、娱乐项目开发等"软件"设施建设。迪士尼乐园和欧洲的许多主题公园在这方面也大同小异。

文化产业企业均以特有的文化主题为核心,打造有特色的文化"软件"产品和服务,使用户获得超值体验。文化产业企业经营的奥妙在于:让消费者在开心中接受文化娱乐服务项目,使用户乐于花钱消费,经营者则获得文化产品的商业价值,从中赚取丰厚的利润。

图 4-7　新加坡环球影城主题公园
图片来源:360图片

(2)好莱坞环球影城主题公园。好莱坞环球影城是一个再现电影场景的主题游乐园,其内部以多部大制作电影为主题的景点最受欢迎。过去,我们对它的认知可能是,其基础设施是那些电影明星和电影拍摄制作公司需要的,但是当我们这些普通的游客身临其境时,发现以前在电视中看过的《侏罗纪公园》《木乃伊》《怪物史莱克》和《终结者》等大片,在那里得到了"重现"和体验。好莱坞环球影城主题公园每天吸引着大批游客前去体验。当游客在花费甚至是普通公园门票价格十倍的资金去参观和体验后,可能仍感觉很值得。

那么,中国文化主题公园如何开发好的商业模式?中国文化产业和文化企业应如何发展?

我国的许多文化公园和文化一条街设有仿古建筑,体现了传统文化氛围,但是仍过于重视"硬件"、轻视"软件",缺乏有足够吸引力的消费项目和持续发展的商业模式。中国文化底蕴深厚,是否可以从中国悠久的历史与独特的文化中找到启示?答案是肯定的,例如,我国不乏《西游记》《红楼梦》《水浒传》《聊斋志异》等经典名著,均可以通过挖掘其中的文化元素,进行"软件"和"硬件"投资而打造出创新性的文旅体验产品。通过构建有特色的商业模式,不断优化服务,以及借助城市基础设施的更新和提升,定能激发游客对于文化元素的兴趣,加深文化认同感,实现文化产业的良好发展。

4.3　商业模式画布与需求"痛点"

如图4-8所示,商业模式画布是把公司的商业思维、行为、行动等关键环节描绘、刻画出的路线图。商业模式画布的最下方说明:公司要从所提供的产品和服务中取得收益,而创造的价值就是其"收入来源";公司为获得此收益也有相应的各种投入、支出,即构成了

"成本结构"。收入和成本相抵扣,即商家获得的利润或者遭受的亏损。

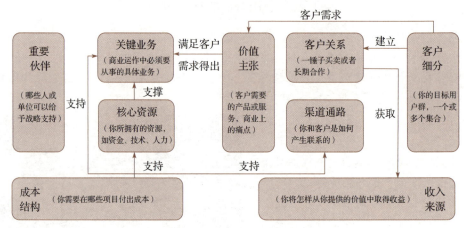

图 4-8 公司的商业模式画布

商业模式画布左上方部分体现出商业要有务实的业务,或者说项目、服务产品,尤其是"关键业务",为此,公司需要有资金、技术、人力等"核心资源"的支撑,以及有"重要伙伴"或者"合伙人"的支持。商业模式画布右上方部分描述的是客户需求、客户定位即"客户细分"。商业行为持续进行下去的前提是不断地维护"客户关系","关键业务"与"渠道通路"相互支持,才会使得公司有效率、有效益。把握客户需求的关键环节是"价值主张"。

价值主张,即客户商业需求的痛点。痛点指的是市场不能充分满足的,而客户迫切需要满足的需求,比如,快捷、迅速。例如,有的公司能够抓住消费者"快"字当头的需要,就是把握住了顾客的价值主张或者消费痛点。此外,还有其他的顾客价值主张,如简约、方便、低价等。抓住痛点更侧重于解决客户当前面临的问题或困扰,而不仅仅是提升用户体验或增加额外的便利性。

◆ 案例

达美乐比萨饼抓住顾客消费需求痛点

"达美乐"是美国比萨饼外送餐厅连锁品牌,总部在美国密歇根州。比萨饼是一种大众化的食品。当初,达美乐公司在开拓我国台湾地区市场时,抓住了顾客消费需求的痛点,那就是"快"。它的营销广告语是"全台湾最快外卖比萨",而没有去宣传这种比萨饼是否好吃或者价格的高低。结果,这则广告语的效果很好。

要做到这个"快"字,在创业之初

图片来源:360 图片

很不容易。企业需要考虑和计算好当地比萨饼店与顾客之间的距离，以及向顾客承诺送达的时间。比如，企业向顾客表明，40分钟可以送达比萨饼，实际情况是，保质保量做出比萨饼熟食需要烘烤30分钟。为了节省时间，比萨饼的快递员骑着带有电烤箱的摩托车，一边跑、一边烤。

尽管已经做到如此，有时因意外情况，其服务效率也会达不到对顾客的承诺。果真发生这种情况时，公司则恪守信誉，进行自我"惩罚"，对顾客降价甚至免单。

资料来源：根据达美乐官方网站资料整理编写。

◆ **案例**

联邦快递"隔夜必达"

美国联邦快递（FedEx）是一家国际性速递集团，提供隔夜快递、地面快递、重型货物运送等物流服务。公司创办于1971年，总部设于美国田纳西州孟菲斯市。

目前，美国联邦快递在全球有约21万名员工，拥有650余架货运飞机。该公司从创业至今，经营中充满着传奇和艰辛，这些与它"隔夜必达"的顾客承诺密切相关。快递公司唯有达到准确、快捷的服务需求，方可满足顾客的价值主张和消费痛点，从而赢得更多的顾客信任。

它的"隔夜必达"承诺意味着要在24小时内将邮件运送到世界上承诺区域内的各个角落，满足每位顾客期待的服务要求，对公司而言非常不易。这也意味着公司需要非常强大的"软件"和"硬件"——服务系统的支持以及资金投入。

资料来源：根据联邦快递官方网站资料整理编写。

以上两个案例的共同特点是：两家企业均抓到了顾客消费的痛点，并为满足顾客的需求而不惜代价地完善服务，甚至公司在很长一段时间是亏损的。但是，当它们建立起公司的品牌并赢得大批顾客信任后就扭转了局面，也知道了顾客可以接受"加急加价"的公司诉求，实现了良好经营。

4.4 "互联网+"商业模式

4.4.1 新商业模式的形成

在经济资源短缺的年代，传统企业生产什么就销售什么。在改革开放初期，市场需求旺盛，传统商业的"购进-生产-销售"模式是顺理成章的。但是，随着市场经济的不断发展，消费需求的不断变化，人们已经难以接受大规模、同质化的产品和服务，消费需求变得越来越个性化、差异化，这使传统的商业模式迅速沦为陈旧模式。

移动互联网技术和工具的出现，为公司的商业模式创新创造了条件。在数字经济时代，公司借助互联网能够更加精准地挖掘用户需求，更有效率地提供产品与服务。

O2O（online to offline），即"线上到线下"的商业模式。这种新的模式将线下的商务机会与互联网结合，让互联网成为线下交易的平台。O2O平台的优势和价值在于：平台是用户与产品的桥梁，充分利用了互联网跨地域、无边界、海量信息、海量用户的优势，通过进行大数据管理，改变了产业格局。目前，很多企业建立了"商家-O2O平台-用户"三位一体的交易模式，建立起 O2O 模式下的"商业帝国"。O2O 商业模式的基本架构如图 4-9 所示。

4.4.2 用户为本的"互联网+"商业模式

互联网技术、基础设施和平台一方面颠覆了传统的商业模式，另一方面也给传统企业的转型和新企业创建带来了思路、工具与方法。归根结底，抓住"用户"是企业生存的根本。因此，"互联网+"创业最重要的是挖掘用户，积累用户，找到用户的真实需求，以用户需求为中心构建商业模式。下面我们探讨互联网商业思维下诞生的新的商业模式。

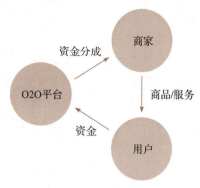

图 4-9　O2O 商业模式的基本架构

1. 免费模式

免费模式，是互联网时代的颠覆式创新模式，其目标是"圈定"用户，用网络效应使用户数量呈现爆发式增长。

案例

腾讯如何"击败"三大通信运营商

腾讯借助微信这个通信工具，用不到三年时间，颠覆了三大电信运营商——中国电信、中国移动、中国联通的商业模式。微信让消费者减少了打传统电话的频率，而交流互动却增加了——颠覆性的举措是用微信电话与打传统电话相比，费用大大地降低了。

微信平台的构建策略是"你收费、我免费"。微信平台竞争的战略与战术是：腾讯公司建立多环状商业生态圈，提供大额补贴，即将其他业务实现的盈利注入微信业务，用免费模式吸引消费者，迅速形成用户的集聚、集中以及爆发性成长。这就如同在拳击赛场上，传统企业只有"直拳"这一种竞争手段，而互联网公司使用的是一套"组合拳"。

免费模式背后的思维就是"先卡位、后定位"，企业立足的根本是先积累足够的用户，而免费是获取用户的最快方式之一。

企业的用户结构通常如同金字塔，如图 4-10 所示。塔基（塔座）是公司投资挖掘的基础用户，这部分用户短时间内不能给公司带来利润，而塔的中间部分到塔尖才是为公司带来丰厚盈利的用户区域。现实中许多企业和服务项目的成功，如 360 公司、诚品书店、网络约车、网络游戏、婚恋网站、共享单车和共享汽车等，其商业成功均与"免费模式"相关。

2. 体验模式

用极致的产品或者服务体验增加用

图 4-10　金字塔

图片来源：360 图片

户的黏性,从而锁定用户,让他们变成粉丝或者追随者。在过去商品短缺的年代,用户的消费需求选择有限,而现在产品供给非常充分,消费者选择时甚至"眼花缭乱"。对企业而言,通过好的用户体验,能抓住用户的真实需求,或者用户的价值主张和消费痛点,减少供给的盲目性,有的放矢地满足用户需求,为用户创造价值。只有让用户体验深入人心,让用户在情感上认同,才能产生口碑的传播。随着互联网的普及,未来的游戏规则可能是:让用户获得好的体验的产品,得到更大的"消费者赋权",企业可能获得产品和服务上的"马太效应";否则,企业可能被淘汰出局。

◆ 案例

用户体验助力"三只松鼠"快速成长为百亿级企业

三只松鼠股份有限公司是一家主要销售干果的公司。其特色经营在于以下方面。

关于理念:做品牌,就是要舍得,要接受一切有利于品牌发展的,舍弃一切不利于品牌发展的。

关于品牌:品牌形象动漫化,消费者可能会拒绝帅哥、美女等偶像,但很少拒绝童真和可爱的形象。

关于速度:快一点,提高坚果从树枝到消费者的客厅的速度。

关于服务:更加个性化、人性化的服务,如提供果皮袋、小湿巾、封口工具等。

关于品质:如何让坚果更好吃?为保新鲜度而拒绝分销。

该公司成立于2012年,是一家纯互联网食品企业,2019年公司上市,同年公司全年营业收入超过100亿元。

坚果零食品牌三只松鼠自成立以来,将"超越主人预期"列为首要价值观。其对用户体验的追求,对其快速成长为百亿级企业有着至关重要的推动作用。三只松鼠在初期成功通过差异化创新与体验投入,建立起良好的用户认知。随着企业做大,品牌知名度在提高,消费者对体验的容错率会出现降低。因此,如何提高客户的黏性,提高客户的留存率成为亟须解决的问题。

图片来源:三只松鼠官方网站

针对这些问题,三只松鼠内部设立了用户体验战略研究部,推出了坚果测评优化等项目,利用已经积累的社群资源,让消费者高效参与并完成产品盲测。除了根据消费者反馈推动产品更新,测评本身也能在无形中提高用户体验。三只松鼠将用户体验的逻辑确定为:首先要符合用户的预期,花精力降低负体验,然后思考用户的核心诉求,创造正体验惊喜。

资料来源:根据三只松鼠官方网站资料整理。

其他成功案例,例如小米、维络城、美团、携程网、京东快递等,它们借助互联网平台,让用户获得线上、线下好的体验,从而赢得用户信任。除了生活服务类的体验模式外,还有没有其他体验模式?当然有,例如,化工产品涂料类企业如果能够随着用户需求的变化而改变包装,那么在用户获得新的体验及满意后销售额就可能会增加。反之,比如白乳胶的老包装是 50kg/桶，而用户需要的是 10kg/桶或者 25kg/桶的包装，那么，产品一直采用老包装就可能失去这部分用户。

3. 长尾模式

长尾模式的目标是满足用户低成本、差异化、个性化的需求，它是基于长尾理论而提出的。根据维基百科的记录，《连线》杂志主编克里斯·安德森（Chris Anderson）在 2004 年 10 月最早提出了长尾（the long tail）这一概念，用来描述诸如亚马逊和 Netflix 之类网站的商业和经济模式。长尾模式指的是当商品储存、流通、展示的场地和销售渠道足够宽广时，商品生产成本急剧下降，个人都可以生产，并且当商品的销售成本急剧下降时，之前需求低的产品，只要有人卖就会有人买，这些需求不高、销量不高的产品加起来所创造的总销售额可以和热门产品的销售额不相上下，有时候甚至超过热门产品的销售额。

❖ 案例

谷歌，最典型的"长尾"公司之一

谷歌的成长历程就是把广告商和出版商的"长尾"商业化的过程。

数以百万计的小企业和个人此前从未打过广告，或从未大规模地打过广告。他们小得让广告商不屑，甚至连他们自己都不曾想过可以打广告。但 Google 的 AdSense 把广告的门槛降下来了：广告不再高不可攀，它是自助的、价廉的，是谁都可以做的。对成千上万的 Blog 站点和小规模的商业网站来说，在自己的站点放上广告已成举手之劳。Google 目前有一半的生意来自这些小网站而不是搜索结果中放置的广告。数以百万计的中小企业代表了一个巨大的长尾广告市场。这条长尾能有多长，恐怕谁也无法预知。

长尾理论是范围经济与规模经济的完美结合，用户需求巨变之下，形成了长尾模式（见图 4-11）。在工业化时代，企业只可以接受少品种、大批量生产和销售带来的"规模经济"，只有低成本、高效率，企业才有利润；而多品种、小批量可能导致高成本，企业难以接受。在信息化时代，消费者呈现个性化、选择变得多样化，互联网助力企业低成本、差异化地满足用户需求，实现"范围经济"。通过大数据分析和过滤，"长尾"和"短头"甚至可以兼得，如采用大规模定制模式等。

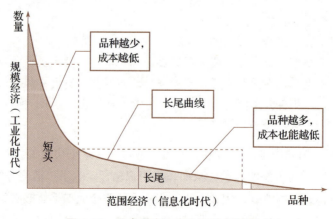

图 4-11 用户需求巨变之下的长尾模式

4. 众包模式

众包模式是一种低成本、高效率地为用户创造价值的商业模式，众包的对象包括产品、服务、创意、体验等。

（1）封闭式创新：外包模式的局限性。在工业化时代，"外包"曾经被认为是一种高效率的生产、经营模式，即将一项任务包给确定的人群或者其他专业化的企业组织。这种模式下由于由确定性人群或者由特定的组织去完成工作，而被称为"封闭式创新"。这种模式在过去是效率较高、成本较低的模式；但是，随着经济的不断进步和发展，"外包"模式也有了局限性。

（2）开放式创新：众包模式的优势。过去，某个企业想要解决本企业的技术难题，需要聘用许多专家和技术人员，有时花了许多钱和时间，结果没有解决问题而企业承担了经济风险。有了互联网以后，企业可以把它需要解决的技术难题用"威客"方式"发包"出去——谁能够解决这一技术难题，公司给他发放一定的奖金。采用这种方式，对公司而言，实现了开放式创新，既提高了解决问题的效率，又规避了成本和经济风险。

（3）众包模式的应用价值。在移动互联网时代，"众包"思维是把不确定的任务或者难题承包给不确定的人群去完成，这也被称为"开放式创新"。发挥群体的智慧，既可以迅速地帮助公司解决技术、人力资源支配等难题，又大大降低了公司组织管理的成本和风险。也可以借助让"用户创造内容"的方式，用众包把用户的真实需求"挖"出来，使供需准确相接。国际知名公司如波音、杜邦、宝洁等企业，在解决公司技术创新问题时，经常运用"众包"这种开放式创新的手法，既解决了公司在发展中遇到的各种难题，又提高了创新效率、降低了创新成本和风险。

◆ 案例

"大家一起观察天狼星"

国家天文台对行星等天体全系列、全方位观察和研究是常态性工作，但是地域、时点、专业人力资源等条件限制，影响着天体研究领域的事业进程。有一年，该机构策划了一场让天文摄影爱好者共同参与的"大家一起观察天狼星"活动，取得了很好的效果。天狼星与其他恒星大小比较示意图如图4-12所示。

（1）众包创新思路。"如果您在所在地拍到一张天狼星的照片，我们把全国其他人拍到的图片与您分享"，这一倡议极大地调动了全国业余爱好者的积极性，大家共同参与观察并拍摄天狼星的照片。

（2）问题随之而来。天狼星是一颗非常遥远的恒星，普通照相机能够拍到它吗？天狼星多年不遇，它通过我国上空也是短时间的事情，而这些业余爱好者是否掌握足够的天文信息和与天狼星相关的专业知识？

图4-12　天狼星与其他恒星大小比较示意图

图片来源：360智图

因此，在本次活动开始前，国家天文台组织相关专家给参与者提供知识、信息和专业技能培训，以及购买专业摄影器材等方面的指导服务。

（3）为国家节省费用，实现多重价值。这次"大家一起观察天狼星"的活动取得圆满成功。国家天文台获得了许多有价值的"天狼星"照片资料，高质量地完成了仅仅依靠有限的专业人士和资源而无法完成的任务，也为国家节省了大量的组织管理成本和资料采集费用。

5. 跨界商业

以上所讲述的，是企业在自身业务范围内采用的用户至上的商业模式。跨界商业则不同，它是指企业去做自身业务范围之外的业务。这对讲究业务专业化的传统商业企业来说是难以实现的事情。但是，互联网平台使得跨界成为现实。企业能否成功跨界，不是取决于掌握了多少资本、技术和人力资源，而是取决于它掌握了多少用户。用户的需求是原本业务的基础，用户存在的"需求之外的需求"也蕴藏着新的机会。

◆ 案例

小米为何能跨界经营

小米公司原本是手机制造商，在依靠互联网平台研发手机的过程中，积累了大量的"米粉"以及普通用户。而需要购买手机的用户同时可能需要住房，以及有其他若干产品需求。总体来看，这些用户需要的无非是物美价廉的产品。因此，小米公司可以基于它掌握着"用户"这个核心资源实现跨界发展。

以住房产品为例，某房地产公司可能有几个亿、几十个亿的资本，小米公司可能没有如此雄厚的资本，但是，它在自己的互联网平台上拥有海量用户。它通过与用户之间的频繁互动，更能贴近用户的真实需求，而且能让产品信息精准触达目标用户；它和房地产公司合作，又提高了效率、降低了产品开发成本。所以，小米借助庞大的用户群，能够与许多企业实现价值交换、优势互补，符合跨界营销的思路，因此在实践上是可能成功的。

概括而言，互联网商业思维的本质是用户思维。一切以用户为中心，其他则水到渠成。

4.5 商业模式决定创业成败

社会在变化，人们的消费需求也在变化，传统企业想要实现"重生"或"突破成长的瓶颈"，就需要不断地调整其商业模式。创业企业则更需要利用互联网技术平台和工具，整合资源，进行商业模式创新。商业模式决定了企业增长的边界，也决定了创业的成败。

4.5.1 商业模式与价值创造

对于创业者而言，商业模式体现出商业智慧和能力。初创公司商业模式能够存在的根本，在于合理地解答了以下问题：①你赚谁的钱——最为重要的是挖掘用户、积累用户，找到用户的真实需求；②你依靠什么赚钱——依靠核心能力创造有竞争力的产品是关键；③你如何能够持续赚钱——用户愿意购买你的产品，有持续创造新产品的资金保障。

4.5.2 "用户为王"的商业模式

没有用户需求的商业是难以为继的。如上所述，互联网商业思维的本质是用户思维，互联网商业模式是"用户思维模式"。用户为本的"互联网+"商业模式包括免费模式（借助"免费"圈定用户，用网络效应使用户数量呈现爆发式增长）、体验模式（锁定用户，用极致体验增强用户黏性，让用户变成粉丝）、长尾模式（低成本满足用户差异化、个性化的需求）、众包模式（低成本、高效率地为用户创造价值）、跨界商业（不是取决于掌握了多少资本、技术和人力资源，而是取决于掌握了多少用户，以及能否找到"需求之外的需求"）。

"互联网+"创业强调满足用户需求，更加注重用户体验和用户价值。初创企业一般是小型公司，难以迅速成为平台型企业，但借助好、利用好平台一样可以实现企业存活。换句话说，如果你不能够成为像阿里巴巴、腾讯一样的"航空母舰"，那么，你还有很多机会成为这些大企业的"舰载机"或者说大企业的合作者，借助平台型企业的力量获得用户。

图片来源：360 图片

📖 随堂讨论题

1. 商业模式的内涵与本质是什么？"互联网+"商业模式和传统商业模式的差异体现在哪里？
2. 为什么说"只有不赚钱的模式而没有不赚钱的行业"？
3. 许多靠卖书盈利的传统书店难以存活，我国台湾地区的诚品书店为何能发展壮大？
4. 如何理解"互联网商业思维的本质是用户思维"？为什么会出现跨界商业？

📖 单元作业题

1. 讨论：如何理解顾客的价值主张？如何以服务创造价值为根本满足客户需求的"痛点"？
2. 讨论：查询资料，讨论为什么美国 IBM 公司将自己制造电脑的部分技术出售给中国联想公司后，赚的钱反而越来越多了。

模块 5
MODULE 5

商业计划与创业方法

□ 内容提要

商业计划书的核心作用是"聚人"和"聚财",商业模式则是商业计划书的灵魂。本章讲述了为什么创业需要商业计划书、投资人对商业计划书的看点、商业计划书的框架内容与完善,以及创新思维与创业新方法。

5.1 创业需要商业计划书

5.1.1 商业计划书的含义

商业计划书是公司、企业或项目单位为了达到招商融资和其他发展目标,根据一定的格式和内容要求而编辑整理的一份向受众全面展示公司和项目目前状况、未来发展潜力的书面材料。

书写创业商业计划书要传递的关键信息是:创办企业有收益也有风险,但创业公司缺乏人力、财力以及其他所需要的社会资源,通过找到好的创业合伙人或风险投资人,解决人力、财力和风险分担等问题,使得商业计划更务实,创业行动更具前景。

"千里之行,始于足下。"创业过程本身充满着不确定性、艰难和挫折,无论你是否有资源、有经验积累,创业都是一个新的开始,做好一份商业计划书,就是商业活动成功的一个起点。商业计划书也是创业行动的指南。"不做计划等于计划着失败",没有资源统筹、没有方向目标、没有价值创造的创业是无法成功的。

5.1.2 商业计划书的作用

1. 指导和规划

商业计划书是创业全过程的纲领性文件,创业商业计划的内容涉及创业的类型、财务预估、阶段目标、筹资渠道、营销策略、风险评估等一系列的细节问题。通过制订计划，可使创业者对产品开发、市场开拓、投资回报、风险预测等方面进行全面思考。

2. 聚集人才和资金

创业是创造未来价值的过程，即创造新产品、实现新价值，创业项目能够吸引人才和吸纳资金是非常关键的，这也是商业计划书的核心作用，如图 5-1 所示。出色的创业商业计划书，可以起到吸引人才和聚集资金的作用，使其他有创业动机的人对企业产生好的预期，增强参与者的信心，吸引他们参与创业团队。

图 5-1　商业计划书的核心作用

创业企业要想获得风险投资的支持，写好商业计划书也是一项基本要求。创业团队通过公布创业计划，能够使风险投资者了解企业的重要信息，也许可以吸引其加盟，或者吸引一些对创业计划感兴趣的单位的赞助和支持。

3. 整合资源

在创业过程中，各种生产要素是分散的，商业计划书可以使创业者了解所需资金、产品、人员、市场风险和市场环境等各方面的信息，通过编写商业计划书，最终对各种资源做出全盘规划，让各种资源有序整合起来，形成增量。

5.2　投资人对商业计划书的看点

整个商业计划书实际上都围绕商业模式来写，商业模式是一份商业计划书的灵魂，六要素商业模式模型如图 5-2 所示。商业计划书是要给投资人看的，因此要说清楚创业者做的是什么买卖，为什么要做这一买卖，怎么把它做起来。创业者还要告诉投资人这一买卖需要投入什么要素，需要投资人投入多少钱，将给投资人多少股份，最终投资人能赚得多少钱。下面我们详细讲述六要素商业模式模型中包括的六个要素。

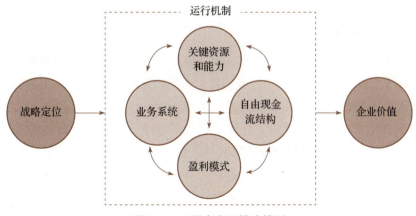

图 5-2　六要素商业模式模型

5.2.1 战略定位

一个企业要想在市场中赢得胜利，首先必须明确自身的定位。定位就是指企业应该做什么，它决定了企业应该提供什么特征的产品和服务来实现客户的价值。定位是企业战略选择的结果，也是商业模式体系中其他有机部分的起点。

关于定位已有大量的文献和理论，最具代表性的当属波特、特劳特和科特勒分别对定位进行的不同解读。

在波特的战略理论体系中，十分强调定位的重要性，关于竞争战略的低成本和差异化本身就是企业对于未来发展态势的刻画。波特认为，战略就是在竞争中做出取舍，战略的本质就是选择不做哪些事情，没有取舍，就没有选择的必要，也就没有制定战略的必要。20 世纪 90 年代，波特曾经批评日本企业普遍缺乏战略，实际上是指日本企业过分关注运营效益的提升，尤其是达到生产率边界后仍然忽视企业的方向选择，大量企业的战略趋同。所以，在波特的战略体系中，定位实际上就是企业选择应该做什么，这个定位的内涵是关注企业在公司层面如何发展。

特劳特的定位理论更侧重于通过心理因素和营销的结合来影响消费者心智，而科特勒则强调通过市场研究和策略来实现差异化优势。

5.2.2 业务系统

业务系统是指企业达成定位所需要的业务环节、各合作伙伴扮演的角色以及利益相关者合作与交易的方式和内容。我们可以从行业价值链和企业内部价值链以及合作伙伴的角色两个层面来理解业务系统的构造。

业务系统是商业模式的核心。高效运营的业务系统不仅仅是赢得企业竞争优势的必要条件，同时也有可能成为企业竞争优势本身。一个高效的业务系统需要根据企业的定位识别相关的活动并将其整合为一个系统，然后根据企业的资源能力分配利益相关者的角色，确定与企业相关价值链活动的关系和结构。围绕企业定位所建立起来的一个内外部各方利益相关者相互合作的业务系统将形成一个价值网络，该价值网络明确了客户、供应商和其他合作伙伴在影响企业通过商业模式而获得价值的过程中所扮演的角色。

5.2.3 关键资源和能力

业务系统决定了企业所要进行的活动，而要完成这些活动，企业需要掌握和使用一整套复杂的有形和无形资产、技术和能力，我们称之为"关键资源和能力"。关键资源和能力是让业务系统运转所需要的重要的资源和能力。

任何一种商业模式构建的重点工作之一就是了解企业所需要的重要的资源能力有哪些、它们是如何分布的，以及如何才能获取与建立这些资源和能力。不是所有的资源和能力都是同等珍贵的，也不是每一种资源和能力都是企业所需要的，只有和战略定位、业务系统、盈利模式、自由现金流结构相契合，能互相强化的资源和能力才是企业真正需要的。

5.2.4 盈利模式

盈利模式，是指企业如何获得收入、分配成本、赚取利润。盈利模式是在给定业务系统中各价值链所有权和价值链结构已确定的前提下，企业利益相关者之间利益分配格局中企业利益的表现。良好的盈利模式不仅能够为企业带来利益，更能为企业编制一张稳定共赢的价值网。各种客户怎样支付、支付多少，所创造的价值在企业、客户、供应商、合作伙伴之间应当如何分配等，是企业确定收入结构时所要回答的问题。

图片来源：360图片

5.2.5 自由现金流结构

自由现金流结构是企业经营过程中产生的现金收入扣除现金投资后的余额，其贴现值反映了采用该商业模式的企业的投资价值。不同的现金流结构反映出企业在战略定位、业务系统、关键资源和能力以及盈利模式等方面的差异，体现了企业商业模式的不同特征，同时，也影响着企业成长速度的快慢，决定了企业投资价值高低、企业投资价值递增速度，以及受资本市场青睐的程度。

5.2.6 企业价值

企业价值可以理解为企业的投资价值，是企业预期未来可以产生的自由现金流的贴现值。如果说战略定位是商业模式的起点，那么企业的投资价值就是商业模式的归宿，是评判商业模式优劣的标准。企业的投资价值由其成长空间、成长能力、成长效率和成长速度决定。好的商业模式可以让企业做到事半功倍，即投入产生价值的效率高、效果好，也包括投资少、运营成本低、收入的持续成长能力强等。

5.3 商业计划书的编写与完善

5.3.1 商业计划书的六要素

商业计划书主要包括六个要素，简称6C，具体包括以下方面。

- 概念（concept）：主要阐述创业想法和项目概念，让别人知道该企业经营的核心产品或者服务。
- 顾客（customer）：阐述企业的产品或服务的用户是谁，如何赢得用户。
- 竞争者（competitor）：分析竞争对手，如产品有没有人卖过、与竞争者相比自身产品的优势和劣势、有没有其他的产品可以替代等。

- 能力（capability）：评估自身或团队的能力，包括技术、管理、市场等方面的能力，如经营的产品或技术是否为自有的、经营能力如何、资源整合能力如何，阐述如何能够让计划变为现实。
- 资本（capital）：说明资金需求是什么、预期资产状况如何、流动资金水平如何、资本运营本领如何等。
- 永续经营（continuation）：阐述企业未来的计划是什么。

5.3.2 编制商业计划书的框架

商业计划书的框架通常包括以下几个部分。

- 公司与团队介绍：核心成员、组织架构、发展历程等。
- 项目概况：项目介绍、需求分析、行业前景、竞争对手等。
- 产品及运营方法：产品概述、推广方案、销售模式、利润分析等。
- 融资与转变运作：成本预算、资金缺口、融资计划、资金用途等。
- 长期战略目标：战略目标、产品计划、市场计划，以及多年目标等。

5.3.3 商业计划书的完善

1. 商业计划书的检查

检查商业计划书时，主要检查以下 8 个方面的内容。

（1）创业的目标和方向是否清晰。

（2）是否显示出你具有管理公司的经验。

（3）是否显示出你有把握市场和挖掘用户的能力。

（4）是否显示出你有能力偿还借款。

（5）是否显示出你已进行过完整的市场分析。

（6）能否打消投资者对商业模式、投资风险的疑虑。

（7）整体内容是否对投资人有吸引力，他的投资能否赚取更大的价值。

（8）商业计划书的文法是否正确，是否符合书写规范。

图片来源：360 图片

2. 编写商业计划书需注意的问题

编写商业计划书时，需注意的问题包括以下 6 个方面。

（1）充分进行市场调研、数据分析，准确把握用户需求。

（2）准确的产品或者服务定位（目标与方向）。

（3）把握主要要素编制并实施商业计划书（以快取胜）。

（4）充分考虑不确定的因素（如投入与收益的时间）。

（5）构建合适的创业项目实施团队。

（6）在商业计划书的实施中修改并完善产品与服务计划。

综上所述，商业计划书的核心作用是"聚人"和"聚财"，在编写和完善商业计划书时，要紧紧围绕这一作用展开。

5.4 商业计划中的创新思维与创业新方法

5.4.1 "反向孵化"创业模式

传统创业模式基本遵循这样的思路：创始人首先"产生创业想法"，撰写"商业计划书"，然后"说服投资人投资"，继而"构建和完善创业团队"，最后"推出新产品"并"想尽办法把产品卖出去"。这种传统的创业方式，往往以自我为中心而非用户。公司基于创始人的天才构想，认为用户需求基本已知，解决方案十分可靠，外部环境可控，未来可以准确预测、分析等，但是，"人算不如天算"，这种"火箭发射式"创业思维⊖下的模式往往出于顾客需求变化、缺乏营销渠道、产品质量不过硬等原因，从而导致90%的创业项目以失败告终。

"反向孵化"创业模式与传统创业模式相反：先有方向，再有团队；先有供应链，再有方案；先有渠道，再有产品，先有资金，再有项目。小米的创新能力和创新机制（创新动力）以及非凡的创业执行力，使其创业成功率达90%以上，并且创造了成功投资数百家生态链企业、数十家销售过亿企业以及多家独角兽企业等创业业绩。

5.4.2 精益创业

如图5-3所示，精益创业（lean startup）是一种以最小的试错成本为代价，精准地掌握用户需求后进行有效生产的创业方式。精益创业的核心思想是：先尽快提供一个最小可行产品（minimum viable product，MVP），然后通过不断学习和采集有价值的客户反馈，对产品进行快速迭代和优化，从而适应市场变化，系统性消除一切资源浪费。

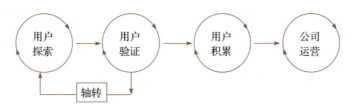

图5-3 精益创业逻辑框架

资料来源：龚焱. 精益创业方法论：新创企业的成长模式[M]. 北京：机械工业出版社，2014.

精益创业的本质是抓住用户痛点，并真正找到解决方案。其商业逻辑框架主要包括四个步骤：用户探索、用户验证、用户积累、公司运营。

⊖ "火箭发射式"创业思维的基本假设在于，认为用户需求或痛点是已知的，可以完全准确地把握，而且路径、解决方案也是已知的，创业过程中只需要制订出完美的计划，并完美地执行计划，就能通向成功。

精益创业的起点是用户探索，通过这种方法探索用户痛点，并定义用户痛点和解决方案。接着进入用户验证环节，对用户痛点和解决方案进行科学的试错与验证。

如果验证结果是没有用户，那么就需要轴转，回到整个精益创业的起点，调整商业模式。精益创业以轴转作为关键的反馈环节。在商业模式确定之后，进入商业模式的放大阶段，也就是商业模式的执行阶段，这一阶段更多的是用户积累和公司运营。

◆ 案例

顺丰公司在用户探索上的经验和教训

许多创业企业的失败，源于创始人和创业团队认为凭借自己的天才智慧，能够精准把握用户需求，而没有认真进行"用户探索"和"用户验证"，从而让公司遭受巨大的经济损失。

2014年，顺丰公司创新变革，在全国开了3 000家顺丰"嘿客"网购服务社区店，总投入高达10亿元。顺丰"嘿客"除可以提供快递物流业务、虚拟购物功能外，还拥有冷链物流、团购预售、洗衣、家电维修等多项业务。公司原以为用户在收发快递时会顺便购买日用品和生活服务，但顺丰"嘿客"落地后，结果却与预期相反，收入的70%以上来自快递部分。

经营几年后，营业状况不尽如人意，多家门店关闭，顺丰"嘿客"面临巨额财务亏损。

5.4.3 设计思维创业

1. 什么是设计思维创业

设计思维是一种以人为本的解决复杂问题的创新方法，它利用设计者的理解和方法，将技术可行性、商业策略与用户需求相匹配，从而转化为客户价值和市场机会。作为一种思维方式，它被普遍认为具有综合处理能力的性质，能够理解问题产生的背景、能够催生洞察力及解决方法，并能够理性地分析和找出最合适的解决方案。运用设计思维进行的创业活动即为设计思维创业。

2. 设计思维创业的核心

设计思维创业的核心是发现需求的"原型"。如图5-4所示，设计思维创业包括五个关键步骤：感同身受（empathy define）、定义（define）、设想（ideat）、原型（prototype）、试验（test）。

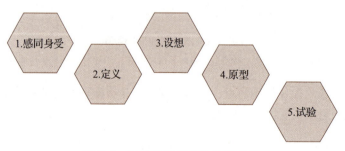

图5-4　设计思维创业的关键步骤

感同身受也称为"同理心"，泛指心理换位、将心比心。设计思维的一个重要信念是认定创新应该回到人本身，要努力透过别人的眼睛去看待这个世界，透过他们的经验去理解这个世界，透过他们的情感去感受这个世界。或者说，设计思维创业要"以人为本"、洞察人性，要设身处地、感同身受、以同理心去发现需求的"原型"。按照苹果公司创始人乔布斯的说法：用传统的消费需求思维去调查，"问消费者是问不出答案来的"。消费者并不知道他们需要的是什么。设计思维创业，则是最终能产出带给消费者极致体验的新产品或新服务原型的创业方式。

定义即确定问题，对收集到的用户信息加以抽象化，以获得有价值的创新工作目标。需要注意的是，创新者应该设法用"以用户为中心"的方式来定义问题，不要将问题定义为自己的某个愿望或者公司的需要。

设想也叫创意、构想，是针对用户洞察，发展创意点子的过程。

原型就是指将头脑里的想法呈现为某个原型的过程。

试验是在将最终的新产品和新服务推向市场前，尽量让其更接近市场真实需求的必要环节，是使产品和服务逐渐调整、完善和合理化的过程。

设计思维创业要想成功，需要将"人的需求""技术可能性"和"商业可持续性"三者有机结合，实现高度统一。

◆ 案例

芭比娃娃：找到孩子真正需要的玩具

美泰玩具公司的老板罗丝·汉德勒起初对"芭比娃娃"的定位是：大大的眼睛、甜美的脸庞、光彩照人的倩影，以及曼妙的身材。然而，公司并没有获得玩具的高销售量。

一天，她突然看见女儿芭芭拉正在和一个小男孩玩剪纸娃娃，剪出的纸娃娃不是市面上常见的婴儿造型，而是一个个少年，有各自的职业和身份，女儿对此非常着迷。她脑海中迸发出灵感——小孩需要成熟的娃娃！此后，她设计并制造出了如医生、宇航员、警官、运动员等形象的芭比娃娃。

从1960年到1970年，芭比娃娃的全球销售额高达5亿美元。60多年来，美泰公司一直为"找到孩子真正需要的玩具"而探索、设计、试验、定位，不断适应社会观念与环境的新变化。这些举措创造出了芭比娃娃的品牌和商业价值。

资料来源：澎湃新闻网发文，"芭比的意义早已超越玩偶本身"，2023-07-30。

5.4.4 众包模式创业

工业时代的"外包"模式沦为陈旧模式。当前，用户已经可以借助互联网平台，通过用户参与（众包），来"告知"商家他们需要什么样的产品或服务。企业挖掘用户需求、智慧决策、高效生产制造均可变为现实。

众包作为一种开放式创新模式，已经频繁出现在人们眼前。例如，标致汽车举办标致设计大赛，发动人们设计自己梦想中的汽车；麦当劳、万事达、欧莱雅等公司推出活动，让用户参与广告设计；宝洁、星巴克、戴尔、百思买和耐克等公司设立网站，吸引业余爱好者参与解决企业技术难题、设计新产品和提供新创意。

案例

宜家家居的"天才设计大赛"

宜家家居（IKEA）是来自瑞典的全球知名家具和家居零售商，提供种类繁多、美观实用、风格各异的系列产品。无论用户喜爱哪一种风格，宜家家居都有为此提供的家居产品和解决方案，并以为大众创造更加美好的日常生活为理念。

当用户去宜家家居时，也许会对许多产品都感到满意，其实，作为商家的宜家家居也在设计上"煞费苦心"。它通过举办"天才设计大赛"吸引顾客参加创意家居方案的设计（如图5-5所示）。比如，它如何能够知道大众人群对什么样的"厨房"满意呢？为了解决这一问题，它就组织举办线上线下互动的"厨房设计大赛"，设计大赛中的投票结果自然就告诉了宜家家居消费者满意的"厨房"是什么样的。

图5-5 宜家家居的"天才设计大赛"参赛作品之一

图片来源：360图片

5.4.5 第一性原理创业

1. 什么是第一性原理

"第一性原理"是一种用物理学视角追问事情本质的思考模式或看待世界的方法，即一层层剥开事物的表象，然后从本质出发，找到关键问题的解决方案。亚里士多德曾提出：在任何一个系统中，都存在第一性原理，它是一个根基性命题或假设，不能被缺省，也不能被违反。牛顿的万有引力定律、达尔文的自然选择理论，均包含着"第一性原理"。

2. 如何运用第一性原理创业

近年来，埃隆·马斯克（Elon Musk）成为运用"第一性原理"创业的全球性代表人物。马斯克的"第一性原理"思维不同于"比较思维"或者"类比思维"。"比较思维"是指别人已经做过了或者正在做这件事情，我们也去做。这种竞争的结果是，只能产生微小的迭代发展，而无法出现"从0到1"的颠覆式创新。

如果要实现"从0到1"的颠覆式创新，就要制造出市场上从未有过的新产品，或者说"与众不同"的全新产品。这样一来，公司会获得较长期的、更丰厚的利润，或者说获得"垄断利润"。这种思维模式强调从最基本的原则和规则出发，不依赖横向比较和经验结论，而是从最基础的条件出发进行思考和行动，从而能够发现新的机会和路径，实现连续跨界经营。马斯克的"第一性原理"创业模式可概括为：与其更好，不如不同。

马斯克开创了互联网支付（Paypal，贝宝）、太空探索（SpaceX，太空探索技术公司）、新能源汽车（Tesla，特斯拉）等连续跨界、颠覆式创新创业项目，其中部分项目已经实现了辉煌的商业价值。例如，特斯拉2020年的市场价值已经达到约8 000亿美元，超过大众、丰田、通用、现代等9大传统车企的市场价值的总和，并用新车型Model Y的低价格围剿"非特斯拉"汽车。

◆ 案例

特斯拉上海"超级工厂"

特斯拉公司是2003年成立的一家产销电动车的美国公司。2018年，特斯拉超级工厂落户上海。2019年，上海最大的外资制造业项目——特斯拉超级工厂开工建设。2021年，特斯拉在全球生产近百万辆电动车，其中上海超级工厂生产了48万辆，约占50%。2022年7月，特斯拉披露2022年第二季度财报。财报显示，特斯拉上海超级工厂年产能超过75万辆，是特斯拉产能最高的超级工厂。几十万辆电动车在这里生产出来，然后实现全球化分销、销售。

支撑特斯拉"商业帝国"的商业本质主要有这几方面：一是吸引大资本参与投资，共同追逐高利润；二是驱动特斯拉项目落地，帮助建厂并增加当地财政收入，提供大量岗位，解决地方的就业问题；三是关注供应商、销售商、用户等利益相关者的利益。

图片来源：360图片

3. 优秀企业都在运用第一性原理创业

第一性原理并非马斯克的专利。在现代商业界，苹果手机"用软件把键盘功能实现在屏幕上"，进而创造出符合用户人性化需求的智能手机；华为、小米坚持从用户出发，运用用户的参与感来制造和销售手机；谷歌把握住人们对于"便利、免费"的需求，提供了新的搜索引擎，并开创了全新的商业模式……这些都是创业行动中对第一性原理的运用，不胜枚举。

我们认为，创新创业的目标是创利，创业的"第一性原理"就是赚到利润：收入－成本＝利润。在"产品－用户－资金"的模式中，运用什么样的方式和手段能够安全、高效地创造价值，获取利润，这就是创业者要思考的核心问题。

5.5 创业找项目：样本和评价

5.5.1 "小本"创业项目和评价

1. 国内实体"小本"创业项目样本

（1）特色花果茶小店（见图5-6）。特色花果茶小店主要销售鲜花茶，兼售水果茶，这在国内的一些大中城市已比较流行。常饮鲜花茶可以美容护肤，调节神经功能，促进新陈代谢，提高肌体免疫力。

图5-6 特色花果茶小店
图片来源：360图片

适合泡饮的鲜花有数十种,如红玫瑰、白菊花、芍药花、金银花等,价格在 100～300 元/kg。目前饮鲜花茶的人还为数不多,但它也许会在不久的将来引领饮茶品茗的新时尚,有较广阔的市场前景。初期投入不大,需房租、装修、茶具设备等费用。

(2)旧衣改制店。该项目打破传统的大改小、肥改瘦、补破洞服务范围,主要为顾客提供改制成衣的创意设计,同时提供改制辅料,如丝带、串珠、拉链等。可把不合身或款式落后的衣服进行款式的再造,或将要废弃的衣服改制成其他物品,如娃娃玩具、靠枕、家居饰品等。店铺宜小不宜大,投资成本不高,但对店主的创意设计能力和手艺有一定要求。

(3)手工绣品店。近年来流行复古潮,中式服饰很受欢迎,刺绣也成为时尚热点。可租一间 20m² 的门店,开一家手工绣品店。房租加装修费控制在 3 万元以内,加上办证照等其他费用,启动资金大约为 4 万元。绣品的花色要丰富,树木、花卉、人物、动物都会受欢迎;另外要提高售后服务质量,告诉顾客绣品如何保养及如何选择适合自己的绣品等小知识,并尽量免费帮他们修补。

(4)民俗服务公司。随着生活水平的提高,婚嫁、生日、乔迁等各类民俗活动如何理性举办越来越受重视,而社会上熟悉民风民俗的人越来越少,该项目提供全方位、专业化的民风民俗服务,市场空间很大且投资成本低,人员均可兼职,需男女主持人各 1 名,熟悉民风民俗,擅长策划人员 1～2 名。

(5)彩球气模等庆典产品出租店(见图 5-7)。该项目是应对各种大型商贸会、艺术节、项目开工竣工、会议、婚礼等各种庆典,出租彩球气模等产品。初期投入需房租、购气模等各项费用 1 万元左右。每件气模用品一般每天租金为 150～300 元,假设一个地级市每年这样的活动为 50～60 次,如能争取其中 1/3 的业务,年利润即可达 6～8 万元。

图 5-7 庆典产品出租创业小店
图片来源:360 图片

(6)病人饮食服务。公司地址适宜选择在大中型医院附近,针对各种病人群体的不同状况,分别开列菜单。经营上应格外重视灶间卫生,不能像一般餐厅和送餐公司那么简单。前期应针对病人不同的病症制定出合理的食谱,顾客上门时要问清病人的症状、身体条件、心理状态,便于更好地服务;病人的订餐档案应妥善保管,不可出现任何差错。初期投入主要是房租、购买灶具等费用,约为 2 万元。

(7)自助洗衣店。采用投币启动洗衣机、干洗机,洗衣过程由消费者自己操作,洗衣加烘干约为 1 小时,方便、快捷、卫生,适合在大专院校附近,住户集中的居民区、医院、宾馆等人口密集地区开设。该项目在日、韩及欧美等发达国家和地区已非常流行,但在国内还刚刚起步,所以前景非常广阔。初期购买设备、租用门面的启动资金需要 20 万元。

(8)奶吧。随着近年来我国综合国力的快速发展,居民对牛奶等乳制品的需求越来越大。此项目可充分借鉴目前市场上流行的茶吧、陶吧、书吧等经营模式,以牛奶等乳制品为主要销售产品,设休闲风格浓厚的卡座,投资规模约为4万元。

(9)家政服务中介。利用"互联网+"技术做家政及家庭养老服务。创业者需参加人力资源、家政服务等培训,拿到证书后才能领证开店。营业范围可涉及家政、保洁等,靠收取佣金维持开支,获得收入。

(10)家庭养老服务网。此项目针对当前社会生活节奏快、子女无暇照顾老人,但老人又习惯居家养老的现状,利用养老院、托老所或自家住所,作为家庭养老服务网的工作站,按国家规定的养老服务标准,向社区老人提供维修、保洁、洗漱、陪护等各种服务。服务网采用统一标识、统一服务标准、统一收费,投资规模为5~10万元。

(11)网上农业经纪人。改变传统的农产品经营方式,依托当地特色农产品,在网上开办"农业经纪人之家"栏目,向外界介绍和推广。此项目初期投资不大,仅需一台电脑、一台扫描仪即可,但对网络技术的要求比较高,是一个很有发展前景的绿色创业项目。

(12)出租休闲菜园。到城郊租赁一块交通便利、排灌设施齐全的农田,雇佣人工将其分割成 $100m^2$ 左右的若干个小田块,向城区居民招租,作为他们种植蔬菜、瓜果、花卉的休闲场所。经营者可按田块每年收取3 000元左右租金。首期投入为5万元左右。

(13)动漫游戏配件店(见图5-8)。该项目主要经营出售游戏卡和游戏配件、动漫人物模型、游戏战略攻略手册等动漫游戏相关产品;提供游戏机的改装和升级服务。开店前,需先了解市场行情,即当前最流行的动漫游戏和游戏机机型等,再进行商品分析和定位,地址适宜选择在学校周围。初期投入主要是房租、装修、购买设备、人员工资等费用,3~5万元即可开张营业。

图 5-8　动漫游戏配件小店
图片来源:360图片

(14)移动式洗车机。随着私家车的普及,汽车清洁、美容的需求也不断扩大。该项目使用的移动式洗车机操作简单,对创业者的文化和技术水平要求低。因为是可移动作业,所以前期需要投资很少,购买设备加上一些宣传费用,总投资不超过3 000元。

(15)老年服饰专卖店。针对老年人服装专卖店比较缺乏的现状,开办一家老年服饰专卖店,在创业赢利的同时解决老年人买衣难的问题。创业者须留意老年人对服装款式、面料、颜色的喜好,经营适合老年人穿着和能体现老年人个性的服饰。如经营庄重一些的中山装、西服、夹克、大衣等,也可以经营一些鞋帽、领带、围巾等老年人生活用品,还可以经营老年人喜爱的面料,请一两名擅长做老年服装的缝纫师傅,为老年人定做服装,等等。

2.项目评价

(1)以上创业项目样本侧重于线下、小规模实体店的创业,当然,它们可以借助互联网平台做好销售和服务;这些样本可以让他人借鉴并启发思路,找到适合自己的创业项目。

（2）既然是"小本"创业项目，则意味着创业初期的投资少、风险小，不需要特别的技术。

（3）青年创业者在创业初期，缺人、差钱、没有多少商业经验和社会资源，因此，要树立"做事不贪大、做人不计小"的观念，小的创业项目做好了，方可为后来做成功大的创业项目奠定基础。

（4）许多优秀的创业者也是在经历了企业"从无到有、从小到大、诚信经营、持续发展"后，才取得成功而成为真正的企业家的。

5.5.2 互联网创业项目和评价

1. 国外 28 个互联网创业项目样本

在细分市场上，国外利用"互联网＋"技术开设网站、做服务创业的创业项目样本如下：

（1）ActivityHero。一个为家长提供孩子培养指导的网站。

（2）Bluefields。一个针对体育迷的社交网站。

（3）Bombfell。一个根据个人需求为男性用户提供每月着装的新服装电商。

（4）CardFlick。一个提供在线制作数字贺卡服务并分享成果的网站。

（5）Chalkable。一个专门提供教育 app 的在线商店。

（6）Fontacto。针对墨西哥用户和拉丁美洲用户的可视化电话系统。

（7）Groupiter。专门针对 Dropbox 的群聊服务。

（8）Happy Inspector。提供房屋状况检查利器的互联网网站。

（9）Ingresse。一个提供社交化票务服务的巴西网站。

（10）Monogram。一个以 IPad 作为平台的在线商城。

（11）PocketOffice。一个通过整合社交应用以使个体商户同其顾客保持不断沟通的网站。

（12）PublikDemand。一个通过收集客户抱怨以帮助用户向大公司维权的网站。

（13）Reclip.It。一个专为喜欢团购和购物的人而设计的社交网站。

（14）Sqoot。一个定点分销的本地交易平台。

（15）Storypanda。为孩子设计的互动 app。

（16）Teamly。一个以让用户更好地工作为目标的协助用户安排计划、任务和重要性的网站。

（17）TeliportMe。一个让用户欣赏全景照片的网站。

（18）TenderTree。一个为家庭成员寻找合适看护的网站。

（19）Tie Society。一个领带试用网站。

（20）Timbuktu Labs。一个适合家长和孩子一起阅读的 IPad 杂志网站。

（21）TokyoOtakuMode。一个专为动漫迷设计的在线客厅网站。

（22）Toshl。有趣的个人理财网站。

（23）822.la。一个比较有名的商业网站。

（24）TwitMusic。可以使音乐家在 Twitter 上更好地销售和分享自主产权的音乐网站。

（25）UmbaBox。为女性用户挑选手工物品并每月送达的新电商网站。

（26）Uscoop。一个专为"潮人"设计的商业社交网站。

（27）Wanderable。一个为已婚者提供结婚登记回忆的网站。

（28）Yogome。适合6到12岁孩子使用的app教育游戏网站。

2. 项目评价

（1）互联网创业项目的起步是"先卡位、再定位"，"卡位"就是"卡"服务行业和人群的"位"，再在服务人群中去追求"定位"用户、细分用户。

（2）互联网商业思维是用户思维，借助免费模式、体验模式、长尾模式、众包模式等挖掘用户、增强用户黏性，为用户提供产品和服务，其商业模式方可立足。

（3）上述的互联网创业项目，它们对服务人群的定位很清晰，但是，要取得成功也很艰难，赢得大量的用户和平台运营需要较高的费用、成本投入，这方面的投资也有较大的风险。

（4）"小平台"创业项目的思路：与大的平台公司合作做项目。大的平台公司如阿里巴巴、腾讯，它们是"航空母舰"，"小平台"公司就是"舰载机"。彼此有需要，共同为用户服务而创造价值。

5.5.3 中国国际"互联网+"大学生创新创业大赛金奖项目及评价

1. 项目商业计划书样本与框架

（1）案例：达斯琪——全息显示方案供应商（东南大学）。（一）引言、（二）点亮创造之灯、（三）打开机会之窗、（四）踏上创业之路、（五）站上产业链之巅、（六）用创新照亮未来、（七）总结、（八）思考题。

（2）案例：答尔文——面向复杂场景的文字识别云平台（华中科技的大学）。（一）引言、（二）以科教融合建设一流专业、（三）科教融合促创新、（四）厚积薄发，顺势而为、（五）科研攻"冠"，勇担重任、（六）科教融合人才培养成果、（七）思考题。

图片来源：360图片

（3）案例：让每个人享受机器人的服务（哈尔滨工程大学）。（一）点亮创造之灯、（二）打开机会之窗、（三）踏上创业之路、（四）用创新照亮未来、（五）站上产业链之巅、（六）总结。

（4）案例：枭龙科技——增强现实前沿核心技术先行者（北京理工大学）。（一）引言、（二）点燃创业之火、（三）迸发创业之心、（四）开启创业征程、（五）聚焦技术研发、（六）推动产业发展、（七）总结、（八）思考题。

（5）案例：科技蓝"涂"——电路板精密钻孔保护专家（湖南科技大学）。（一）科教融合激发创新兴奋点、（二）注重实际探寻市场需求点、（三）攻坚克难抢占技术制高点、（四）文理渗透找准团队结合点、（五）产教融合创新应用对接点、（六）总结、（七）思考题。

（6）案例：领伟激光——快速激光领域最亮的那道光（温州大学）。（一）引言、（二）创业火花的萌发、(三)痛点与趋势：洞察力赢取先机、(四)从愿景启航，动态平衡中抓住机会窗口、(五)力争价值链上游，构建核心竞争力、(六)锚定价值重心，从蓝图到蓝海、(七)总结。

(7)案例：稀土钽酸盐——新型超高温热障涂层材料（昆明理工大学）。(一)引言、(二)创新是一切创造之基、(三)机会眷顾有准备的人、(四)创业重在协作和落地、(五)科技创新照亮前进之路、(六)争做行业的引领者、(七)总结、(八)思考题。

(8)案例：德医智能——人机协同的移动微创手术系统引领者（合肥工业大学）。(一)引言、(二)以创新为灯塔照亮重大需求、(三)以市场为导向走出创业之路、(四)以交互为思路做好智能产品、(五)以技术为核心打造企业壁垒、(六)以合作为方式共创商业模式、(七)整合资源 把握优势 布局未来、(八)思考题。

图片来源：360图片

(9)案例：微翌创新——全球最优效果运动场景影像5G实时传输系统开创者（上海理工大学）。(一)引言、(二)点亮创造之灯、(三)打开机会之窗、(四)踏上创业之路、(五)用创新照亮未来、(六)站上创业链之巅、(七)创新创业心得体会、(八)思考题。

(10)案例：数字互动艺术——让科技点亮艺术之光（黑龙江大学）。(一)引言、(二)双创之种，萌于教育、(三)三双创之举，炼于时代、(四)双创之路，始于足下、(五)双创之得，源于付出。

2. 项目评价

(1)项目优点：激情洋溢的语言和逻辑表达，体现着行动上的"敢闯、会创"；突出科技创新、学科交叉、产教融合，以及创业探索、育人为本、社会价值等。(2)项目不足：科技成果的商业化或者创业的商业价值实现（如用户、产品、成本、利润等方面）不清晰。国赛金奖或冠军得主项目，与实战创业的"隐形冠军"或专精特新中小企业差距较大。

◆ 随堂讨论题

1. 商业计划书有哪些作用？为什么说商业计划书的"聚人"和"聚财"同等重要？
2. 为什么说"商业模式是商业计划书的灵魂"？
3. 什么样的商业计划书可以打动投资人？
4. 谈一谈创业方法有哪些以及不同创业方法的特点。

◆ 单元作业题

1. 讨论：如何定位和把握用户的市场需求？如何能够抓住用户和积累用户？
2. 讨论：为什么说创业新方法比传统商业计划更务实？

模块6
MODULE 6

创新创业与创利

□ **内容提要**

创新创业的目标是创利，创新、创业、创利三者之间相互促进、相得益彰。本章讲述了创新驱动经济社会发展，创新创业的商业价值，为什么开放式创新（众包模式）成本更低、效率更高、风险更小、效益更好，培育创新思维的方法，以及创利是创新创业的动能。

6.1 创新驱动经济社会发展

6.1.1 经济学视角：创新带来经济增长

18 世纪和 19 世纪的古典经济学家相信，技术变革和资本积累是增长的引擎。卡尔·马克思也被工业革命产生的巨大威力深深震撼，他指出："资产阶级在它的不到一百年的阶级统治中所创造的生产力，比过去一切世代创造的全部生产力还要多，还要大。"

对创新进行系统研究始于著名发展经济学家约瑟夫·熊彼特。他强调创新对社会经济发展的决定性作用，开创了以"创新"来解释经济发展的阶段和周期的理论，为现代经济增长理论作了奠基性的工作。如图 6-1 所示，约瑟夫·熊彼特在《经济发展理论》中提出了著名的创新理论，创新就是"建立一种新的生产函数"，即实现生产要素和生产条件的一种从未有过的"新组合"。其中包括产品创新、技术创新、原料创新、组织创新和市场创新。

经济学上对创新的研究到此为止。创新只能作为一个变量或参数加

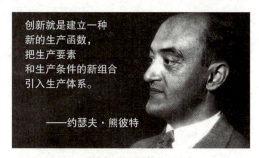

图 6-1 创新理论奠基人熊彼特的观点

到经济模型或经济理论当中。创新对于人们来说,仍像一个不知内部为何物的"黑箱"。

6.1.2 管理学视角:资源整合和创造新价值

伴随人类社会的进步和发展,对创新的研究越来越深入到它对组织与管理的重要意义和价值的探索。如图 6-2 所示,著名管理学家彼得·德鲁克认为:创新的成功与否不在于是否新颖、巧妙抑或具有科学内涵,而在于能否赢得市场并为客户创造出新的价值。创新是"使人力和物质资源拥有更大的物质生产能力的活动""任何改变现存物质财富创造潜力的方式都可以成为创新""创新是创造一种资源"。

管理学对创新的综合定义指出:创新不是一个单独的行动,而是相互关联的子过程的一个总过程。创新不仅是一个创意的概念,也不仅是一个新仪器的发明或者一个新市场的开发;创新是为了一定目标,对所有资源采取整合的方式而进行的共同行动;创新是从新思想的产生到产品设计、试制、生产、营销和市场化的一系列活动。

创新的成功与否不在于是否新颖、巧妙抑或具有科学内涵,而在于能否赢得市场并为客户创造出新的价值。

图 6-2 管理学大师德鲁克的观点

6.1.3 创新驱动发展和价值创造

一个国家或者一个地区的发展,需要有创新的促进政策、与时俱进的制度法规、优势资源的整合,并能够调动起人们的劳动积极性等,方可提升其市场经济的活力,达到提高区域经济发展水平和实现社会效益的目的。

"创新"最终应落实到创新的微观主体,即企业组织。无论是传统企业的转型升级还是新企业的创办,都离不开创新。除了少数大型企业发展基础创新之外,多数企业发展应用创新。企业创新沿着发展新生产和产品,开发新生产方法和工艺过程,开辟新的销售市场,发现新的原料和材料以及设计新的组织制度等思路和方向发展,进而进行资源整合创新。

人类社会的发展经历了从农业革命到工业革命,再到信息革命的转变。企业创新从基础创新到应用创新、从封闭式到开放式创新、从外包到众包,也发生了巨大的转变。企业通过构建新的商业模式,挖掘痛点需求,降低成本和风险,提高效率,能够创造价值,实现经济效益和社会效益。

6.2 创新创业的商业价值

6.2.1 企业家是技术成果的最佳经营者

发明家不是企业家,将发明家的成果成功引入市场并创造经济和社会效益的人才是企业家。企业家与技术专家是有显著区别的,就好比医院院长与医学专家,大学校长与教授等,都是有区别的。但是,这种区别在实践中也会因人而异,有的技术专家既有精湛的专业技术,又在工作实践中懂得了如何管理,有能力把一个组织、单位或企业经营好。

有时则情况相反,比如,医院的一名外科专家,在他当医生的时候,人人称赞他的看病技能;但当他成为医院院长时,由于不懂管理、合作和整合资源等,导致上级部门、医院内部和患者对该医院均不满意。

如图 6-3 所示,技术创新并非代表着"我们负责把它做好,那么消费者自然就会来购买";技术创新与商业化产品之间有一条"鸿沟",被称为"死亡之谷",必须要靠一个合理的商业模式来填补,即一种价值创造和捕捉的手段。

图 6-3 技术创新与商业化产品之间的"死亡之谷"

用户花钱不是为了购买技术,而是为了购买解决问题的方法,因此必须使价值获得认可,用户才愿意付钱;否则,商业模式不成功,技术创新的商业价值就无法实现。

技术创新能使成本更低、效率更高、风险更小、效益更高。在良好的商业模式下,创新、创业与创利三者之间能够有机结合、相得益彰。比如,波音公司在不断研发新飞机时,通过运用新技术、新材料等,使飞机质量提高、飞行更加安全,同时运行成本更低。还有格力、华为等名优企业,它们都在不断地进行技术创新,使产品的质量越来越高而产品的价格却能够降低,从而赢得市场认可、获得用户信任,并让更多客户产生购买需求。如果不能实现这样的有机结合,公司的技术创新就很难在产品市场上落地,也无法将技术创新的优势转化成商业化产品。

6.2.2 斯坦福大学的"实战"创业公开课

如图 6-4 所示为斯坦福大学的"实战"创业公开课。在 Tina Seelig 教授的"跳出思维的盒子"创业实验课堂上,她给出的创业竞赛规则和条件是:全班同学分成 14 个团队,给每个团队一个装有 5 美元的信封,作为启动资金。团队有 4 天的时间去思考如何完成任务,当团队打开信封后,就意味着工作任务启动——每个团队需要在 2 小时之内运用这 5 美元赚到 100 倍的钱,即 500 美元。团队要在周日晚上将所获成果整理成文档,发给 Tina Seelig 教授,然后在次周周一早晨用 3 分钟给全班同学展示。"跳出思维的盒子"的创业实验课堂,既启发了学生团队的创新思维,又

图 6-4 斯坦福大学的"实战"创业公开课

收获了"奇迹般"的创业成果：有的团队通过帮别人预订座位来赚钱，有的团队则通过提供充气服务或者转让有价值的资源而获得不菲的收入，等等。

❖ 案例

斯坦福大学学生的创业实验课堂成果

1. 通过帮人预订座位赚钱

创造奇迹的学生团队之一：通过帮人预订座位赚钱。这个团队发现大学城里"周六晚上某些热门的餐馆总是大排长队"。他们认为这是一个商机，向餐馆预订了座位，然后在周六临近时，将每个座位的使用权以 20 美元的价格出售给那些不想排队等待的顾客。

有趣的现象是，团队里的女学生总比男学生能卖出更多的座位，原因可能是女性更具有亲和力。所以他们调整了方案，由男学生负责联系餐馆预订座位，女学生负责卖出这些座位的使用权。

他们还发现，使用电子号码牌排队，能够方便顾客，更容易卖出；用现场座位与顾客交换，则让顾客花钱之后感觉物有所值。

2. 充气服务与增值捐款

创造奇迹的学生团队之二：充气服务与增值捐款，如图 6-5 所示。该团队的赚钱办法更简单，他们在学生会旁边支了一个小摊，帮助经过的学生测量自行车轮胎胎压。压力不足的话，花一美元即可充气。尽管在旁边的加油站可免费充气，但许多学生都乐于接受团队所提供的服务。

图 6-5　充气服务与增值捐款

不过，在摆摊一个小时之后，这个团队调整了他们的赚钱方式，他们不再依靠充气服务收费，而是在帮助学生充气之后，向学生请求一些捐款。结果，团队的收入骤升！

该团队和前面通过帮人预订座位赚钱的团队一样，在实施的过程中观察客户的反馈，基于此优化方案，使得收入大幅提升。他们真正把"跳出思维的盒子"这一理念发挥到了极致。

3. 转让最有价值的资源

创造奇迹的学生团队之三：转让最有价值的资源，如图 6-6 所示。该团队认为，最宝贵的资源既不是 5 美元，也不是 2 个小时的赚钱时间，而是他们周

图 6-6　转让最有价值的资源

一课堂上的"3分钟"展示时间。斯坦福大学是世界名校，不仅各地的学生挤破了头想进，公司也挤破了头希望在这里招聘人才。这个团队把课上的3分钟时间卖给了一家公司，让公司打招聘广告。就这样，简简单单，他们依靠3分钟赚了650美元。

他们发现，手头最有价值的资源挖掘方式既不是花时间、找产品、卖服务，也不是去卖面子，而是"售卖"他们班上的同学——这些人才才是社会最需要的资源。这种思维，就是人人追求的"跳出思维的盒子"！

4. 总结：找到非直观的解决方法

"跳出思维的盒子"创业实验课堂告诉我们：当你遇到问题时，先找出看起来最明显的解决方法，然后将它排除掉。要考虑使用非直观的或者其他的解决方法。

比如，餐厅是干什么的？当然是提供食物的，但是，仅仅依靠美味食物来吸引顾客是不够的。如果想不仅仅用食物吸引顾客，就要营造出独特的就餐体验氛围，以此来吸引顾客。那么，创意就来了！例如，可以打造一个航空主题的餐厅，让顾客有在空中飞行并就餐的感觉。因此，有人认为："假如你的思维活在盒子里，那么，你最终被埋葬在盒子里。当你尝试'跳出思维的盒子'时，你会发现，其实外面根本没有盒子。"

6.3 开放式创新：众包模式

6.3.1 互联网助力开放式创新

在农业和工业化时代，"外包"这种商业模式是指把任务和问题交给确定的个体或者群体去完成；而在信息化时代，产生了"众包"（crowdsourcing）这种"合作创新"或者说是"开放式创新"的模式。众包模式与传统的外包模式相比，成本更低、风险更小、效率更高。它自20世纪90年代起随着互联网事业的发展而逐渐兴起，由于这种新商业模式能够"出其不意地"创造价值，近几年越来越被重视。

在美国《连线》杂志2006年6月刊上，杰夫·豪（Jeff Howe）首次定义了"众包"：它是指一个公司或机构把过去由员工执行的工作任务以自由自愿的形式外包给非特定的人群去完成，通常是通过互联网等传媒工具和手段去实现的。

6.3.2 众包模式的创新特点

众包模式是一种互联网技术与传统产业的融合创新发展模式，实现了开放式的大众创新。它体现了一种以"用户创造内容"（user-generated content）为代表的创新民主化过程，鼓励大众（业余爱好者）参与，发挥群体的力量，体现了"高手在民间"，从专业化向社区化转变，从而大大地降低了成本。在信息化时代背景下，众包的产生以及合作创新成为发展的必然趋势。

案例

维基百科是如何"免费雇佣"1 000多万人编词条的

我们都知道《大英百科全书》这部书，它的成功编写汇聚了农业化、工业化时代的研究成果，当然，完成这项任务需要有组织地安排给确定的人，也花费了许多人力和财力。

互联网时代出现的维基百科，它的编写完全颠覆了《大英百科全书》运作模式。这一在线百科全书由1 000多万名不领取薪水且多为匿名的作者和编辑合作撰写。它的编写方式是，在互联网上邀请一大群人共同参与编写，即将词条编写工作外包给群众，而群众也愿意用他们业余、空闲时间贡献和共享智慧，合作解决难题，完成这个大型项目。这一在线百科全书的编写利用众包这种模式，更快、更好、更廉价地完成了单个组织不可能完成的任务。

图片来源：360图片

6.3.3 众包模式的优势

众包模式的优势主要在于产品设计成本低、效率高。传统的产品创新步骤是：首先由生产商对市场进行调查，然后根据调查结果找出消费品的需求，最后根据需求设计出新产品。这种创新的投资回报率通常较低。而众包模式能够高效率地产生新创意，带来新产品，这使得越来越多的企业认识到众包的价值，众包的新模式不断被创造出来。

一方面，一些著名的企业继续在专业研发网络平台上"悬赏"，解决创新难题，或者借助赛事和活动让用户参与创新。例如，标致汽车通过举办标致设计大赛来发动人们设计自己梦想中的汽车；麦当劳、万事达、欧莱雅等公司推出让用户参与广告设计的活动。另一方面，许多企业设立了自己的众包网络平台。例如，宝洁、星巴克、戴尔、百思买和耐克都已经设立了各自的网站来吸引业余爱好者，共同参与解决企业面临的技术难题、设计新产品和提供新创意。

◆ **案例**

无线T恤公司如何抓住消费者的需求

T恤衫属于服装行业更新最快的产品之一，大众消费者对其时尚感、颜色、款式、面料等方面的要求普遍较高。无线T恤是一家位于美国芝加哥的T恤衫设计公司。它的商业模式极富创意，是将T恤衫的设计源头包给所有愿意尝试的人。公司建立了一个网上平台，以丰厚的奖金吸引设计者投稿。每周最高奖金达到2 000美元！

如图6-7所示，无线T恤公司借助互联网，建立起服装设计大赛（众包）

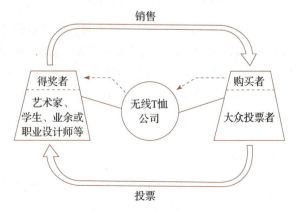

图6-7 服装设计大赛（众包）平台架构

平台。在平台的一端，无线T恤公司以每周高达2 000美元的丰厚奖金吸引广大"设计师"投稿。每周都获得了上千件来自艺术家、学生、业余或职业设计师，以及任何有兴趣尝试的人提供的作品。在平台的另一端，是那些潜在的购买者和大众投票者。不言而喻，在数据统计中获得高票评价的设计产品，一定是大家最看好的，公司将它投入生产、制作，也一定风险小、销量好、利润高。

案例

外行成为解决技术难题的高手

在一家名为"创新中心"（InnoCentive）的网站上，聚集了14多万名不同学科和行业的科研人员、工程师等人才。他们共同的名字是"解决者"（Solver），形成了这个研发供求网络用户的半边天。

与他们对应的是"寻求者"（Seeker），成员包括波音、杜邦和宝洁等世界著名跨国公司的人员，他们把各自最头疼的、跨学科的不同科学难题抛到"创新中心"上，等待隐藏在网络背后的高手来解决。据统计，问题解决的成功率高达30%。

6.4　培育创新思维的方法

6.4.1　以色列诺奖得主谈创新与创业

以色列科学家、诺贝尔化学奖得主达尼埃尔·谢赫特曼（如图6-8所示）是个传奇人物。作为科学家，他不仅在化学和物理学领域同时取得了杰出科研成就，而且成功地创办了数个新兴企业。

（1）谈创业文化。2013年，《环球时报》记者对谢赫特曼进行了一次专访，记者提问他：无论在美国的哈佛大学还是麻省理工学院、斯坦福大学，都有很多聪明的中国博士。他们撰写和发表论文的能力很强，为什么很少有人能创办企业？谢赫特曼回答：中国传统观念中，有些观念给人的印象是更强调结果和成功，不容忍失败。失败被认为是

图6-8　科学家谢赫特曼
图片来源：360图片

不光彩的，甚至是一种耻辱。这种观念是不能支持创新创业的。事实上，对于创业，大家要保持平常心，要容许失败。失败了，就继续努力和尝试，这才是健康的创业文化。

（2）谈创新思维。他在与《环球时报》记者谈到"创新思维"培育时，讲到：美国文化鼓励"胡思乱想"，鼓励通过"想象"来提供解决途径与方法，从而创造出新产品和新服务。做工程技术的人可以在体育馆、酒吧等各个看似与主业无关的领域进行"自由想象"，从而发现解决问题的新办法和新途径，创造出此前没有的东西。事实上，谷歌公司允许工程师有

20%自由支配的时间,做自己喜欢做的项目;许多科学家在业余兴趣爱好中,找到了解决科研难题的灵感。这是值得我们学习和借鉴的。

(3)谈创业方向。他在与《环球时报》记者谈到"创业方向"时,讲到:中国的理工科学生需要多提高沟通能力。比方说,生物、医药、化工、新材料、电子信息工程领域的学生可以直接去医院询问:你们想要什么,你们希望我们为你们提供什么东西;什么服务是你们想要却还没有的。去实践,就能发现市场和价值。在寻找市场方面,中国创业者需要提高沟通能力。㊀

事实上,近年来,我国的创新创业水平已经有了明显提高,在创新创业领域取得了显著成就,不仅体现在人才培育和科技创新能力的提升上,还体现在创新创业浓厚氛围的营造以及创新创业生态环境的优化等方面。但我国高校教师和学生的创业实操参与程度仍是较低的,这也是毕业生就业难的根本原因之一。

6.4.2 培育创新思维的几种方法

1. 掌握特殊的细节

即便是在非常普通的产品、服务中,只要把握一些特殊的细节并加以改良,就可能让消费感知新体验、新价值;即便是在一个不需要太多特殊要求的行业里,也应该努力去掌握一些特殊的细节。创新思维的落地往往来自实践中的细节。

2. 预见产品的未来

产品前景永远是企业最为关注的焦点,对产品未来的消费机会和消费趋势进行探索,也是培育创新思维的方法之一。

◆ **案例**

苏打粉的新用途

苏打粉的发明者是用它来制作面包的。后来人们发现苏打粉还可以用来制作馒头、发面饼、汽水等。有个"聪明"的苏打粉制造工厂,知道消费者可以帮助工厂预见产品的未来,于是,在苏打粉的包装罐上贴上了一个标签,写着:"如果您发现该产品的其他用途,请告诉我们。"

后来,人们对此津津乐道。人们逐渐发现,苏打粉对于祛除异味有很好的效果。此外,苏打粉还有许多功效,例如在锅、碗、水盆中倒点苏打粉,溶解后,可以用于清除污渍。借助消费者发现的新用途,制造工厂也对产品的未来有了更好的分析和预判。

◆ **案例**

木炭的新用途

木炭的原始用途是燃料,它是国民经济生活中不可缺少的一种重要物资。由于木炭具有

㊀ 资料来源:https://finance.huanqiu.com/article/9CaKrnJA2JA。

易燃、耐燃、灰尘少、不含硫等特点，其一直被视为一种优质的生活和生产燃料。此外，木炭由于其独特的微孔结构和超强的吸附能力，还被广泛地应用于食品加工、制药、化工、冶金、国防、农业及畜牧业等诸多领域。

日本是最善于开发木炭功效的国家之一，木炭被广泛用于环境保护、农业、食品加工等行业，甚至日本向国外出口的某些饼干中也含有木炭的相关成分。相传，一个日本小镇有一条护城河，这条河原来被污染，河水非常浑浊。后来有人将一大捆木炭放到河流中，非常神奇的是，这条河竟然一夜之间变得清澈无比了。这个故事正是反映了对木炭的吸附能力的开发历史。

3. 建立挑战传统的技术思维

对于一些大众已经十分熟悉的技术和观念，企业可以从头开始，改变认知。在教育消费者方面，企业应当宣传这是一种和现存产品完全不同的产品，不要让消费者总是联想到已经存在的东西，要让他们相信企业能给他们一种全新的产品和体验。

案例

袁隆平与"超级稻"

在科学研究与实践的道路上，"听话"者往往会阻碍时代的进步，而反叛者可能才是创造的先锋。著名科学家爱因斯坦不肯轻信牛顿的经典力学体系，才达到当代物理学界的巅峰；我国工程院院士袁隆平（如图6-9所示）不肯听信外国研究者"杂交水稻永远也搞不出来"的论调，才有了今天亩产1 200多千克的超级稻，被誉为"世界杂交水稻之父"。

时代需要的不是故步自封的"听话"者，而是在各个领域基于自己缜密思考的、敢于挑战传统的"反叛者"。

图6-9 "世界杂交水稻之父"袁隆平
图片来源：知乎

创业者对于一些大众已经熟知的技术和观念，应当保持质疑态度，坚持独立思考，坚信长期主义，基于产品市场准确定位。这样才能不断推出低成本、高效率的创新技术，创造出"与众不同"的产品，给消费者带来全新的体验，实现创业成功。

资料来源：央广网发文，亩产1 251.5公斤！袁隆平"超级稻"又有新成绩了，2023-10-17。

4. 建立打破常规的认知思维

成功的创新活动在开始时经常不被大多数人看好，甚至被认为是糟糕的。但是，创新者应当建立打破常规的认知思维，无论自己的创新想法是否受到别人的重视，创新者都要充分发挥自己的才能，把自己坚持的做到最好。创新型企业家干事业时，想法不被常人理解，甚至受到排斥，但是当坚持做下去并创造出价值后，成果会使人信服。

📌 案例

乔布斯与"苹果手机"

在 20 世纪 80 年代,乔布斯因屡次创业失败而黯然离开苹果公司。90 年代重回苹果公司担任总裁后,他潜心研究符合人性化特点的手机,比如,手机的个性化设计,用手触摸、滑动式的键盘,以及手机搭载音乐播放功能等。一开始,业界并不关注他的想法,但是 2007 年 1 月,在第 1 代苹果智能手机面世后,人们才醒悟,原来手机不是仅仅用于打电话的,而是拥有手机就拥有了方便工作和生活的一切可能。

世界对苹果手机刮目相看,正是因为苹果手机掀起了"颠覆式创新"的革命,甚至让诺基亚、摩托罗拉等大品牌手机制造商走向破产,纷纷出局。

图片来源:360 图片

5. 调动自己的潜意识

当一个人专注于干一件事情或者解决问题的时候,往往会找到一种解决问题的创新思维,我们通常把这叫作"灵感"。人的意识有显意识和潜意识之分,显意识相对于庞大的意识群来说只是冰山一角,而人的大部分本能、思维、习惯均来自潜意识,调动自己的潜意识,有时能帮助自己寻找到灵感。

📌 案例

孙正义如何培养自己的"潜意识"

日本软银集团董事长、阿里巴巴的大投资商孙正义,当年在美国上大学时,非常热衷于搞发明创造,每天要求自己进行 5 分钟的"头脑风暴"。如果在 5 分钟内找到了思路和办法,那么向下做事情;假如当天的"头脑风暴"没效果,那么第二天继续,直到解决问题。

孙正义之所以成为著名企业家,不是因为他比别人聪明,而是在别人放弃时他在坚持,经常重复一种思想、信念,进而变得坚定。这种重复练习会使自己的潜意识聚焦于关注的问题,久而久之,使感觉更敏锐,"潜意识"更精确。

6. 利用学科交叉创新

学科的交叉融合,对创新文化的形成、科学精神的培育以及创新型人才的培养有着重要意义。通过学科交叉融合,跨越学科界限,有助于形成新的思维维度,提升科技工作者乃至全社会的科学素养、探索热情、想象力和创造力。当前,学科之间的交叉与融合受到了前所未有的关注和重视,也深入到创新创业者的日常生活之中。例如,你可能接受邀请,在一些会议或学术活动中发表演讲,也许从参加有关会议中获得来自其他领域的启示,这就为原本与会议无关的工作问题找到了解决思路。

案例

Goldcorp 公司的"大家一起找金矿"

Goldcorp 公司于 1954 年成立,总部位于加拿大温哥华,目前其在美洲有 11 个开采中的金矿和 6 个储备开发项目,全球雇员达到 9 000 多人,资产规模超过 200 亿美元。它是世界上产量最大的黄金生产企业之一,也是增长最快、成本最低的业内翘楚。Goldcorp 的采矿工具如图 6-10 所示。

1. 公司面临破产倒闭

安大略省红湖地区是世界上最大的黄金矿区之一。Goldcorp 公司在该区的一个矿区曾产出大量黄金,但到了 20 世纪 90 年代中期,该矿区却面临着金矿资源枯竭、冶炼规模缩小、各项成本高涨、员工罢工、资本短缺的困境,接近关矿倒闭的边缘。

当时 Goldcorp 公司多伦多子公司的总裁是 Rob McEwen,他曾经是互惠

图 6-10 Goldcorp 的采矿工具

基金的一名经理,是一个有活力、有冲劲、敢冒险的年轻人,虽然他没有很多采矿冶炼业的工作经验,但他很想把基金业积极进取的风格带到保守稳健的采矿业中。

2. 找到方向又遭挫折

总裁 Rob McEwen 当时确信在红湖地区能够找到更多的金矿资源,而公司资深专家们的意见正好相反,认为资源已经枯竭,没有什么潜力了。他召开了一次会议,把专家们关在会议室,想不出办法、制订不出计划不允许离开。会议之后,他制订了一项让员工觉得他疯了的"1 000 万美元勘探计划",要求在红湖矿区最远的、最深的地方勘探。结果在几周后,地质人员有了重大发现:根据试钻结果推算,黄金储量是当时估计的 30 倍。

尽管试钻结果令人兴奋,但接下来的几年却让 Rob McEwen 充满挫折感,因为公司内的地质学家始终不能准确估计储量和确定矿点的准确位置。

3. 解决问题办法的突破

1999 年,Rob McEwen 前往麻省理工学院(MIT)参加一个青年总裁会议,了解到 Linux 这种世界级计算机操作系统是利用志愿者开源式的开发模式所完成的,这给了他灵感。他突然认识到:如果公司内部员工不能发现金矿,也许其他外界人士能行,也许要像 Linux 那样开放勘探过程,才能找到这些人。回到多伦多,他便开始策划"Goldcorp 挑战赛"。

4. 启动全球"众包"借智

2000 年 3 月,"大家一起找金矿"挑战赛正式启动了,Goldcorp 公司提供了 57.5 万美元奖金奖励那些有最好的找矿方法和估计最准确的参与者。公司公开了过去 52 年来积累的红湖地区 55 000 英亩⊖矿区内部机密地质数据,竞赛问题是:"在红湖地区的哪些地点可以为公司找到 600 万盎司⊜黄金?"Rob McEwen 希望引入采矿行业的智能资本,像激光那样精准

⊖ 1 英亩 =0.004 047km^2。
⊜ 1 盎司 =28.350g。

定位矿点，从而加速探矿过程。Goldcorp 探矿场景如图 6-11 所示。

公司建立了挑战赛专门网站 www.goldcorpchallenge.com，有意参与者可以在网站注册，公司会给每位参与者寄去一个光盘，盘内载有软件，通过它可以浏览网站上的矿区虚拟场景、搜索数据库的地质数据等。一个独立的评判团队负责提案的审核和评选。

图 6-11　Goldcorp 探矿场景

5. "众包"给全球跨学科人才

Goldcorp 公司挑战赛的网站吸引了 475 000 多次点击，来自 50 多个国家的 1 400 个私人、公司、大学、国内外政府地质机构在网站注册，除了地质学家外，研究生、咨询师、数学家、军人都加入进来，使用了应用数学、高等物理、智能系统、计算机图像学、有机方法学等解决这个问题。

2001 年 3 月，挑战赛结果揭晓，总共 29 人获奖。决赛中设有一等奖 1 名，奖金为 9.5 万美元；二等奖 1 名，奖金为 8 万美元；三等奖 2 名，奖金各为 7.5 万美元。获奖者主要来自澳大利亚、加拿大、美国、俄罗斯、西班牙。现在红湖地区是世界上最富有的金矿区，每盎司黄金生产成本只有 60 加元，是世界上 5 个最低成本区之一。

6. 开放式创新的商业价值

Rob McEwen 认识到：从来没有看到过运用这么多学科知识来解决问题，这些获奖者能够在极短的时间内分析大型的、复杂的数据库，即使不亲临现场也能标示出勘测目标。这种方法将是未来技术发展的一部分。

这种开放式征集勘测目标的尝试在全球采矿业是不可思议的，因为此前行业人士把储量和勘探数据都看作核心商业机密。这次挑战赛引起了轰动，Goldcorp 公司被《商业周刊》《快速公司》杂志评为 50 家最有创新性、最具成长性的公司之一，这种挑战赛方法被采矿业称为"Goldcorp 法则"。

7. 公司收获丰硕的商业成果

这些虚拟探矿者在研究相关数据后标示出 110 多个勘测目标，其中 50% 是公司原来未发现的新目标，80% 的新目标有丰富的黄金储量，探明的黄金储量超出原来的目标而达到了 800 万盎司，也为公司节省了 2～3 年的勘探时间。

8. 本案例总结和评价

（1）本案例是一个开放式创新加"众包模式"的典型案例，即借助互联网平台和"外脑"解决了 Goldcorp 公司专业人士无法解决的问题，花费很小的成本，不仅拯救了濒临破产的公司，还为公司创造了巨大的经济效益。

（2）本案例的关键点是 Goldcorp 公司总裁 Rob McEwen 先生，他的创新意识、智慧和才能也得到了充分的发挥。虽然他曾经是互惠基金的一名经理而没有多少采矿冶炼业的工作经验，但他是一个有活力、有冲劲、敢冒险的年轻人，用积极进取的风格和精神，成功地改变了保守稳健的采矿公司的命运。

（3）解决探矿问题的思路的关键点也是公司总裁 Rob McEwen 先生，他参加了一个与探矿、采矿无关的学术会议，并受到可以利用志愿者合作开发计算机操作系统的启发，从而意识到：如果公司内部员工不能发现金矿，也许其他外界人士能行。回到公司后，他马上付诸行动，这也成为该公司实施创新活动的起点。

<small>资料来源：泰普斯科特，威廉姆斯. 维基经济学［M］. 何帆，林季红，译. 北京：中国青年出版社，2007.</small>

6.5 创利是创新创业的动能

在商业领域，创新的原动力是通过创业项目而实现创利。如果创业不能够获得利润回报，创业就无法持续进行下去。创业项目的核心是产品、用户和市场需求，其中产品是创利的源泉。

6.5.1 创业企业如何建立产品的竞争优势

创业成功的关键在于创造出新产品，创造出市场认可、用户满意的新产品是公司价值创造的源泉。创业者可以选择不同的路径：一是做"比其他更好"的新产品，也就是说，别人正在做的产品，你也可做，通过模仿、优化、改造，从而建立相对的产品竞争优势；二是做"与众不同"的新产品，也就是说，做市场上从来没有出现过的新产品，实现所谓"0 到 1"的颠覆式创新，从而建立绝对的产品竞争优势。两种路径在盈利规模、时间、空间上存在差别。

6.5.2 创业者"懂得经营"更容易成功

创业是一场持续创造新产品、满足新需求的商业活动。其包含四个方面的要点。一是顾客价值：要抓住顾客的需求痛点，简单来看，顾客愿意购买产品就是顾客价值的实现。二是合理成本：不是追求"最低"成本，而是达到相比其他产品更有竞争力的合理成本。三是适度规模：不是规模越大越赚钱，而是在适度规模之下，产品的生产和销售才能更具有竞争力与持续性。四是恰当盈利：创始人和投资者应该追求企业的长期盈利，兼顾各利益相关者的利益，假如只顾自己和企业的短期盈利，就会"伤害"顾客、供应商、销售商、员工等，也会让企业疏于承担相应的社会责任，从而导致商业模式出现问题和创业失败。

6.5.3 "以弱胜强"：创业企业成长的硬道理

创业企业一般规模较小，尤其是在成长初期。风靡日本的兰彻斯特法则表明，中小企业想要实现以弱胜强，有五大"战法"。

- **一是局部战**：不要一开始就布局全国市场，而是优先集中在区域小市场。
- **二是接近战**：和客户密切互动，建立最短的客户服务距离，提升接触频率，使客户对企业有强烈的记忆和认可。
- **三是一对一作战**：放弃竞争对手多的市场和客户，避开与强者的正面竞争，瞄准一家竞争对手的市场，与其做一对一比拼。
- **四是一点集中**：从细分市场、地域、行业、客户、产品等多维度去考量，选择一个切入点，集中力量去竞争，在"全面战争"中弱者是没有胜算的。

- **五是佯动作战**：采取意想不到的行动，动摇竞争对手，分散其注意力，不让竞争对手觉察自己真正的目标。

6.5.4 利益分配机制是创业动能的保障

创利是创新创业的动能。创业者需要构建一个良好的商业模式。商业模式的背后是创始人、投资人、技术入股人、经营管理团队、供货商、销售商和用户等利益相关者的利益分配机制。但是，合作各方利益诉求往往是不一致的：比如，技术入股人希望技术转让费高或者股份占比高；创始人和投资人聚焦于产品的市场需求、技术的可行性及商业的可持续性；经营管理团队则希望有较高的现金收入回报。

商业模式能否持续成功取决于用户规模、产品销量、经营成本和利润大小等，用户需求旺盛和产品质量过硬是根本，资金充裕是保证。这样，"用户－产品－资金"循环驱动的"飞轮效应"才能创造价值。一个可持续、可良性循环的商业运作模式背后应当是合理的利益分配，利益分配的动态平衡机制使商业模式能持续进行下去。

◆ 随堂讨论题

1. 经济学和管理学视角下的创新有什么不同？创业、创新与创利的关系是什么？
2. 什么是"外包"？什么是"众包"？创业企业如何通过开放式创新实现降低成本和提高效率而创造出新产品？
3. 维基百科为什么能够"免费雇佣"1 000多万人编写词条？无线T恤公司是如何依托互联网平台快速抓住消费者需求的？
4. 有哪些培育创新思维的方法？如何培养大学生的创新思维和创新能力？

◆ 单元作业题

1. 讨论：为什么反叛传统的思维模式能够帮助企业家取得创业成功？举例说明。
2. 讨论：为什么创利是创新创业的动能？如何处理好创始人、投资人、创业团队和用户等利益相关者的利益分配机制？

模块 7
MODULE 7

创业融资

□ 内容提要

融资渠道多种多样,各有利弊,创业股权融资是最为稳健的融资方式之一。本章将讲述创业融资渠道的分类和特点、投资人看点和投资决策、如何通过股权融资获得资本,以及融资问题如何影响合伙创业成败与合分。

7.1 创业融资渠道的分类和特点

如果新创企业是合伙形式的,那么就可以进行内部融资,即通过与合伙人合资来获得企业的首笔资金。合作伙伴之间还可以实现优势互补,整合人脉资源,实现新创企业健康快速发展。该种融资方式的风险存在于财务和管理两方面。因为合伙企业是无限责任制的,一旦公司出现危机,合伙人必须以全部财产按比例承担责任,在合伙创业开始之前,创业者要与合作者将权利、义务以及如何经营,如何获取投资收益,如何区分工资所得与股东权益所得等一系列问题谈清楚。在合伙之前将所有可能发生的问题以法律合同的形式确定下来,以免出现不必要的麻烦。

图片来源:360 图片

合伙融资是一种按照"共投、共创、共享、共担"的原则,直接吸收单位或个人投资、合伙创业的筹资方法。合伙创业不仅能有效筹集到资金,还可以基于利益捆绑关系,充分发挥人才的作用,整合各种资源,降低创业风险。

点评:俗话说:"生意好做,伙伴难当",合伙投资,人人是老板,容易产生意见分歧,降低办事效率;也可能因责、权、利的不对等而使彼此的矛盾变得尖锐,导致合伙机制难以长久。

在创业企业的不同发展阶段，根据资金需求和获得的可能性，外部融资方式主要包括以下几种。

第一个阶段是种子期，主要融资方式有三种：亲情融资（来自创始人家庭、亲朋好友、信用卡短期透支等）、天使投资、风险投资（也称创业投资）。

第二个阶段是初创期，主要融资方式有四种：天使投资、风险投资、政府扶持资金投资、大企业投资。

第三个阶段是发展期，又可细分为成长期、扩张期、成熟期。成长期的融资方式主要包括风险投资、大企业投资。扩张期的融资方式主要包括风险投资、被大企业收购或者上市。成熟期的融资方式主要包括股权融资、上市、银行贷款等。创业进程中各种融资方式的供需曲线如图 7-1 所示。下面我们对几种融资渠道进行简单讲解。

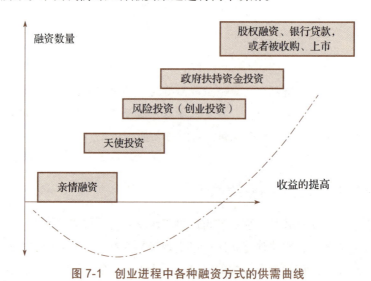

图 7-1　创业进程中各种融资方式的供需曲线

7.1.1　亲情融资

创业者自己出资或者从家庭、好友处筹集资金，称为亲情融资。创业的首笔资金数额一般不会很大，利用自有资金或向亲友借钱是个人筹集创业启动资金最常见、最简单、最有效的方式。筹资成本很低，同时也不需要信用记录或抵押。目前国内的著名创业企业如阿里巴巴、腾讯、京东、美团等，也是先靠自融资或者亲情融资而起步创业的。

选择亲情融资的创业者，应向亲友说明创业计划的可行性与预期收益以及潜在风险，争取让其明白投资所用，并形成一份正规的协议。自融资的好处是相对比较快速、灵活，投资者的自我激励和约束力度大。对初创企业而言，依靠亲朋好友的信任借款进行融资虽然艰难，但只要公司的商业模式好、产品有前景，就能吸引投资和创业合伙人加入。

7.1.2　银行贷款

创业贷款是近年来银行推出的一项新业务，凡是被认定为具有一定生产经营能力的个人，因创业需要均可申请。这种贷款不仅利率较低，而且有的地区还有一定的补贴，一旦申请成功,创业者即可享受较为优厚的条件。但是,这种贷款对申请企业的要求比较严苛。对于大学生创业者来说,想要获得创业贷款,必须有一个严密可行的创业计划,充分考虑还款压力和还款时间与企业预计经营状况的关系,确定贷款金额。

银行贷款可以根据不同的分类方式进行细分,常见的有信用贷款、担保贷款、抵押贷款、创业贷款等。信用贷款是指银行仅凭对借款人的信任而发放的贷款,借款人无须向银行提供抵押物。担保贷款是指以担保人的信用为担保而发放的贷款。抵押贷款要求借款方提供一定的抵押品作为贷款的担保,以保证贷款的到期偿还。创业贷款是指具有一定生产经营能力或已经从事生产经营的个人,因创业或再创业提出资金需求申请,经银行认可有效担保后发放的一种专项贷款。

点评:对于大学生创业者来说,前三种贷款方式"形同虚设"。唯一可以考虑的就是创业贷款。申请贷款除了应符合银行的要求外,还需要经过工商管理部门、税务部门、中介机构等综合评估,符合条件方可获得创业贷款。手续严谨,任何环节都不能出问题。

7.1.3 风险投资

风险投资(venture capital)的英文简称是VC,与维生素C的简称VC一样,两者在"功能"上也有相同之处,都能提供成长必需的"营养",因此也被称为创业者的"维生素C"。广义的风险投资泛指一切具有高风险、高潜在收益的投资;狭义的风险投资是指以高新技术为基础,生产与经营技术密集型产品的投资。风险投资是一种高风险、高回报的投资,风险投资商以参股的形式进入创业企业。

风险投资比较青睐高科技新兴产业领域,比如人工智能、生物技术、新材料、电子信息等领域。风险投资关注投资对象的未来价值,例如标的企业的发展前景,未来主要通过标的企业的再融资价差出让股权或通过上市获得高额回报。这个过程一般需要3~7年才能实现。投资人不是以培养行业顶级企业为目的,而是将所投标的作为一种实现超额回报的载体。风险资本的主要来源包括富有的个人投资者、机构投资者、政府、企业、商业银行和其他投资者等。

点评:风险投资商更关注企业的盈利模式、创业者本人的素质以及创业团队的构成等。大学生能否获得风险投资青睐,主要取决于个人的综合能力以及项目的发展前景。

7.1.4 互联网融资

对于许多创业者而言,项目起步时找天使投资或民间投资失败后,互联网成为他们融资的重要选择:比特币、第三方支付、众筹模式等许多互联网融资渠道,给草根创业者带来了实实在在的好处。

点评:作为创新事物,一些互联网融资方式

图片来源:360图片

存在着法律上的风险，在实际操作上，在透明、诚信、公平方面有许多待解决的问题。在选择这类融资方式时，务必严守法律法规，选择合法合规、信誉较好、行业知名度较高、排名较靠前的正规平台。

7.1.5 其他渠道的融资

1. 天使投资：创业者的"婴儿奶粉"

天使投资是指自由投资者或非正式风险投资机构，对处于构思状态的原创项目或小型初创企业进行的一次性的前期投资。天使投资虽是风险投资的一种，但两者有着较大差别：与风险投资相比，天使投资是一种非组织化的创业投资形式，其资金来源大多是民间资本，而非专业的风险投资商；天使投资的门槛较低，有时即便是一个创业构思，只要有发展潜力就能获得资金，而风险投资一般对这些尚未诞生或嗷嗷待哺的"婴儿"兴趣不大。

在风险投资领域，"天使"这个词指的是创业者的第一批投资人，这些投资人在公司产品和业务面世之前就把资金投入进来。天使投资人可能是创业企业家的朋友、亲戚或商业伙伴，由于他们对该企业家的能力和创意深信不疑，因而愿意在业务远未开展之前就向该企业家投入大笔资金。

对刚刚起步的创业者来说，既吃不了银行贷款的"大米饭"，又沾不了风险投资"维生素C"的光，在这种情况下，靠天使投资的"婴儿奶粉"来吸收营养并茁壮成长是一种合理的选择。

2. 创新基金：创业者的"营养餐"

近年来，我国的科技型中小企业的发展势头迅猛，已经成为国家经济发展新的重要增长点。政府也越来越关注科技型中小企业的发展。同样，这些处于创业初期的企业在融资方面所面临的迫切要求和融资困难之间的矛盾，也成为政府致力解决的重要问题。有鉴于此，结合我国科技型中小企业发展的特点和资本市场的现状，科技部、财政部联合设立并启动了以政府支持为主的科技型中小企业技术创新基金，以帮助中小企业解决融资困境。创新基金已经越来越多地成为科技型中小企业融资的可口"营养餐"。

一方面，中小企业融资难，大量企业"嗷嗷待哺"；另一方面，银行资金缺乏出路，四处寻觅，却往往不愿意贷款给中小企业。究其原因，主要在于银行认为向中小企业发放贷款，风险难以防范。然而，随着国家政策和有关部门的大力扶植以及担保贷款数量的激增，中小企业担保贷款必将成为中小企业另一条有效的融资之路，为创业者"安神补脑"。

3. 政府基金：创业者的"免费皇粮"

近年来，各级政府充分意识到中小企业在国民经济中的重要地位，为了增强区域竞争力，不断采取各种方式扶持科技含量高的产业或者优势产业。为此，对于拥有一技之长又有志于创业的大学生、科技人员以及归国留学人员等创业者，各级政府相继设立了政府基金予以支持，俗称创业者的"免费皇粮"。

利用这种基金融资一般分贷款和入股两种形式。其中贷款需要承担还款压力，而入股则需要考虑股份的分配和公司控制权的占有率问题。但两者都具有资金链稳定和筹资成本较低（甚至免费）的优点。上海市大学生科技创业基金就是公益性的创业"天使基金"，也是培育自主创新创业企业的"种子基金"。其下设两种资助计划："创业雏鹰计划"和"创业雄鹰计划"，分别以债权与股权两种方式对青年创业者提供资金上的帮助，并提供相应的后续支持与服务。

4. 典当和租赁融资：创业者的"速泡面"

创业者风险投资虽是美事，但只是一小部分精英型创业者的"特权"；银行的大门虽然敞开着，但有一定的门槛。

有时创业者还可以考虑其他融资方式，例如典当和融资租赁。典当的主要作用就是救急，"急事告贷，典当最快"。与作为主流融资渠道的银行贷款相比，典当融资虽只起着调余济需的作用，但由于能在短时间内为融资者争取到更多的资金，因而被形象地比喻为"速泡面"。

融资租赁表面上看是借物，而实质上是借资，租金需要分期偿还。这种方式适合于需要大件设备而没有资金购买的创业企业，创业者应选择合法合规、实力强、信用好的租赁公司，租赁形式则越灵活越好。

7.2 投资人看点和投资决策

7.2.1 创业投资的逻辑：人与事的匹配性

见投资人之前，你一定要准备一份商业计划书！它包括公司战略、商业模式、市场分析、财务分析、你的竞争优势（技术或核心团队）等方面的内容。它不但是与投资人沟通的工具，更是帮你自己厘清商业思路的蓝图。如果连自己的项目都没有想清楚，在沟通的时候逻辑混乱，你是不可能获得投资的。

处于初创阶段的项目，大部分还很不完善。虽然天使投资的资金额比较小，但起的作用很大，一方面能够给团队增加士气（有人认可你们的创业方向），另一方面给了模式验证一定的时间的资金保障。在资金运用上主要用于搭建团队、产品原型制作、初始的简单运营等。由于天使投资人在项目的最早期进入，因此面临着各种的不确定性，失败风险很大，但一旦成功，收益将会相当可观。这也是早期天使投资人能够拿到更好的估值条件进入的原因。

图片来源：360图片

7.2.2 投资人对商业计划书的关注点

对于初创的项目，天使投资人主要关注项目商业计划书中的以下几个方面。

- 团队背景。主要包括创始团队的背景、团队的互补程度、创始人的能力、认识与自我定位等。

- 市场前景。主要包括行业有没有前景、市场有多大、预期目标是否真实存在。
- 产品及行业方向。主要包括创业"赛道"及项目所在行业的天花板够不够高、未来的想象力够不够大、产品的投入与产出周期。
- 竞争壁垒。主要包括项目和同类项目相比有什么优势、所在行业的准入门槛是否与项目运作能力匹配，这是未来竞争和获取利润的前提。
- 财务测算。主要包括花多少钱、赚多少钱、行业的通常利润率以及创业者的项目盈利能力分析。

7.2.3 商业计划书如何打动投资人

1. 痛点需求分析

直接告诉投资人你在做什么（痛点分析/需求分析）。通过一句话简明扼要地介绍你的项目是什么，项目定位介绍应当写在商业计划书首页，让人一看就知道你想要做的项目是什么、你可以解决什么问题、你的独特价值是什么。

2. 提供解决方案

说明你的产品或问题解决方案。提出了问题就要匹配相应的解决方案，但是在创业环境中，针对一个问题往往会有上百种解决方案，因此一定要阐述你的解决方案的合理性，以及你的产品是什么、有什么功能、是怎么解决问题的、为什么你觉得这种解决方案是最好的。

3. 明确产品简介

产品介绍、用户画像以及解决方案的最终落脚点还是产品，你要明确产品是如何体现出解决方案，又是通过什么功能来解决相应的问题的。你应当展示给投资人清晰、明确的产品图景，比如第一步做什么、第二步做什么，切忌条理混乱。

4. 了解市场概况

用数据说明市场的规模，论证整体的市场规模有多大、你是如何推算出的，以及这个市场未来将如何发展。论证的过程中最忌讳的就是长篇累牍，简洁地说明你推算的依据和基础数据来源即可。如果是专业对口的投资人，相比创业者，他们对市场的情况可能了解得更多，因此不需要过多的阐述，如果有独特的见解最好。

5. 确立商业模式

商业模式究竟是什么？我们在前面已经有过讲解。简单来说，商业模式包含了你的产品模式、用户模式、财务模式，以及盈利模式。你应当厘清你的产品是怎么样来获取用户的、有什么独到

图片来源：360图片

之处、这些用户来了之后你能够做什么、最终设计一个什么样的模式让用户为之付费，以及交易将产生多大价值。

6. 展示运营数据

对于早期项目来说，用数据说明目前的运营情况是很难的。但对于一些有MVP（最小化可行性产品）的创业者来说，就可以介绍在小规模测试中的一些数据。这是关于产品的很好的证明，不过要注意在设计数据的结构时应尽量精简，达到能够解决问题的效果。

与此同时，创业者在创业早期一定要留意做数据分析。很多项目的商业计划书呈现给投资人的数据颗粒度非常大，很难说明真正的问题。有句话说得好："你如果现在不知道自己是怎么挣钱的，那未来也还是不知道。"

你应该根据不同的项目情况去说明核心数据的现状以及未来可能出现的变化，现状体现了现有的产品和商业模式的情况，数据的趋势则体现了在资金的驱动下，核心数据将会如何发展。数据是投资人对项目的解决方案和产品做初步检验和判断的依据，它说明了你的解决方案是否合理、是否经得起推敲，以及产品方向是否可靠。今后数据会成为融资中越来越重要的部分。

7. 竞争优势

说明目前市场上有多少团队在做同样的事情，相比你的竞争对手你做这件事有什么优势，你和他们有什么区别，等等。很多创业者面对的挑战是，早期项目基本上是没有任何优势和门槛的，因此，开发速度快、产品理念好、有特殊的资源就能够构成一些综合的门槛，去说服投资人予以投资。

8. 融资需求

告诉投资人公司的融资需求如股权结构、融资计划等，以及目前的股权如何分配，你需要多少钱，这些资金的用途是什么，分别占多大的比例。

很多创业者不知道早期项目估值如何完成，其实很多项目在早期是无法用正常的估值方式来计算的。能做的就是估算企业在一两年里大致需要达成的目标，以及需要的投资金额。

9. 团队介绍

详细介绍自己的团队，包括团队成员的学历背景、工作经历和创业经历等，除了经历外，还需要列出主要成就，重点是让投资者相信你和你的创业团队有做成这件事情的认知和能力。

7.3 如何通过股权融资获得资本

股权融资是指企业的股东愿意出让部分企业所有权，通过企业增资的方式引进新的股东，同时使总股本增加的融资方式。对于股权融资所获得的资金，企业无须还本付息，但新股东将与老股东分享企业的盈利与增长。

7.3.1 资本的本质

资本是逐利的,是流动的。它的"嗅觉"最为灵敏,哪里可以获利就流向哪里。资本和项目方有共同的目标,也有不一致的目标。资本方所关注的是一个能有市场价值的产品、一个能有创造力的团队、一个能负重前行且意志坚定的创业者。资本和项目方都希望企业能够实现高成长、高回报、高盈利、高行业地位,同时实现低风险。但资本方更加注重短期回报,与项目方只是相互借力。与项目方相比,资本方更加关注收益、风险与退出机制。

7.3.2 资本逻辑与企业价值

随着创业不断地走向科技引领下的高利润、新兴产业领域,风险投资人和创业者经常彼此追求,我们有必要了解风险投资的逻辑。

1. 风险投资是一种针对创业公司的资本运作模式

投资机构寻找有潜力的成长型公司,投入资金,换取这些被投资公司的股份,并在合适的时候将股份出售,套现后实现退出。风险投资是典型的价值投资,属于私募股权投资的一种。在创业过程中,私募股权投资分解如图 7-2 所示。

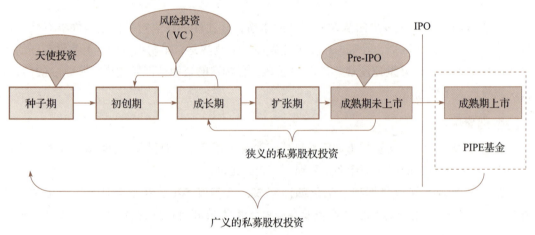

图 7-2 私募股权投资分解

2. 风险投资乐于投资聚焦的行业和项目

风险投资公司都有自己感兴趣和关注的行业及领域,没有哪一家风险投资公司什么行业都关注、什么领域的好项目都投资。它们基本都聚焦在自己关注和熟悉的投资领域,比如有的专注于移动互联网、人工智能、区块链、大数据等,也有的专注于生物医药、新零售与新消费、文化创意等。在种子期、初创期、成长期,单个项目投资的资金规模差异很大,典型的情况如下:①种子期,10 万~300 万元;②初创期,100 万~2 000 万元;③成长期,1 000 万~5 000 万元。

我们需要了解投资机构的投资流程,常规的风险投资流程与个人投资不一样,必须有一定的制度、要求和决策机制。风险投资的流程和投资决策机制如图 7-3 所示。

图 7-3 风险投资的流程和投资决策机制

（1）风险投资人会根据自己的行业偏好，通过各种手段寻找项目。

（2）风险投资人通常会要求先接收项目方的商业计划书，以决定是否有必要面谈沟通；当然也有一些项目是先与创业者沟通之后，再要求看商业计划书的。

（3）风险投资人与创业者面谈，对于商业计划书中不够清晰的地方进行详细、深入交流，可能会多次交流。任何来源的项目，都需要打动公司里的第一个人才能往前推进，不管是合伙人还是投资经理。

（4）如果风险投资人被项目打动，他会在公司内部会议上推荐这个项目，让大家进行讨论和排序。

（5）如果项目在公司内部被看好，并能进入"潜在投资项目"排名榜的前列，接下来风险投资人就会针对项目做一些初步尽职调查。

（6）初步尽职调查之后，对公司的情况做一些验证和核实，如果发现确实还不错，风险投资公司就会与项目方谈判，签订投资协议条款清单（term sheet），也称为投资意向书。

（7）投资协议条款清单不是最终的投资协议，风险投资公司随后就要对项目进行详细、深入的尽职调查，甚至会聘请外部第三方专业机构来对公司的业务、财务、法务、团队等进行全方位的了解，以及对信息、数据进行核实。

（8）最终，这个项目会被送到风险投资公司内部的最高决策机构——投资委员会（investment committee，IC，简称投委会）去进行最后的表决，做出决策。

（9）一旦通过投资决策，风险投资公司就根据投资协议条款清单的内容，起草和签署一系列正式投资相关的法律文件。

（10）风险投资公司将约定投资款按照约定的批次和时间汇入创业公司的账户，完成交割。

（11）风险投资公司里的项目负责人会适度参与被投公司的后续发展，提供一些力所能及的投资后服务，并进行投资后监管。

（12）找到合适的机会，风险投资公司出售其所持有的被投公司的股权，套现并退出。

7.3.3 融资路演

融资路演是一件非常重要的事情，一旦获得投资人的青睐，就能帮助你的公司腾飞。如果你能做一场让投资人无法拒绝的融资路演，还怕不能成功获得融资吗？相反，如果路演失败，你的创业想法可能就难以实现。

按照投资人的经验法则，他们所参与投资中，大概只有 5% 的项目能获得投资。从数字上看，获得投资的概率其实非常小。尤其在 2019 年股权投资市场逐步降温，2020 年世界经济形势又受新冠疫情影响之后，获得资本的投资变得更加困难。如果能够好好研究路演，或许能让你"赢得回头率"，并提升获得投资的概率。那么，如何做一场引人注目、令投资人印象深刻的融资路演呢？请把握下面的步骤。㊀

图片来源：360 图片

1. 不超过 10 分钟

时间非常重要，路演的时间短，效果反而可能会更好。一个闪亮的创意只有在路演时展示出来才有实际效果。当然，如果能够简洁地表现，效率就会更高。在路演时，有以下两个要点：

（1）如果你觉得"只需要花几分钟讲解"，那么就压缩在 1 分钟之内。如果你被投资人告知"只有几分钟的路演时间"，那么就至少要把时间压缩到 5 分钟之内。

（2）如果你说了"下面是最后一件事"或是类似的话，那么请确保这真的是最后一件要说的事。如果你使用幻灯片，在一张幻灯片上停留的时间不要超过 3 分钟。最合适的路演时间大概是 10 分钟，如果投资人真的感兴趣，他们会继续问问题。

2. 把路演变成讲故事

（1）讲故事的方式非常能够抓住听者的注意力，这是得到过论证的。此外，这种方式也能让你的路演变得令人难忘。投资人其实并不喜欢幻灯片、估值、数字之类的东西，如果他们想要那些信息，其实是很容易得到的。

（2）在专业投资人面前不要班门弄斧，你可以告诉他们自己的创业故事，每个人都喜欢听好故事，即便是最看重数据的投资人也不例外。所以，讲一个你的创业故事，将它表述清楚。你的重点是要引起投资人的关注，让他们愿意为你投资，这是你要达到的目标。

3. 要坚定而热情

投资人现在最关心的事情，就是帮助创业者发展自己的想法，而他们最看重的，就是那些对自己的产品及未来充满无限热情的创业者，因为激情是无法掩饰的。一个充满能量的、热情的创业者，在投资人面前能显著加分。还有一点要注意的是，创业者一定要走出自己的舒适区。

4. 讲述清楚你的产品是什么

不要只给投资人"画大饼"，要给他们展示一个实实在在的产品。这里要注意的是不要

㊀ 资料来源：https://www.sohu.com/a/215617278_774407。

过分解释你的产品特性，投资人最关心的其实是你的产品如何能赚到钱。如果你了解这一点，就更容易从投资人那里拿到钱。

5. 说明产品或服务的与众不同之处

如果你无法制造或提供一些与众不同的产品或服务，最好先不要路演，而是回去再好好钻研，设计出更好的产品或服务。

6. 讲述清楚你的目标受众是谁

用已经验证的结果或是行业中已经存在的结果证明你的市场机会与市场价值，说清楚你的目标受众是谁，给投资人展示一些客户数据会更有说服力。

7. 讲述清楚你将如何获取新客户

公司是否能获得成功，营销至关重要。如果你有好的营销理念、方法或是技术，请一定告诉投资人。反之，即使你有一款很好的产品，但是无法销售出去，那么也不会获得投资人的青睐。投资人需要看到的是一个有效的营销策略，让你的产品能够成功上市。此外，如今的投资人更加看重线上营销，对此需要格外注意。

8. 解释你的盈利模式

投资人之所以投资，无非是希望得到回报。因此在路演中，投资人问得最多的问题就是：你的公司如何盈利？实际上，他们是在询问你的收入模式。所以，请准确解释自己采用了哪些收入模式，以及如何执行这些模式。

9. 保持专注

在投资人眼里，时间是他们最宝贵的资产。如果你的路演让投资人感到你非常尊重他们的时间，那么他们也会用投资来回报你。时间的重要性无须赘述，所以，在路演时你需要时刻保持专注。

10. 重视路演着装和精神气质

"以貌取人"的情况虽然看上去有些不公平，但在很多时候还是存在的，特别是在路演时，一定要重视你的穿着。别忘了，如果你想要募集几百万元的投资，花几千元将自己打扮整齐并不算过分。

11. 自我训练，提升参赛表达能力

正式路演之前，一定要进行练习。与你的合作伙伴、同学一起，悉心设计路演的内容，达到"逻辑、内容、表达、表情、状态"的高度协调，也要多参加各类创业大赛，在历练自己的同时和其他选手进行交流学习，不断完善自己。

12. 预见问题和提前回答

如果投资人对你的项目感兴趣，他们肯定会问很多问题，因此要对可能问到的问题做到心中有数。如果你能明确回答一些非常棘手的问题，那么无疑可以从另一方面展示你的能力，投资人其实非常喜欢看到这一点。

13. 告知投资人"退出策略"

一个精彩的融资路演，最重要的就是要向投资人展示"退出策略"。实际上很多初创公司都会忽略这个问题，投资人关注的是在短时间内能否赚到钱，但是"短时间"是多久呢？通常 5 年是个比较保险的时间范围。因此，你需要做的就是告诉投资人如何在 5 年之内赚到钱。而所谓的退出策略，就是未来你的企业是否会上市、会被收购或者有别的选择。在回答这些问题之前，要做好准备，比如充分判断未来的销售收入或公司估值可能会达到多少。

什么是成功的路演？就是当路演结束之后，投资人争相表示希望投资你的公司，如果你能做一场让投资人无法拒绝的融资路演，投资离你其实已经很近了。

7.4 股权融资与股权分配

合伙创业成功需要坚持不懈地进行人力、财力投入，其中有机遇也有较大的风险，需要创业合伙人既有共投、共创、共担的精神，也有良好的利益共享机制，实现股权融资与股权分配的协调。

1. 公司的"控制"与"失控"

尽管对一家公司来说，只有加以控制，公司才有主人，才有明确的发展方向，但是，公司创始人只有"失控"，公司才能突破他本人的局限性，才能聚集起"人力"和"财力"等资源，也才能具备爆发性裂变的基因和可能性。"控制中有失控，失控中有控制"，这是公司有效控制的"辩证法"，有对立，也有统一。

2. 过去与现在的股权控制观念

过去，人们的关注点是初创公司创始人的持股权数量。占 2/3 以上被认为是绝对控股，占 1/2 至 2/3 为相对控股，占 1/2 以下被认为是不控股。而现在，风险投资人"掏大钱、持小股"的模式是常态。公司的有效控制不仅仅与创始人投入的"钱"的数量有关，与股权分配机制的关系更大。

3. 人才和资金是关键

初创公司往往缺乏人才和资金两大核心资源，找人、找钱都很重要。创业公司的股权分配机制是吸引"人"和"财"加入团队并且进行共创的驱动力。只有树立"财聚人散、财散人聚"商业理念，创始人不追求一股独大，将自己的股份稀释，与更多的新股东及优秀人才去分享，企业才可迅速成长。这就是合伙创业公司的利益共享机制的机理。

7.5 融资问题影响合伙创业成败与合分

7.5.1 合伙创业中的股权分配问题及对策

过去创业者一人包打天下，不需要考虑合伙人股权问题。但是，我们已经进入了合伙创业的新时代，合伙创业甚至成为互联网时代成功企业的"标配"。创业者必须重视股权分配问题。产品出现问题，可以通过快速迭代解决；技术或运营出现问题，影响的可能也只是短期发展；但如果合伙人的股权出了问题，经常发生不可逆的"车毁人亡"。

1. 团队中没有大家都信服的核心领导者

企业的股权架构设计，核心是核心领导者的股权设计。核心领导者不清晰，企业股权则无法分配。对创业企业来说，要么一开始就有清晰明确的核心领导者，要么经过磨合，选择出一个核心领导者。很多公司的股权战争，起因都是谁是核心领导者不清晰，比如真功夫遭遇的管理内乱。企业有清晰明确的核心领导者，并不代表专制，例如苹果、微软、谷歌、BAT、小米等优秀、开放的互联网企业都有清晰明确的核心领导者。

在核心领导者不控股的情况下，这些企业都通过 AB 股计划、事业合伙人制等机制设计，确保核心领导者对公司的控制力。在创业团队的决策机制中，可以采取民主协商，但产生意见分歧时必须集中决策，一锤定音。在公司的股东会与董事会层面，核心领导者只有对公司有控制权，

图片来源：360 图片

公司才有主人，才不会沦为"赌徒"手里不断转售的纸牌。核心领导者在底层运营层面则应当适度"失控"，这样公司才能突破核心领导者的局限性，借用他人的优势补足短板。

2. 团队完全按照出资比例分配股权

如果把创业看成一场远距离拉力赛，赛车手最后可以胜出的因素，至少包括跑道的选择、赛车手的素质与跑车的性能。跑车赖以启动的那桶汽油，肯定不是胜出的唯一重要因素。创业企业合伙人的早期出资，就好比是那桶汽油。过去，如果公司启动资金是 100 万元，那么出资 70 万元的股东即便不参与创业，占 70% 的股权也是常态；现在，如前所述，"掏大钱、占小股"已成为常态。过去，股权分配的唯一依据是"出多少钱"，钱是最大变量；现在，人成为股权分配的最大变量。

很多创业企业的股权分配均落入"时间的错位"：根据创业团队成员当下的贡献来分配公司未来的利益。在创业初期，不好评估各自的贡献，创业团队成员的早期出资成为评估团队贡献的核心指标。这导致有钱但缺乏创业能力与创业心态的合伙人成了公司大股东，有创业能力与创业心态、但资金不足的合伙人成了创业"小"伙伴。

对此，我们的建议是：将全职核心合伙人团队的股权分为资金股与人力股，资金股要占小头，人力股要占大头。人力股要和创业团队成员四年左右的全职服务期限挂钩，制定分期成熟机制。如创业团队出资合计约为 100 万元，则建议资金股合计占比不超过 20%。

3. 只有"员工"而没有"合伙人"

过去，很多创始人是一人包打天下。而"新东方三驾马车""腾讯五虎"等进行成功尝

试,推动创业团队进入了合伙创业的新时代。创始人单打独斗,往往独木难支,合伙人兵团作战,共进退,才能胜出。创始人需要寻找在产品、技术、运营或其他重要领域可以独当一面的同盟军。有人说,"初创企业合伙人的重要性胜过风口的商业模式",这种说法并不为过。

在实践中,有很多创业者问如何做好"员工股权激励",但很少有创业者问如何做好"合伙人股权设计"。即便有些创业者意识到合伙人的重要性,但观察其公司的股权架构时就会发现,执行中并不尽如人意。他们认为的重要合伙人很少持股。

在合伙创业中,合伙人既要有"软"的交情,也要有"硬"的利益,这样创业企业才能实现长远发展。只讲交情不讲利益,或只讲利益不讲交情,都是行不通的。

4. 没有尽早签署合伙人股权分配协议

许多创业公司容易出现的一个问题是,在创业早期大家一起埋头打拼,不太考虑各自占多少股份和怎么获取这些股权,因为这个时候公司的股权还是一张空头支票。等到公司的发展前景越来越清晰时,早期的创始成员则会越来越关心自己能够获取到的股份比例,而如果在这个时候再去讨论股权怎么分,很容易出现分配方式不能满足所有人的预期的问题,导致团队出现矛盾,影响公司的发展。所以,在创业早期就应该考虑好股权分配机制,签署股权分配协议。

5. 合伙人股权退出机制欠缺

合伙人股权战争最大的导火索之一,是完全没有退出机制。比如,有的合伙人早期出资5万元,持有公司30%的股权,合作6个月就由于与团队不和主动离职了,或者由于不能胜任、健康状况欠佳或家庭变故等被动离职了。

离职后,退出合伙人坚决不同意退股,理由很充分:①《中华人民共和国公司法》等相关法律中没有规定股东离职必须退股;②公司章程中没有约定合伙人退股事宜;③股东之间没有签过任何其他协议约定,也没有就退出机制做过任何沟通;④合伙人进行了投资,也阶段性参与了创业。

在其他合伙人看来,不回购股权既不公平,也不合情合理。但由于事先没有约定合伙人的退出机制,面对无法合理回购退出合伙人的股权这一问题时,会束手无策。

图片来源:360图片

6. 外部投资人对公司控股

对股权问题缺乏认识的不仅仅是创业者,也包括大量非专业机构的外部投资人。比如,在有的创业项目中,外部投资人投资70万元,创始人投资30万元,一开始股权就被简单、直接、粗暴地划分为70%和30%。

实践表明,外部投资人控股存在很多问题,不利于公司的长期发展,主要体现在以下几方面：①创始团队感觉是在为别人打工，缺乏足够的工作动力；②没有预留足够的股权利益空间，吸引优秀的合伙人加入；③这类股权架构往往让投资机构避而远之，影响公司的下一步融资，也影响创业公司的持续发展。

7. 向兼职人员发放大量的股权

很多初创公司热衷于找一些"高大上"的外部兼职人员撑门面，并对其发放大量股权。但这些兼职人员既没有充足的时间投入，也无法承担创业风险。股权利益与其对创业项目的参与度、贡献度严重不匹配，这种股权分配方式性价比显然不高，并容易导致全职核心合伙人心理失衡。

外部兼职人员应以微期权的模式合作，对期权设定成熟机制（比如，根据顾问期限、顾问频率甚至顾问结果分配股权），而不是贸然大量发放股权。经过磨合，如果弱关系的兼职人员成为强关系的全职核心创业团队成员，公司可以给这些人员增发股权。

8. 向短期资源承诺者发放过多股权

很多创业者在创业早期需要借助很多资源让公司的发展起步，这个时候最容易向早期的资源承诺者许诺过多股权，把资源承诺者变成公司合伙人。但是，创业公司的价值需要整个创业团队长期投入时间和精力去实现，资源只是一方面，更重要的是对资源的配置与利用。

对于只是承诺投入资源，但不全职参与创业的人，更适合优先考虑项目提成，谈利益合作，而不是股权绑定。

9. 没有给未来员工预留股权

公司的发展离不开人才，而股权则是吸引人才加入的重要手段。创始人最初分配股权时，应该预留一部分股份放入股权池，用于持续吸引人才和进行员工激励。原始创业股东按照商定的比例分配剩下的股份，股权池的股份可以由创始人代持。

10. 配偶股权没有退出机制

一般认为，全职且直接参与公司运营管理的核心团队，是创业合伙人。容易被忽视的是，创业合伙人的配偶其实是背后最大的隐形创业合伙人。配偶股权如何设计，这是很重要的问题。我国的离婚率近年来有上升趋势，据调查，创业者群体的离婚率可能高于平均水平。根据我国法律，在婚姻关系存续期间，夫妻双方通过劳动所得的收入、经营收益、接受赠予（除非明确指明为个人财产）以及其他合法途径获得的财产，原则上视为双方共同所有，除非夫妻间另有约定。创业者离婚的直接结果往往是公司实际控制人发生变更。

土豆创始人王薇因为配偶股权纠纷，影响了土豆的最佳上市时机，为此付出了巨大的成本。"创投圈"还专门为此设计了"土豆条款"，简单粗暴地要求创业者配偶放弃就公司股权主张任何权利。但这种处理方式不近人情，风险也很大，如果处理不当，甚至会使婚姻面临破裂。

为了既保障公司股权与团队的稳定性，又兼顾配偶合理的经济利益，稳固创业者后方的家庭关系和谐，可以专门开发"配偶股权条款"。一方面，约定股权为创业者个人财产；另一方面，创业者同意与配偶分享股权变现利益，做到钱权分离。根据统计数据，有高达

60.03% 的创业公司没有就配偶股权做到钱权分离。如果婚姻出现变数，可能给创业者和创业企业带来风险。

7.5.2 "新东方三驾马车"的合与分启示

当年新东方共同创业期间，俞敏洪、徐小平、王强被外界称为"新东方三驾马车"，可谓黄金搭档，每人占 33% 的股份，各司其职。但是企业做大后，矛盾逐渐凸显，最后三人还是分道扬镳了。

1. 矛盾焦点是利益分配

（1）因为利益分配的关系，新东方新的业务难以开展。北京地区的新业务还能均等掌控，但是如上海、广州等地的业务算谁的业绩，图书出版公司的业务算谁的业绩，远程教育公司的业务算谁的业绩，则缺乏明确划分。

（2）新东方早期管理层中存在一定的"裙带关系"。外界曾经戏称新东方人力资源的特点是"三老"——老同学、老乡、老妈。当初俞敏洪的母亲是公司的合伙人之一。这一点令从西方国家留学回来、视"规则为王"的王强无法容忍。2000 年，俞敏洪对学校进行股份制改革，制定了统一战略。

2. 股权变革加剧冲突

（1）合理的股份增发机制，让有能力的新股东推进新业务。公司每年都分配一定的期权，俞敏洪每年申请将期权发放给能干的人。谁干得多，就发给谁，这使得"新人"能持续拿到新东方的股权。这样一来，新业务不断由有能力的新股东来参与、推进。

（2）用 10% 的代持股份吸引新管理者，撇开"裙带关系"。新东方的股份在公司股份制改革中怎么划分？俞敏洪特别询问了一家咨询公司，咨询公司要求作为创始人的他持有 55% 的股份，称这样可以更好地控制公司发展。在划分时，俞敏洪被分到了 55%，但他拿出了 10% 作为代持股份，自己只持股 45%。为什么拿出 10% 的股份？因为俞敏洪觉得新东方需要新的管理者。按他自己的话说，"家族成员再在新东方，会形成新东方的发展障碍"。

3. 权利不平衡带来新矛盾

俞敏洪花了 4 年时间周旋在管理层、部门、地方之间，总算使松散的合伙制变成真正的股份制，但问题并没有完全解决。大家对于分完股份后的权利分配仍存在分歧。例如，到底谁是第一副总裁？俞敏洪是创始人，自然由他来担任第一总裁，但是对于徐小平和王强谁当第一副总裁、谁当第二副总裁，就有了疑问和分歧。

4. "散伙"不可避免

由于管理层无法达成共识，最后，核心团队成员在发展上出现了分歧，有人辞职，有人跳槽，有人则另起炉灶。分歧的最后，徐小平和王强离开了新东方，"散伙"不可避免。

图片来源：360 图片

5. 散伙后各有发展

离开新东方后的徐小平和王强两人创立了真格基金，成为业界著名的天使投资人。真格基金投出了聚美优品、世纪佳缘和兰亭集势等明星项目，推动多家创业企业成功上市，还投资了估值超过 10 亿美元的独角兽企业 ofo、小红书、VIPKID、罗辑思维等。

散伙后，三人依然维系着友谊，每年抽出空闲时间进行两三次聚会，偶尔给其他人写信。但是，三人不再像过去那样无所不谈。徐小平认为新东方不符合他的发展期待，却又说："有一太平洋的话要跟俞敏洪说，但一滴都不想滴出来。"因为他担心，"俞敏洪是不是有这个海纳百川的胸怀，来容纳我波浪滔天的献言献策"。

6. 再次合伙可能性低

未来，三人会不会再次合作？"三个人一起玩是好，但是要和不同的人玩，才会玩出不同的意思。"这是俞敏洪笑着给出的答案。

回顾三个人从合伙到"散伙"的历程，可以看出其中存在以下几方面问题：①公司没有事先设定具体的管理制度，为长远发展埋下了隐患；②"规则大于人情"，依靠兄弟情义来追求共同利益，是无法长久的；③公司最高决策层对重大问题应该充分做好沟通，对企业如何发展、每个人的权力和利益如何分配等问题如果不能非常明确地摆在桌面上谈，只是自己揣摩和消化，按照自己的时间表推动，注定让公司陷入混乱。

我们可以得到这样的结论：人和钱对于创业企业来说都极为重要，创业合伙人之间的利益分配机制决定了企业的"合"与"分"，借用丘吉尔的名言来说，"没有永远的朋友，也没有永远的敌人，只有永远的利益"。

◈ 随堂讨论题

1. 简述常见的创业融资渠道，说明互联网融资的利与弊。
2. 风险投资人的关注点是什么？如何打动投资人，吸引其投资？
3. 为什么说创业股权融资是最稳健的融资方式？
4. 合伙创业中，为什么在开始阶段相互非常了解的合伙人，后来也会分道扬镳？

◈ 单元作业题

1. 讨论：如何解决股权融资中利益分配机制和冲突问题？
2. 讨论：为什么人与事（项目）的匹配性决定创业投资者投资与否？

模块 8

MODULE 8

创业营销

□ 内容提要

创造新产品是手段,通过营销实现新价值是目的。创业营销事关创业公司的生死存亡。本章讲述:从传统营销到现代营销、竞争战略与利基战略、互联网平台与新媒体营销、创业营销的策略和手段,以及创业网络营销与策划。

8.1 从传统营销到现代营销

8.1.1 营销从卖方市场到买方市场

对所有企业来说,没有市场营销,就难以实现产品的商业价值,企业就无法生存。市场营销的发展经历了从卖方市场到买方市场的转变,从以企业为中心转变为以顾客为中心。

1. 以企业为中心的营销

过去,业界遵循以企业为中心的市场营销观念。卖方市场产生于 19 世纪末到 20 世纪初,在我国,改革开放政策实施后,约 30 年间还是卖方市场占主导。卖方市场实现的背景与条件是市场需求旺盛,供应能力不足。核心思想是生产中心论下对产量的重视与对生产效率提高的追求。市场营销的口号通常是"生产什么,就卖什么"。

2. 以顾客为中心的营销

自 20 世纪 50 年代起,国际经济社会开始从卖方市场向买方市场转变。在买方市场占主导的背景与条件下,核心思想是消费者主权论,即发现消费者需求并满足需求。营销顺序是先从"市场"到"企业"进行需求反馈,企业再生产出"产品"向"市场"销售。市场营销的典型口号是"顾客需要什么,我们就生产供应什么"。

20 世纪 70 年代后,由于社会问题突出,消费者权益运动的蓬勃兴起,企业营销观念又演变为社会营销观念。社会营销观念的核心思想是企业营销应该同时考虑顾客需求、社会利益和盈利目标。

8.1.2 营销理论、方法与实践

1. 4P 和 11P 营销理论

传统市场营销理论可以归纳为 4P 营销理论。4P 是指 product（产品）、price（价格）、place（渠道）、promotion（促销），该理论是以产品需求为导向的营销理论。

美国市场营销学家菲利浦·科特勒在此基础上，提出了 11P 营销理论，即从营销战略来讲，包括 probe（市场调研）、partition（市场细分）、priorition（市场择优）、position（市场定位）；从营销战术来讲，包括前面提到的传统营销理论中的 4P，再加上 power（政治权力）和 public relations（公共关系），以及最后一个 P，它代表着以 people（员工）为中心的企业文化。

2. 4C 和 4R 营销理论

随着市场竞争日趋激烈，信息传播速度越来越快，4P 理论越来越受到挑战。20 世纪 90 年代，美国学者罗伯特·劳特朋（Robert F. Lauterborn）教授在其《4P 退休 4C 登场》专文中提出了与传统的 4P 营销理论相对应的 4C 营销理论。4C 是指 customer（顾客）、cost（成本）、convenience（便利）、communication（沟通）。它是以消费者需求为导向的营销理论，这四个基本要素瞄准着消费者（customer）的需求和期望。美国整合营销传播理论的鼻祖舒尔茨提出了 4R 营销理论，4R 指的是 relevance（关联）、reaction（反应）、relationship（关系）、reward（回报）。它是以关系营销为核心，注重企业和客户关系的长期互动，重在建立顾客忠诚的一种理论。它既从厂商的利益出发又兼顾消费者的需求，是一种更为实际、有效的营销制胜术。

总结以上各种营销理论，它们之间不是替代关系，而是相互依存关系。所有商业活动和市场营销均以消费需求为核心，顾客满意是市场营销的目标，消费者购买是对企业市场营销的认可和奖赏。

3. 互联网平台与线上线下营销新实践

传统市场营销主要通过线下的公共媒体营销方式，即以报纸、电视、广播、路牌等为载体，进行广告宣传。从工业化时代到信息化时代，大规模生产、营销、传播"三位一体"的牢固模式被打破，使传统的营销方式渐渐沦为陈旧方式。随着互联网在商业活动中的广泛应用，形成了以用户为核心的、线上线下相结合的 O2O 营销服务模式，从而彻底地改变了市场营销的格局。

8.2 竞争战略与利基战略

8.2.1 竞争战略下的市场营销

在工业化时代，企业营销成功的法则是企业必须建立起特有的市场竞争优势。那么，那

些大企业、大品牌、大众市场的竞争优势是如何形成的？著名管理学大师迈克尔·波特提出了三大竞争战略，包括成本领先战略、差异化战略和专业化战略，如图 8-1 所示。

1. 成本领先战略

这一战略要求企业必须建立起高效、规模化的生产设施，全力以赴地降低成本，严格控制生产成本、管理费用，以及研发、服务、推销、广告等方面的费用。为了达到这些目标，企业需要在管理方面对成本给予高度重视，确保总成本低于竞争对手。

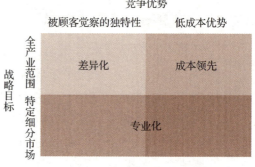

图 8-1 迈克尔·波特的三大竞争战略

2. 差异化战略

这一战略要求企业实现产品或服务的差异化，从而创造出一些在全产业范围中具有独特性的东西。实现差异化战略的方式包括：设计名牌形象，保持技术、性能特点，以及创造顾客服务、商业网络及其他方面的独特性，等等。

3. 专业化战略

专业化战略又称目标集聚战略、集中化战略，针对的是某个特殊的顾客群、某产品线的一个细分区域或某一地区市场。业务实现专一化，公司就能够以更高的效率、更好的效果为某一狭窄的目标对象服务，从而超过在较广阔的范围内竞争的对手。

工业化时代，在"规模经济"商业思维和波特竞争战略理论的指引下，许多企业创造出了非常辉煌的经济效益，涉及的典型行业有工业加工与制造、钢铁水泥、能源化工、服装制作、农业生产、日用品生产，等等。

8.2.2 利基战略下的市场营销

1. 什么是利基市场营销

（1）在大企业林立的情况下，中小企业如何建立自己的竞争优势并进行市场营销？或者说小企业、小品牌、小众市场何以立足？答案是中小企业要实施利基市场营销。

"利基"一词是英文"niche"的音译，有查漏补缺或见缝插针的意思。著名营销大师菲利普·科特勒在《营销管理》中给"利基"一词下的定义为：利基是更窄地确定某些群体，这是一个小市场并且它的需要没有得到充分满足，或者说它有获取利益的基础。

图片来源：360 图片

（2）利基市场营销又被称为"缝隙营销""补缺营销"或"狭缝市场营销"，是指企业为避免在市场上与强大竞争对手发生正面冲突，而采取的一种利用营销者自身特有的条件，选择出于各种原因被强大企业忽视的小块市场即"利基市场"或"补缺基点"作为其专门的服务对象,对该市场的各种实际需求全力予以满足,以达到牢固占领该市场的目的的一种营销策略。

(3)利基市场营销是与大众市场营销相对的概念。在普通大众眼里,利基市场多是名不见经传、默默无闻的,不像后者,由于有巨大需求的支撑,因此时常表现得轰轰烈烈、蔚为大观。尽管表面上并不引人瞩目,但利基营销却无可争辩地成为真正适用于中小企业,特别是我国中小企业成长的市场营销策略。

2. 中外企业的利基市场营销

国内外的中小企业在利基市场营销方面都已经有许多成功案例,它们在"狭窄的"产品市场中创造出了巨大的经济效益,成为本国乃至世界上的"隐形冠军"。以下是相关案例。

◆ 案例

中国企业的利基市场营销

中国的万向集团在全球万向节行业的产量和销量均居第一。比亚迪公司的手机电池占全球市场份额的72%。格兰仕集团拥有全球微波炉市场35%左右的份额。聚龙公司聚焦于日常生活用品指甲钳,在2015年时其销售收入就已达到2.9亿元,占据中国市场份额的65%,成为中国第一,世界第三。聚龙集团还参与起草制定了"中国指甲钳行业标准"。赛维公司则在短短三年内成为世界最大的太阳能硅片供应商。

◆ 案例

外国企业的利基市场营销

瑞士的罗技公司在40余年中专注于研发、制造电脑键盘与鼠标。德国的路德(RUD)公司100多年来致力于链条及其组件制造技术的不断创新,RUD商标是全球公认的圆环链质量标志。巴马格(Barmag)公司100多年来专注于研发和制造纺织机械中的卷绕头、纺丝泵,领先于同行企业,在世界市场的占有率约为40%。日本的YKK公司自1934年成立以来,一直专注于拉链的制造,通过建立规模经济、垂直结合、关注专利技术等多种战略行动,建造了坚固的竞争壁垒,夺取并且保持全球拉链业的冠军地位。

8.2.3 中小企业的特色营销

在饮食、文化和服务等行业中,中小企业唯有发挥特色营销的优势,才能在市场竞争中立于不败之地。以下是相关案例。

◆ 案例

中国白酒小企业的特色营销

在中国,酒、茶、饮食行业的产品推广,常常依靠历史文化与品牌服务进行特色营销。

比如，中国白酒著名品牌有茅台、五粮液、舍得、西凤酒、汾酒等，它们除了采用价格差异营销外，还依靠文化传承、品质保证和商业模式重构等做推广。

尽管中国白酒品牌多达数千种，有些地方性小企业仍能很好地生存。陕西有个地方性白酒品牌叫"老榆林"。企业的特色营销广告和商业模式是"喝老榆林酒，送陕北民歌"，通过将陕北文化风情与特色饮食消费相结合，这家小企业的市场营销成绩斐然，经济效益显著。

图片来源：360图片

◆ 案例

外国餐饮连锁店的特色营销

1998年，美国咖啡连锁公司星巴克进入中国市场。尽管星巴克的咖啡品质良好，但是，中国的大多数消费者习惯喝茶。许多消费者到星巴克可能不是去品尝咖啡的，而是去购买它的"人性化"休闲环境，或者去享受它的网络服务。

德国餐饮品牌普拉纳（Paulanne）进入中国市场有20余年，其餐饮服务得到了许多中国消费者的青睐，也取得了很好的经济效益。其重要卖点如下：第一，德国风味的主菜品（烤香肠、烤猪肘等）要搭配黄、黑扎啤，确保多数中国消费者能够适应并喜欢其餐饮口味；第二，从餐馆装修布局到用具、餐具，都洋溢着原汁原味的德国地方风情，是一个理想的体现西方文化的交流和就餐场所；第三，在消费体验方面，顾客可以穿着休闲服装，得体、轻松地享受高端、大气、性价比高的德国美食；第四，在普拉纳餐馆的引流与营销方面，餐馆中演奏西洋音乐，依靠具有地方特色的民族服装和民族舞蹈吸引消费者。

◆ 案例

佩珀公司的特色营销和百年生存之道

可口可乐公司和百事可乐公司是世界公认的两大饮料行业巨头。在这两个超级公司屹立于世界的百年中，还有一家小公司佩珀（Pepper），与它们展开了激烈的市场竞争，不仅活下来，而且创造出辉煌的公司业绩。

"蚊子可以打败狮子"，市场既然存在缝隙，小公司就有机会创造自己的市场份额，以及获得天时、地利、人和等资源。

1. 背景分析

（1）佩珀的名称音译自原文"Pepper"，本意指"胡椒"，其实公司与"胡椒"毫无关系。该公司的特色产品名叫"佩珀医生饮料"，最早于1885年由一位药剂师配制而成。据说这位药剂师当时的老板名叫莫里森，在得克萨斯州经营药品。此人钟情于佩珀医生的女儿，为了讨好希望中的岳父大人，就用他的名字命名刚刚研制出来的新饮料。可惜那位医生并不喜欢这个年轻人，求婚计划告吹，但产品名称则沿用下来了。佩珀饮料如图8-2所示。

（2）美国饮料行业约有800种产品，其中可口可乐排名第一，百事可乐排名第二，占领着大众市场。佩珀是个小公司，当时实现了年营收额约5.5亿美元、税后净利6 000万美元左右，在1969年拓宽市场后，享有美国饮料行业5.1%的市场份额。但在该公司的其他产品中，无糖饮料占市场总销售额的1%，"无糖无胡椒饮料"占0.1%，"无胡椒饮料"也占0.1%。

2. 营销策略

（1）怎么办——没有营销主题下的无奈。1927年，公司改变了广告主题，由广告专家厄尔·拉西（Earle Lacy）根据沃尔特·埃迪教授写的一本书《流质便餐》设计出广告语，"半上午和半下午应该吃点、喝点"，因为这些时间段人体中血糖含量最低，需要补充养分。这一主题及其理由说服力强，市场反应不错。但无论是直销还是推销，公司一直为"如何向人们描述产品的口感或味道"犯愁。

图8-2 佩珀饮料
图片来源：360百科

（2）我是谁——重塑自我打开局面。1969年，公司将自己的广告业务全部交给了杨-鲁比卡姆广告公司。这家广告公司接手业务后进行了调查研究，决定抛弃佩珀公司80多年来一直宣传的所有形象和主题，另外设计并推出一套新主题与新形象。这家广告公司制定了长期策略，为佩珀公司产品设计的第一阶段宣传主题是"这是美国最受误会的软饮料"。

（3）尝了再说——树立目标顾客的信心。第二阶段的宣传主题是"与众不同"，目标在于让人们感知到"佩珀医生饮料"与所有其他同类产品"完全不同"。同时，引导消费者尝试和体验，强调"试过之后你就会爱上那种与众不同"。

（4）大众宣传。到了1977年，广告宣传的重点对象瞄准13～30岁的青年一代。广告内容比较简单，广告曲的制作也不再复杂，由扮演成"胡椒"形象的年轻人亲自演唱，没有另外聘人配音。随着广告宣传的持久深入，公司的销售额直线上升。心理学图示研究结果表明，倾心于"佩珀医生饮料"的顾客，往往属于有主见、不肯随波逐流的类型。电视和广播广告的目标受众主要还是青少年，他们喜欢的对象一是要生动有趣，二是要反叛传统。

3. 市场分析

（1）竞争对手分析。在美国软饮料市场上，可口可乐公司和百事可乐公司一直雄居第一、第二位。这两大公司的各类产品、品牌早已享誉世界，口感特色很鲜明，再加上资金雄厚，用于广告宣传的资金远远多于佩珀公司，因此大众市场竞争激烈。

（2）产品分析。在口味方面："佩珀医生饮料"口味独特，许多品尝这种饮料的人声称，其中最重要的味道是樱桃味，另有不少人认为他们尝出了梅干和洋李脯味。在包装方面：佩珀公司的饮料包装强调便于携带，以便年轻人带到家庭以外的地方饮用。

（3）消费者分析。"佩珀医生饮料"的顾客与其他饮料公司的顾客有不同的特点。他们往往是不随波逐流、有较强个性的一类人，不会因别人的口味而改变，而是喜欢口味自成一格的佩珀公司产品。

4. 市场定位

（1）目标市场。从 1969 年起，佩珀公司的经营目标一直是面向全国、重点发展。经营或销售发展首先瞄准得克萨斯州和加利福尼亚州这两个大州，其次便是整个"阳光地带"，即美国南部地区。

（2）目标顾客。目标顾客为青少年消费群体，尤其是具有较强自我意识的消费人群。

5. 特色营销

（1）在广告宣传上，强调自己的"与众不同"。广告主题采用"全世界最有特色的软饮料""坚持饮用这一特色饮料"等突出自己特色的口号来表述。

（2）在形象策略上，佩珀公司希望营造的公共形象是，让所有有主见的而又不愿再喝传统可乐类饮料的美国人喜欢。

（3）在不同的发展阶段，采用不同的营销和宣传方式，逐步深入吸引自己的目标顾客，巩固与完善自己的品牌和企业形象。

图片来源：360 图片

6. 产品名称

在产品名称方面，公司强调以下几种特性。独特性：名称能立即将本公司同竞争者区分开来。恰当性：名称要表达产品的特点或优点，同时不能产生歧义。可记性：名称要易于理解、使用和记忆。灵活性：名称要能适应组织方面不可避免的策略调整，不应限制公司的业务范围。

资料来源：https://zhuanlan.zhihu.com/p/466455535。

8.3 互联网平台与新媒体营销

8.3.1 市场营销环境的巨变

2012 年后，我国企业从大规模、同质化的生产与销售转向关注消费需求的个性化、差异化，消费者需要的产品体现为个性化、高品质、低价格，这对于传统的企业提出了挑战。在传统企业的生产和销售模式下，只有实现"规模经济"的企业才可能降低成本、获得盈利，而"范围经济"即多品种、小批量生产模式导致高成本、无利润。比如，一家制造衬衫的公司，可以接受一次几百件以上的生产和定制，但是，由于制造成本高而难以接受一件衬衫的定制，即个性化定制。

新的商业运作模式下，企业可以通过平台战略和大数据分析，即运用互联网技术将用户、产品、营销（平台）形成"三位一体"，整合分散的个性化消费需求，使之形成生产和销售商家可接受的规模。这种变化适合于农业生产、工业制造、金融、健康和生活服务等行业，其典型的商业运营模式是 O2O 营销模式。

8.3.2 O2O 营销模式及案例分析

如图 8-3 所示,O2O 营销模式是指线上营销、线上购买带动线下经营和线下消费的模式。在这种模式中,O2O 应用通过打折、提供信息、服务预订等方式,把线下商家的消息推送给互联网用户,再使之转换为商家的线下客户。简单地说:这是一种线上预订、线下体验的模式。这种模式特别适合必须到店消费的商品和服务,比如餐饮、健身、看电影和演出、美容美发等。2013 年之后,O2O 营销模式正式步入了本地化进程。目前许多互联网平台如支付宝、京东、大众点评、携程网等均采用这种模式。在互联网时代,O2O 模式之所以能够立足,最重要的是三方面的利益驱动关系。

图 8-3 O2O 营销模式应用框架

1. O2O 模式对用户

对用户来说,主要有以下利益:①获取更丰富、更全面的商家及其服务相关的信息,如更加便捷地向商家在线咨询并进行订购;②获得相比线下直接消费更为便宜的价格。

2. O2O 模式对商家

对商家来说,主要有以下利益:①能够获得更多的宣传和展示机会,吸引更多新客户到店消费;②推广效果可查、每笔交易可跟踪;③掌握客户数据,大大提升对老客户的维护与营销效果;④通过与客户的沟通、释疑,更好地了解客户心理;⑤通过在线有效预订等方式,合理安排经营,节约成本;⑥对拉动新品、新店的消费来说更加快捷;⑦降低线下实体对黄金地段旺铺的依赖,大大减少租金支出。

3. O2O 模式对平台

对平台来说,主要有以下利益:①与用户日常生活息息相关,并能给用户带来便捷、优惠、消费保障等,能吸引大量的高黏性用户;②对商家有强大的推广作用,推广效果可衡量,可吸引大量的线下生活服务商家加入;③使平台获得数倍于 C2C、B2C 的现金流;④创造巨大的广告收入空间及形成规模后更多的盈利模式。如何能够使用户、产品与平台的三方利益分配机制持续稳定?关键是在满足用户对个性化、低价格、高品质服务的需求的前提下,供货企业和平台公司都有利可图。

案例

"E 袋洗"洗衣店

传统的洗衣店是按件计算来计价收费的,而"E 袋洗"是按照洗衣店准备好的"标准规格"的洗衣袋大小而计价收费的。比如,用户尽可能将要洗涤的衣服装满或者"超满"这个"标准规格"的袋子,公司派人去用户家里收取衣服时,当面封好洗衣袋并与用户相互加上微信。洗衣开始前，公司要查验衣服是否有破损；假如衣服真的有破损，公司直接用微信图片的方式与用户沟通，从而避免了事后商家与顾客的矛盾冲突。

评价与启示：①按袋计价，尽量装满，使顾客获得超值的服务体验，而对公司而言，一台洗衣机运转一次，洗一件和洗一桶衣服的成本，在分摊了房租、水电、人工、材料等成本之后，实际相差不大；②提供贴心的上门接送货服务，公司员工与顾客相互加上微信，利用线上平台进行沟通，节省时间、减少矛盾，也提高了服务效率；③这是典型的O2O模式，提供了用户需要的个性化、低价格和高品质的服务体验。

案例

"河狸家"美甲连锁服务平台

顾客可以通过微信或其他工具在"河狸家"的网站上完成具体应用服务选择和线上交易，然后，到线下的实体店体验服务；或者通过网上的服务预约，让"手艺人上门服务"。

"河狸家"的突出特点是重视员工培训，员工个个都是美容师，既有服务的专项技能，又能够掌握并提供全套美容服务。通过提供"一站式解决问题的服务"，使得用户花一项专项服务的钱，而得到的是全面的美容服务。公司在成本可接受的范围内，尽量让用户去"占便宜"，或者让用户得到超值的服务体验。

从生活到生产，O2O平台交易模式无处不在！例如，传统的古玩、艺术品、玉器等，其历史文化价值大小、市场稀缺程度如何是不确定的，在过去信息不对称的时代，对消费者来说购买的风险较大，往往是"有价无市"。互联网打破了供需双方信息不对称的局面，颠覆了传统的古玩、艺术品、玉器和其他稀缺物品的销售方式和商业模式。

有人想要收购或抛售二手古玩时，却找不到有效渠道。美国的eBay（易趣网）发现了这个商机，让买卖双方直接在网上进行交易，交易价格由市场供求决定，而eBay从中赚取的是服务费。其网站还开发了产品信息框架和信誉评比等功能，成为当今世界最大的C2C（消费者对消费者）的电子商务平台。

近几年来，越来越多的互联网公司像eBay一样，将传统的线下古玩、艺术品的消费者和交易商吸引到线上平台进行交易，从而极大地颠覆了传统的线下拍卖、购买模式，这正是目前不少线下门店门可罗雀的原因。

8.3.3 社会化媒体营销

社会化媒体营销是利用社会化网络、在线社区或者其他互联网协作平台媒体来进行营销，是公共关系和客户服务、维护、开拓的一种方式。其又称社会媒体营销、社交媒体营销、大众弱关系营销。在网络营销中，社会化媒体主要是指一个具有网络性质的综合站点，它的内容是由用户自愿提供的，而不是通过直接的雇佣关系。社会化媒体传播工具和营销平台包括博客、微博、微信、抖音等，尽管各种社会化媒体营销方式并存，但是，它们也在不断地竞争、淘汰和进化之中。

1. 直播现象

直播在突然之间崛起，而且似乎每一个网站，包括传统的电商、社交网络平台，不论大小都在做直播。例如，罗振宇的节目《罗辑思维》的口号是"有种、有趣、有料"，倡导独立、理性的思考，凝聚爱智求真、积极上进、自由阳光、人格健全的年轻人。随着知名度大增，罗振宇也在抖音等多个平台上做起直播，内容既包括知识分享、交流，也包括"带货"营销。

2. 网红现象

"网红"是什么？网红通常是指在网络上因某个事件或行为被网民关注而走红的人。网红一夜之间崛起，给整个创业环境、创业方法带来很多的冲击。一个人或者两三个人，动辄就能够创造几百万、几千万的销售额，这不禁让很多群体为之疯狂、追随。

3. "小 V" 现象

当前，博客、微博上出现了无数的"小 V"玩家，无数关心消费、关心时尚、追星、喜欢艺术、喜欢表现自己的人，以及有各类才艺的人，在微博上非常活跃。2024 年 3 月 14 日，微博发布了 2023 年全年财报，显示出强劲的业绩表现。在用户方面，截至 2023 年四季度末，微博月活跃用户达到 5.98 亿，同比净增约 1 100 万，日活跃用户达到 2.57 亿，同比净增约 500 万。许多人开设一个微博账号后，不仅获得了知名度，还开始带货售卖产品。整个微博逐渐成为"新经济"的一个聚集体。

4. 眼球经济现象

"眼球经济"是指依靠吸引公众注意力来获取经济收益的一种经济活动，在现代强大的媒体社会的推波助澜之下，眼球经济比以往任何一个时候都要活跃。随着互联网的发展，公众之间的交流壁垒越来越薄，这使得信息的传播远快于以往，人们更容易博得别人的关注，一种通过"抓取眼球"来提高销量的经济活动由此发展壮大。眼球经济也导致了当今网络平台"流量为王"的风气，造就了许多"一夜暴富"的事例。例如，"三只松鼠"通过产品品质和个性化服务营销，用了短短 7 年的时间，创造出一个百亿级的上市公司。

吸引眼球的社会化媒体营销载体包括抖音、快手等平台，以及各种"蹭热点"的微博账号、微信公众号，也包括"头条系"的几大应用。各式各样的"独角兽"企业，如拼多多，以自己的营销模式与淘宝、京东形成竞争，而盒马鲜生则以自己的营销服务反击所有行业对手。

吸引眼球的社会化媒体营销一般包括定位（position）、关联（paralell）、趣味（pleasure）、传播（push）、参与（play）、转化（promote），综合运用这 6 点的营销方法也被称为 6P 方法论，如图 8-4 所示。

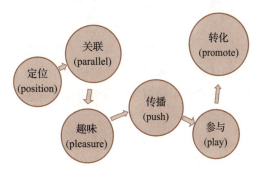

图 8-4 6P 方法论

资料来源：肖大侠. 超级话题：如何让你的营销像病毒一样传播［M］. 北京：中信出版社，2020.

8.4 创业营销的策略和手段

在数智时代,尽管市场营销的格局发生了剧烈的变化,但是,做好产品、挖掘用户、增强用户黏性以及满足用户的需求仍然是企业生存的根本。当前营销要素变得多种多样,如图8-5所示。

8.4.1 创业营销的关键环节

(1) 明确市场定位。对于创业公司来说,在做营销计划之前,对自己的市场必须摸清楚,明确产品适合面向哪一类人群推广,这样才能够将产品更快地推向市场。

(2) 能够吸睛。既然是创业公司,那么产品必然也是市场上"没有"的,要想快速抢占市场,就必须快速吸引客户的眼

图 8-5 营销要素多样
图片来源:作者整理

球,这样才能够让产品推广的速度加快。通常来说,在产品包装上面必须要下功夫。

(3) 精选渠道猛推。对于一些精选的产品渠道,一定要定时、定点加强推广,这样才能够在有限的时间内实现最快的传播速度。

(4) 多渠道优势整合。对于日常的一些推广渠道,一定要多注意积累,这样通过多渠道的优势整合,以图片、视频、文字等不同形式的信息"轰炸",达到最佳的推广效果。

(5) 线下活动助力。如果你的产品也很适合在线下推广,那么在前期就应该多做一些线下的互动活动,通过粉丝裂变式推广方式,帮助产品快速进入市场。初创公司对市场营销计划必须非常重视,因为现在品牌形象对于一个企业的稳定发展是非常重要的,讲究一定的营销策略才能够帮助企业更快地稳住根基。

8.4.2 创业营销的手段与技巧

(1) 价值营销。"无价值,不营销。"营销本身就是一个创造价值的过程,如果创造不了价值的话,那还有必要营销吗?我们所谓的营销并不是营销产品,而是营销对顾客的价值。那些懂得将产品对顾客的价值挖掘、提炼出来,并且清晰简明地展现给顾客的营销人,才是厉害的营销人;而那些还可以在营销中创造额外价值的营销人,是更加厉害的营销人。

(2) 特惠营销。让顾客"占便宜",而非让企业"卖便宜"。创业企业能提供绝佳品质和舒适体验,让顾客觉得物超所值,像捡了个大便宜,价格再贵顾客也乐意追捧,这是人性使然。很多人不是因为产品价格便宜才买,而是因为感到实惠,苹果公司制造、销售手机时就深谙此道。

(3) 文化营销。那些不仅仅出售有形的商品,也深入挖掘和出售商品的文化内涵、文化价值的营销人是营销高手。在我国,酒、茶、中药、饮食、旅游等产品和相关产业离不开文化营销,在这一方面,茅台、孔府家、脑白金的营销案例都很经典。

(4) 信任营销。"无信任,不营销。"信任重于黄金。营销首先是营销自己,产品代表的

也是人品，让自己和自己的产品值得信赖，是营销的哲学。

（5）情感营销。人是情感动物。那些善于营销的人，往往是情感营销的高手。尤其是在移动互联网时代，"粉丝经济"大行其道，基于价值、信任而形成的情感黏性比很多东西都重要，是营销的制胜法宝。

（6）微简营销。在移动互联网时代，人们每天面对大量的信息，而每个人的时间和注意力都是有限的。微、短、简练，让人一眼就认可和喜欢至关重要。那些能用比较短的语言、简单的图像来进行营销的人，是营销高手。

（7）合作营销。移动互联网时代为资源整合提供了良好的条件，资源整合的速度大大加快。单打独斗的时代已经过去了，资源整合与共享是潮流。联合多方资源来合作营销，是营销的一条捷径。

（8）饥饿营销。"得不到的是最想要的。"饥饿营销又叫短缺营销，如果货物短缺，那么很多顾客都想着赶快将其买下。小米的预售就是短缺营销的经典案例之一。

（9）血汗营销。世界上真的有这么多天才吗？不是的！那些所谓的营销天才都是通过担当、努力、付出才练就的。想成为营销高手就必须在营销上多学习、多实践、多付出。唯有用付出血汗的真实努力，才可能成就营销的伟业。

（10）"没有营销"。营销的最高境界是没有营销，心中无营销却时刻在营销。做好人、做好产品和服务，努力为他人创造价值，这才是最高境界的营销。

8.4.3 创业营销的误区

如今，各种传播方式、营销方式使人眼花缭乱，也使许多的初创公司迷失了方向，在市场营销过程中陷入误区。以下是创业营销的几类常见误区。

1. 过分依赖传统媒体的营销

在产品发布战略里面，初创公司需要公共媒体和公共关系渠道的宣传，但是不要过分依赖于新闻媒体的报道去销售自己的产品。事实上，对于初创公司而言，新闻报道最大的价值可能在于让许多人觉察到你的公司做什么产品，但是，真正吸引用户参与、体验，最终去尝试使用你的产品，还是一个很难的过程。过分依靠新闻宣传、广而告之的传统媒体营销方式，付出的时间成本和费用较高，效果也不一定好。

2. 吸引用户眼球的营销考虑太少

创业公司可以把全部营销预算都砸在付费广告上，这么做太容易了。但是，消费者越来越讨厌付费广告的老套模式。不管你要进入的是什么行业，要知道，都会有许多竞争对手存在，能比你花更多的钱去获取关注度。了解到这一点之后，你可以尝试一些其他方式，比如你可以使用如抖音、快手等短视频平台，用智慧创造内容，用低费用、低风险的方式赢得用户的关注度。

3. 重视"交流营销"而忽视执行营销

绝大多数企业创始人都是理想主义者，他们想要和地球上每一个专家交流自己的市场营销战略,做了许多纸上谈兵的事。你应该把时间和精力用在尝试不同的营销策略、技巧上面,比如,微信营销、整合资源、与互补公司进行联合营销、视频和社交媒体促销,等等。如果一时看不到成效,不要轻易放弃。用户数量的积累需要时间,用户的购买需要他们对你本人和公司产品产生信任。

4. 寄希望于"病毒式营销"

绝大多数尝试病毒式营销的视频广告其实都以失败告终。你不应该尝试去制作一个视频,里面都是些装模作样、讽刺挖苦的内容,然后就寄希望于它可以呈"病毒式"推广开来。你要把自己的时间和精力用在开发好的内容上面,这样才会有更多人愿意分享,当然,你的产品和服务要过硬。

对于创业营销,我们可以"说一千,道一万",而根本的东西是你的产品和服务是否过硬。用户花钱是为了购买解决问题的办法,而用户是否相信你和你的产品以及服务能够帮助它解决问题,这才是关键点,因此,信任才能产生购买,服务就是最好的营销。

8.5 创业网络营销与策划

8.5.1 创业网络营销是什么

创业网络营销由创业内容的网络营销(产品-服务-体验-创意)和创业项目的网络营销(商业计划-讲故事-项目路演)构成(见图8-6)。

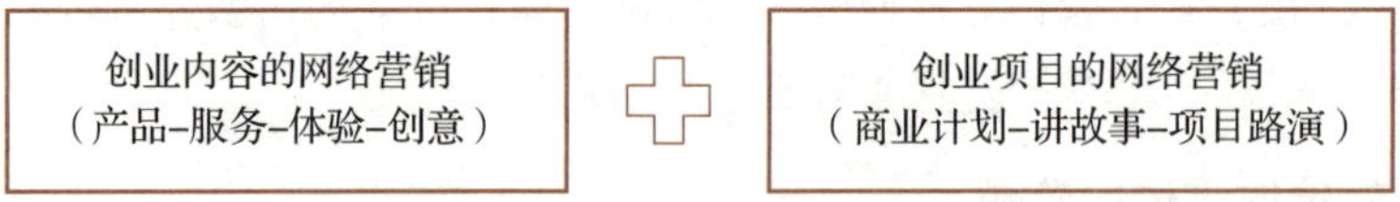

图 8-6 创业网络营销的构成

创业阶段的营销与传统营销并无本质差异。但是,一是创业阶段企业在产品、价格、渠道等方面存在不确定性;二是在互联网平台兴起的情境下,创业企业需要更重视网络营销问题,因此我们对创业网络营销进行单独讲述。

创业网络营销是指在创业阶段就通过网络途径进行营销。创业网络营销主要包括创业内容的网络营销和创业项目的网络营销。创业内容的网络营销围绕产品、服务、体验和创意进行;创业项目的网络营销则围绕商业计划进行,目的是讲好商业故事,做好项目路演。

◆ **案例**

小米手机的网络营销

小米在创业阶段通过网络营销创造了行业销售奇迹。从2010年小米公司成立,到2011年小米手机首次在线发售,小米手机通过网络营销,向消费者传递小米"为发烧而生"的产品理念,通过发烧友对产品苛刻、极致的追求,传达小米手机的创新性、高品质。因此,在小米手机首次在线发售时,网友已经对小米手机的产品性能、品牌理念和价值有了一定了解，通过饥饿营销的方式更加激发了网友对于小米手机的好奇和使用欲望。

随着微博的出现和用户基数不断增加，微博成为小米除官方商城之外的一个重要网络营销渠道。小米手机在微博上通过各种促销和创意活动增加与网友的互动，提高其知名度。小米手机创始人雷军俨然已经成为小米手机的代言人。小米通过有影响力的微博"大V"、小米官方微博和"米粉"群体，形成了涵盖多层用户的小米营销网络。

8.5.2 创业网络营销环境的剧变

2011年，营销领域出现了风靡全球的SoLoMo概念，SoLoMo是由"social"（社交的）、"local"（本地的）、"mobile"（移动的）三个单词的前两个字母组合而成的，基于SoLoMo的营销模式被公认为互联网营销的发展趋势。之后，互联网营销在SoLoMo的基础上又进行了升级。

1. 网络营销环境剧变的四个维度

如图8-7所示，网络营销环境的剧变主要体现在网络的时间、空间、内容、受众四个方面。

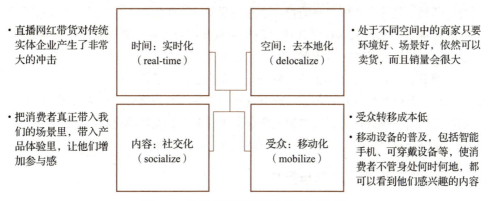

图8-7 网络营销环境剧变的主要体现

（1）随着物联网、5G通信等新技术的不断完善，基于流媒体、数字技术的直播实时性增强，消费者能够与企业实时、同步共享信息，而且VR（虚拟现实技术）、4K超高清画质为消费者进行场景还原，打造了超现实的临场感体验。

（2）随着互联网空间中平台和内容的无限制增长，网络用户可选择的网络平台和应用越来越多，不再局限于本地化交易。与此同时，媒介多渠道提供信息的能力不断增强，导致传递的内容多以片段化和小单元的形式呈现，学术界将其称为碎片化。

（3）互联网受众的转移成本较低，他们能够从多个网络平台或应用中找到满足其自我需要、兴趣爱好、社交需要的平台或应用，一旦平台或应用不能捕捉用户需要、满足用户需求，平台或应用则面临用户流失问题。同时，消费者不管身处何时何地，借助移动设备都可以看到他感兴趣的内容。

（4）网络营销的内容也从以往的自嗨式、自卖自夸式信息传递转向社交化内容互动，通过增加消费者与网络营销内容之间的互动，增强消费者对信息、产品、服务的体验感。这种社交化的交互体验增加了消费者对营销内容的认同，消费者从旁观者转化为参与者，从参与过程中感知到其与产品、服务、品牌的一致性和同一性,将自己视为产品、服务或品牌的粉丝或拥护者,进而成为营销网络中一个传播节点。

2. 直播平台的迅猛发展

(1)实时化、去本地化、移动化、社交化的网络营销环境促进了短视频和直播平台的发展。通过直播,网络主播聚集了大量活跃用户,借助网络主播的使用、宣传、推广,创业企业能够快速接触大量消费者,将产品、服务、创意传递给消费者。头部直播网红的带货能力不容小觑,会对传统企业产生很大冲击。

图片来源:360 图片

(2)网络直播为创业企业网络营销提供了捷径,但是这种营销方式存在一个问题,不能进行可持续营销。创业企业建立与消费者之间的联结后,还需要通过持续的互动来发展、巩固与消费者之间的关系,从而让潜在用户转化为直接用户。有些企业通过"明星超话"、社会话题引发企业与消费者之间的社交互动,增加消费者认同感。

(3)网络营销的移动化变革主要给创业企业带来了两个挑战:一是创业企业需要进行精确的市场分析,确定目标客户特征,从而有选择地选取一些网络营销渠道或媒介,以最低的网络营销成本锁定目标客户群;二是创业企业如果是基于利基市场进行营销的,则需要关注网络中的长尾部分用户,借助多个网络营销渠道或媒介向目标客户群进行宣传推广。

8.5.3 创业网络营销的策划与推广

策划和推广是创业网络营销的两个关键环节。

网络营销策划的关键是找到引爆点,企业在塑造引爆点时通常面临两个决策:是"烧钱"还是"烧脑",是造势还是借势。对于众多中小创业企业来说,"烧钱"都是最下策,借势更是可遇不可求。因此,"烧脑"和造势往往成为众多中小创业企业的必选之路。

塑造引爆点的核心是解构人性。要理解消费者行为和心理,发现、满足、创造消费者的欲望和需求。消费者心理相关研究发现,消费者心理现象可以分为消费心理活动过程和个性消费心理特征,其中消费心理活动过程又可分为认知过程、感情过程、意志过程,个性消费心理特征包括兴趣、气质、性格和能力。广告、产品等营销刺激只有被消费者感知到才会对其行为产生影响。消费者形成何种感知,取决于感知对象,同时又与感知时的情境和消费者先前的知识与经验密切相关。

◆ 案例

云南白药牙膏的引爆点塑造

2005 年,云南白药牙膏在中国牙膏市场掀起了一场史无前例的营销风暴。早在 2006 年底,其营收额已飙升至 3 亿元,确立了功能性牙膏的品牌地位。2012 年,销售额超过 12 亿元,一举成为医药产品进军日化领域的成功典范。云南白药牙膏之所以能够以 20 多元的价格与"洋牙膏"竞争并快速打开市场,一个重要原因就是找到了营销引爆点——云南白药品牌的影响力和功能性牙膏的市场定位。

云南白药品牌享誉中外,是我国止血愈伤、消肿止痛、活血化瘀类产品的百年品牌。云南白药牙膏更是借鉴国际先进口腔护理、保健技术研制而成的含云南白药活性成分的口腔护理保健产品。它选用高档软性洁牙磨料和高级润湿剂,膏体细腻,清新爽口,能有效祛除口腔异味,在日常刷牙中即可使牙龈、牙周、牙齿和口腔其他组织得到专业的护理、保健,使口腔更健康、牙齿更牢固,是新一代口腔护理、保健产品。

亲切、值得信赖的民族品牌,搭配稀缺性市场定位,云南白药牙膏凭借品牌与定位的契合性迅速占据了消费者的心智,成功打开了功能性牙膏的高端市场。

推广是网络营销不可忽略的另一个重要环节。恰当的传播渠道能够让网络营销事半功倍。特别是在网络媒介碎片化时代,传播渠道和媒介的选择对于网络营销效果更是至关重要。目前,以微博为代表的社交媒体网络平台、以微信为代表的社交软件以及在线知识分享社区等都是相对低成本、高效率的网络营销渠道。

8.5.4 创业网络营销"三式"

基于上述创业网络营销分析,本书提出了新媒体背景下创业网络营销"三式":唤起情感、引爆情绪、扭转认知(见图 8-8)。

图 8-8 创业网络营销"三式"

1. 网络营销第一式:唤起情感

根据情感的社会性质,可以将情感分为理智感、道德感和美感三种。理智感是智力活动中产生的情感体验(如喜悦、怀疑、惊讶等);道德感是用一定的道德标准去评价自己或他人的思想和言行时产生的情感体验;美感是人的审美需要得到或未得到满足而产生的态度体验。

情感和情绪都包括三个方面:在认知层面上的主观体验、在生理层面上的生理唤醒、在表达层面上的外部行为。情感和情绪具有影响消费者认知、动机、态度、活动效率,以及体力和健康的能力。

案例

电影《战狼 2》的唤醒情感营销

作为一部主旋律商业电影,《战狼 2》以 56.8 亿元票房刷新了华语电影最高票房纪录,堪称主旋律电影中现象级作品。《战狼 2》主打"爱国情怀",高度赞扬国魂、军魂的军旅题材影片恰好在中国人民解放军建军 90 周年前夕燃起了全民的爱国激情。

很多网友观影后自发做"自来水",再次观看,然后推荐给周围的朋友。正是作品的情感唤起作用,让陌生的消费者变成了精神股东。所有人看着《战狼 2》的票房涨到 20 亿元、30 亿元、40 亿元,都觉得很开心,好像自己投资了这部电影一样。

2. 网络营销第二式:引爆情绪

(1)詹姆斯-兰格的情绪外周理论认为,情绪是对机体变化的知觉,机体的生理变化在情绪经验中是第一位的,个体的情绪是直接由生理变化(如神经系统反应、血管扩张)引起的。坎农-巴德的情绪理论认为,情绪的产生主要是丘脑的作用,认为情绪体验和生理变化是同时发生的。阿诺德的"评定-兴奋"说认为,刺激情景导致了大脑皮层的评估,从而产生了情绪。

图片来源:360 图片

(2)根据情绪发生时的强度、速度、持续时间的长短和外部表现,情绪分为心境、激情和应激三种状态。心境是一种微弱、持久的使人的整个精神活动都染上相应色彩的情绪状态;激情是一种强烈的、爆发式的、持续时间短促的情绪状态;应激是出乎意料的紧迫和危险情况所引起的急速而高度紧张的情绪状态。

案例

《啥是佩奇》的引爆情绪营销

病毒式营销的一个典型特点是营销内容能够引发消费者强烈的情绪反应。2019 年初,贺岁短片《啥是佩奇》一经发布,迅速刷屏各大媒体网站、社交平台。《啥是佩奇》解析了现代人在城市化进程中的矛盾与冲突,通过爷孙之间的亲情故事,在春节前夕引爆全民亲情、团圆、团聚的情感共鸣。

《啥是佩奇》之所以能够快速引爆全网,其关键在于戳中了老百姓回家过年的社会痛点,折射出当下的社会焦虑,引起网友的高度认同,从而让受众产生了共鸣。

3. 网络营销第三式:扭转认知

消费者行为绝大部分是后天习得的。通过学习,消费者获得了丰富的知识和经验,提高了对环境的适应能力,其行为也在不断地调整和改变。消费者学习过程的基本要素包括动机、暗示、反应、强化和重复。

学习理论中的认知学习理论认为，学习是个体对整个问题情境进行感知与理解，领悟其中各种条件以及条件与问题之间的关系，并在此基础上产生新的行为的过程。对消费者来说，认知学习就是一个感知刺激、联系刺激和需要、评估可选产品及评价产品是否满足预期的思维过程。

◆ 案例

扭转认知与梦想成真

电影《星际迷航》中有一个词——"现实扭曲力场"，特指外星人通过精神力量建造了新世界。好的营销方案也应该能够达到现实扭曲力场的效果，强力改变认知。如苹果公司前任总裁乔布斯就通过口若悬河的表述、过人的意志力、达到目标的迫切愿望，从而形成现实扭曲力场。

SpaceX 创始人埃隆·马斯克不断向公众传递其野心勃勃的人类殖民火星的梦想。对其提出的星链计划、载人火箭、星际飞船、太空旅行等，很少有人相信一家私营企业能够实现这些"宏大目标"，但是随着 SpaceX 星链计划持续推进、载人"龙飞船"的成功发射，人们开始相信未来太空旅行将像洲际航空一样方便。

埃隆·马斯克带着其野心勃勃的梦想，通过其强大的实践能力和执行力，改变了人们对于太空探索的认知。

其实，不管是唤起情感、引爆情绪还是扭转认知，创业网络营销的核心仍在于理解技术、洞悉人性。理解技术，就是根据创业企业的实际情况选择合适的营销渠道和媒介，使信息更快、更好地触达消费者；洞悉人性，就是准确把握消费者行为、情绪、情感、态度上的需求和变化，找准痛点、泪点、笑点，使创业网络营销内容深入消费者内心。

◆ 随堂讨论题

1. 说明传统市场营销与网络营销的联系和区别，描述互联网时代的 O2O 营销模式。
2. 什么是利基市场营销？它有什么特点？
3. 美国星巴克咖啡公司等外国公司靠什么营销策略成功进入中国市场？
4. 举例说明创业营销的策略和手段。

◆ 单元作业题

1. 讨论：如何理解"服务即营销，信任产生购买"？
2. 讨论：假如创办一家新公司，你能否提交一项网络营销策划与推广的方案？

模块 9
MODULE 9

创业机遇

☐ 内容提要

没有机遇的创业难以成功！而创业者就是"寻找变化，并积极反应，把它当作机会充分利用起来的人"。本章讲述：创业机遇的基本来源，为什么说变化和创新是核心机遇、机遇识别与商机能力、大数据商业价值与创业机遇，以及创业特殊机遇和现实机遇。

9.1 创业机遇的基本来源

9.1.1 问题

创业的根本目的是满足顾客需求。而顾客需求在没有得到满足时，既是个问题，也是机遇。因此，寻找创业机遇的一个重要途径就是善于发现自己和他人在需求方面的问题或在生活中的难处。

◆ 案例

五笔字型与王码公司创业

作为五千年中华文明瑰宝的汉字，在信息时代遇到了历史性的挑战。如果汉字无法进入 26 个键位的现代电子计算机，就难以适应信息时代，那么就可能存在被淘汰的危险。20 世纪 70 年代初，名不见经传的青年王永民决心在茫茫的汉字汪洋中奋勇开拓。

1983 年，"五笔字型"终于突破了汉字数化的"瓶颈"，在国内引起轰动，被新华社评价为不亚于活字印刷术的伟大发明。1998 年，王永民推出 98 版五笔字型输入法，提出了世界上第一个汉字键盘输入的全面解决方案，获得了中、美、英三国专利，王永民被誉为"把中国带入信息时代的人"。

1998年,王永民创办了王码公司,经营"五笔字型"汉卡。"五笔字型"汉卡给王永民带来了可观的经济效益,在那个年代,王码公司一年的纯利润就已经达到上千万元。

9.1.2 变化

创业机会基于市场环境、市场需求、市场结构等方面的必然变化。著名管理大师彼得·德鲁克认为创业者是"寻找变化,并积极反应,把它当作机会充分利用起来的人"。

智慧故事

两厘米的商机

2001年7月,国内外媒体开始报道欧元即将于2002年元旦流通的消息。这个消息对中国大多数人来说仅仅是新闻,但对于海宁的一位企业家而言却意味着商机。通过研究,他发现新版的纸币比原先的欧洲纸币长了两厘米。

正是这小小的两厘米,将导致原来的钱包装不下新版纸币。他马上和欧洲商人联系,立刻按照新尺寸做了1万个钱包,结果大受欢迎。后来,他的钱包每天的产量超过1万个,仍无法满足市场需求。

创业机会大都产生于不断变化的商业环境,环境变化了,市场需求、市场结构必然发生变化。这种变化主要基于产业结构变动、消费结构变动、城市化加速、人们的思想观念变化、政策变化、人口结构变化、居民收入水平变化、全球化趋势变化,等等。比如随着居民收入水平提高,私人轿车的拥有量将不断增加,这就会派生出汽车销售、修理、配件、清洁、装潢、二手车交易等诸多创业机会。

当下,最大的变化是数字化、智能化带来的环境变化,需要创业者有强大的应变能力。

9.1.3 创新

新知识、新技术的产生,带来了新产品、新服务,更好地满足了顾客需求,同时也带来了创业机会。在人类社会发展史上,每次重大的发明创造都能引起产业结构的重大变革,产生无数的创业机会。即使你不会发明,但只要能跟上时代的步伐,成为销售和推广新产品、新服务或新技术的人,也会遇到无限商机。

新知识、新技术的出现改变了企业间的竞争手段和模式,也使得拥有新知识、新技术的人成功地发现和利用机会的能力大大提高,从而使得创业机会激增。

图片来源:360图片

📖 案例

3D 打印——未来的桌面工厂

在《创客：新工业革命》（作者：克里斯·安德森）中描述了这样一幕：在不久的将来，身在上海的你点击计算机屏幕上的一个"制造"图标，远在重庆某个车间里的一台 3D 打印机就会为你"打印"出一台最新款的福特汽车。现在，这一切均可能变成现实。

2012 年，《连线》杂志主编、52 岁的美国人克里斯·安德森"下海"创业、投身 3D 打印市场开发，成为创投行业当月的一大新闻。与工业革命带来庞大工厂的整合一模一样，3D 打印机将工厂整合到你的计算机屏幕上的一个图标中：制造。

（1）打印汽车。16 名来自比利时鲁汶工程联合大学的工程师，组成了名为 Group T 的团队，在 3 周时间内就设计并通过 3D 打印，"生产"出了一辆时速可达 141km 的赛车，参加了学生方程式赛车挑战赛。汽车加速至 100km/h 只需要 4s，最高时速为 141km，重量达 280kg，而且还是电力驱动的。

（2）打印飞机。波音和空客公司的工程师称，未来可以"打印"出飞机的机翼和大飞机本身。波音公司已经利用 3D 打印技术制造了大约 300 种不同的飞机零部件，包括将冷空气导入电子设备的形状复杂的导管。2018 年 4 月，西安铂力特与空客合作的 A330NEO 增材制造零件正式启动，2018 年 8 月底，西安铂力特与空客（北京）签署了 A350 飞机大型精密零件金属 3D 打印协议，2019 年交付了试验件。预计到 2050 年左右，可以用 3D 打印机打印出整架飞机。

9.1.4 竞争

在竞争对手没有好的产品和好的服务的情况下，如果你能够弥补竞争对手的缺陷和不足，这将会给你带来新的创业机会。看看你周围的公司，你能比它们更快、更可靠、更便宜地提供产品或服务吗？你能做得更好吗？若能，你也许就找到了机会。

📖 案例

华为与竞争对手不同的策略

有人讲了他在中国某家外企工作的经历：我们的产品正好和华为的传输设备竞争，大家都鼓足了劲要占领华为、中兴、烽火的市场，认为我们的产品比它们的要好很多——第一个拿到信息产业部[一]颁发的进网许可证，产品价格基本一致，所以没有理由输给华为。

我们的预定目标是区域销售额达到 1 亿元，虽说数字不是很大，但对于一个刚刚成立的公司来说已经是一个非常大的挑战。可惜一年过去了，我们只签了一单 30 多万元的合同，办事处也随之解散。不是我们几个销售员不努力，回头想想，有太多的失败原因。

我后来在一家集成公司工作，以前销售的是 CISCO 的设备，现在已经完全转向销售华为产品，不是因为价格低，更不是设备性能特别优越，我认为当时路由器、交换机还是 CISCO 的最好，其他公司与之有很大差距。众多原先的 CISCO 的金牌、银牌代理商都转而代理华为的产品，是因为代理华为的产品利润丰厚。久而久之，客户认可程度越来越高。很

㊀ 2008 年，根据国务院机构改革方案，组建工业和信息化部，信息产业部的职责整合划入工业和信息化部。

多时候是客户指定了品牌,同时代理商也极力向客户推荐华为产品。我遇到一个 CISCO 设备的销售人员,一脸哭丧地对我说:"我都想辞职了,在哪儿都打不过华为,打什么输什么,投标也投不中,即使低价格也不行!"我终于明白:华为的成功,除了巨额资金投入产品研发和培养起庞大的销售队伍外,最重要的一点是良好的代理商政策,大家利益共享,实现了"得民心者得天下"。

资料来源:《IT时代周刊发文》,"竞争者眼里的华为"。

小米、华为过去并不是最优秀的手机制造商,却赢得了智能手机制造时代强大的市场竞争优势;比亚迪过去并不是最优秀的汽车制造商,却形成了当今新能源汽车制造的强大竞争力。

创业成功的根本是创造出市场认可、用户满意的新产品、新服务,创业者可以做"比其更好"的新产品,建立自己的相对竞争优势;或者做"与众不同"的新产品,建立自己的绝对竞争优势。创业者需要自主创新、降低成本、提高效率,直面"优胜劣汰"的现实,赢得竞争优势,持续创造效益。概括而言:问题、变化、创新、竞争四个方面形成了创业机遇。

9.2 核心机遇:变化和创新

9.2.1 机会来自外部变化

哈佛大学的经济学家约瑟夫·熊彼特认为:真正有价值的创业机会来源于外部变化,这些变化使人们可以做以前没有做过的事情,或使人们能够以更有价值的方式做事。他的追随者明确了三个主要的机会来源:技术变革、政治与体制变革、社会与人口变化。

1. 技术变革

技术变革是有价值创业机会的最重要来源,这些机会使人们创建新企业成为可能。技术创新、创新发明为产品迭代发展提供了可能性,新产品、新服务能够更好地满足顾客需求,也带来了创业机会。技术变革之所以是创业机会的来源,是因为它们使人们能够以新的、更有效率的方式做事。

在发明电子邮件以前,人们通过传真、信件、电话和面对面的会议进行交流。尽管电子邮件不能完全代替其他交流方式,但精明的创业者注意到在某些事情上电子邮件比其他交流方式更好。也就是说,新技术发明使人们能够开发出更有效率的交流方式——电子邮件,因而成为一个有价值的机会来源。

随着计算机的诞生,计算机维修、软件开发、计算机操作的培训、图文制作、信息服务、网上开店等创业机会随之而来,也给新产品销售和推广的创业者带来商机。但是,创新发明存在着商业转化的风险,技术创新和商业化产品之间存在着较大的"鸿沟",需要构建"商业模式",即一种创造价值和从顾客那里捕捉价值的手段。顾客花钱不是为了购买技术,而是为了购买解决问题的方法,顾客只有认可价值,才愿意付钱;否则,顾客不能认可,商业模式就面临失败。创业者应当谨慎而为之!

智慧故事

科学家爱因斯坦的应变和创新

1951年,爱因斯坦在普林斯顿大学教书。一天,他刚结束一场物理专业高级班的考试,正在回办公室的路上。他的助教跟随其后,手里拿着学生的试卷。这个助教小心地问:"您给这个班的学生出的考题与去年一模一样。您怎么能给同一个班连续两年出一样的考题呢?"爱因斯坦却坦然回答:"答案变了!"

这个案例给我们的启示如下:第一,解决一个问题的办法往往不止一个;第二,理论上正确的内容,在实际应用方面可能用不上;第三,即使同一个问题,环境变化了,解决问题的思路和办法也要跟着变。

2. 政治与体制变革

另一个重要的机会来源是政治与体制变革。这些变革使人们能够开发商业创意,从而通过新的方法使用资源,这些方法或者更有效率,或者将财富从一个人重新分配给另一个人。

例如,放松对电信业、银行业、运输业以及铁路系统的管制使现存企业更难以阻止新竞争者的进入,并使创业者可以将更有效率的商业创意引入这些行业。

3. 社会与人口变化

社会与人口变化也是创业机会的重要来源。首先,社会与人口变化改变了人们对产品和服务的需求。由于创业者通过销售顾客需要的产品和服务来赚钱,因而需求的变化就产生了生产新事物的机会。其次,社会与人口变化使人们针对顾客需求所提出的解决方案,比目前能够获得的方案更有效率。

9.2.2 机会来自意想不到的事情

管理学大师彼得·德鲁克在《创业精神与创新》一书中提出:创新是创业家所特有的工具,他们借助这个工具把各种变化开拓成为从事不同事业或服务的机会。创新是可学以致用的知识。创业家需要刻意探索创新的来源,寻找那些孕育着创新的变化。

1. 意想不到的成功

意想不到的成功为成功的创新提供了最理想的机会。这是风险最小而又最省心的创新机会,然而人们却往往忽略这种成功的机会。更糟的是,管理部门对此有时也持抵制态度。

意想不到的成功难以为管理者所接受的原因之一是,很容易把一些持续相当长时间的好光景视为"正常"的,以为它们会"永远"持续下去。任何与此常规相抵触的事物,都会被当作靠不住、不合理的并认为是不合常规的而加以抵制。

大多数组织,不论其规模大小,无论是公共服务性的还是企业性的,其高层管理人员往往都是随着该组织的功能和领域一同成长的。因此,只有在这个领域里,他们才感到得心应手。管理者的判断力是他们立身的根基,但并没有人要求他们永不犯错误。事实上,他们的身价就在于能够认识到并承认他们的错误——尤其是在他们开拓一个新机会的时候。

利用意想不到的成功提供的机会去创新需要分析。意想不到的成功是一种征兆,但究竟是什么征兆？阻碍我们深入分析的关键，莫过于我们自己受自己的眼光、知识和理解力的局限。例如，世界上两家大公司，即杜邦（最大的化学公司）和IBM（计算机产业的巨子），其卓著的成绩应归功于它们主动地把意想不到的成功作为创新机会来开发。

2. 意想不到的失败

与成功不同的是，失败是无法抗拒的，而且很少被忽略。但是难得有人把它看成机会的征兆。当然，有些失败可能仅仅是由于错误，比如过于贪婪、愚蠢、盲目赶潮流，或者是设计和执行不力的结果。但是，如果在精心设计、审慎计划、严密执行的情况下仍然遭到失败的话，这个失败极可能预示着潜在的变化和随之而来的机会。意想不到的失败要求你走出去看一看、听一听，失败应当被看成创新机会的先兆，应当得到认真对待。

创新是有组织、有系统、有理性的工作。严谨的分析（包括测试、试点和评估）必须基于一种洞察力，即能够发现变化、机会和新的现实，发现已被大多数人确信为客观现实的事物与实际上已经变成了新的客观现实的事物两者之间的不协调。这就需要人们心甘情愿地说："我所知道的情况尚不足以分析，但是我会查明情况，我要走出去，四处看看、问问并洗耳恭听。"正因为意想不到的冲击使我们跳出了先入之见、假说和定论的框框，因此才能源源不断创新。

3. 意想不到的外部变化

意想不到的成功或失败，都发生在一个企业或一个产业的内部。但是，那些没有作为信息数据记载，没有引起组织重视的外部变化，也是非常重要的。外部机会频频出现。它的出现会给人们带来大量的契机和希望，尤其是对现有的较具规模的公司而言。但是要把握这些机会，所需要的不仅是运气和直觉，而是企业有组织地去寻求创新，并且以创新为目的去管理。

图片来源：360图片

9.3 机遇识别与商机能力

创业者的原动力是什么？最初，有的学者从"特质论"出发，认为创业者具有异于常人的特殊个性特质，从而成功创业，但这类观点遭到了许多学者的质疑和批评。1979年，纽约大学的柯兹纳（Kirzner）教授首次指出创业是一个机会发现活动，创业者往往对机会保持高度的警觉性，机会发现是创业中至关重要的一个环节。创业机会之所以存在，是因为人们拥有不同的信息。

9.3.1 创业机会源于创意

创业机会识别作为创业活动的初始阶段和核心环节，对于新创企业起步与发展方向至关重要。创业机会源于创意的产生。

案例

迪士尼的卡通创意

当年，年轻的美术设计师迪士尼因为经济拮据，与太太租住在一间破陋的屋子里。无论白天黑夜，都有成群结队的老鼠在房间里上蹿下跳，疲于奔命的迪士尼夫妇也常借着老鼠的滑稽动作慰藉心情。

一天，因付不起房租，他们被房东赶了出去。穷困潦倒的年轻夫妇只好来到公园，坐在长椅上暂度时光。太阳开始西沉，夜幕即将降临，迪士尼夫妇几乎感到穷途末路。这时，从迪士尼的行李包里忽然探出一个小脑袋，原来，那是他平时最喜欢逗弄的一只老鼠，想不到一只小动物也有点人情味，跟着他们一起离开了公寓。

迪士尼望着老鼠那滑稽的面孔，脑海里忽然冒出一个前所未有的创意，他惊喜地叫了起来："对啦，世上像我们这样的穷人一定不少，他们也得有自己的快乐，让可爱的老鼠去逗他们开心吧！"

第二天，迪士尼便开始了别出心裁的创作，不久，一个活泼可爱的"米老鼠"（Mickey Mouse）卡通形象面世了。一家公司老板慧眼识珠，特邀迪士尼合作制作米老鼠卡通连环画和电影。迪士尼靠"米老鼠"开始了自己的创业生涯，并创办了迪士尼公司。迪士尼公司的部分卡通形象如图9-1所示。

图 9-1 迪士尼公司的部分卡通形象

图片来源：360 图片

9.3.2 创业机会的认知

1. 机会之窗

在一个市场的不同时间阶段，"机会之窗"是不同的。在市场快速发展的阶段，创业的机会随之增多；发展到一定程度，形成一定结构后，机会之窗打开；市场发展成熟之后，机会之窗就开始关闭。

不同的创业机会，其生命周期长短也不相同。有的机会昙花一现，有的机会持续时间可以长一些。具体到机会的开发利用时，创业者当然希望机会之窗存在的时间长一些，可获利的时间也长一些。

2. 创业机会判断与创造

创业的本质是有价值的机会与富有创业精神的人之间的结合。正是这种结合才使得创业过程产生。

（1）机会判断。有的创业者认为自己有很好的想法，但是并不是每个大胆的想法和新异的点子都能转化为创业机会，许多创业者凭借自己"天才构想"去创业却失败了。那么如何判断是不是一个好的商业机会呢？第一，支撑创业的新产品很能吸引顾客；第二，创业者的能力和商业经验在所处的商业环境中行得通，能有效发挥作用；第三，创业者能够比竞争对手更快地将新产品推向市场，吸引顾客购买；第四，创业者有人力、财力和技术等资源的业务支撑。概括而言，是人的需求、技术的可行性、商业的可持续性相结合。当然，比"识别"创业机会更重要的是"抓住"创业机会，需要创业者长期的能力和经验的积累。

创业是发现市场需求、寻求市场机会、通过投资经营企业满足这种需求的活动。即使在非常普通的产品、服务和行业中，只要努力去掌握一些特殊的细节，也可能弥补小的市场空缺，让消费者感知新服务、新体验、新价值。

智慧故事

修车业务的发现和拓展

修自行车是个小生意，在国内和国外都一样。但是，有人把它做成了好的创业项目。他先小额投资，开了一个自行车维修点，赚到一点钱后，找到创业合伙人，尝试"连锁经营"拓展维修点，将修车业务做大。然后，他开拓了绿地养护、无水洗车、物业保洁、汽车装潢等新业务，最终成为成功案例。

这样的创业者，立足于长期观察、不断尝试，终将成功。正如俗语所说："不怕没有机会，就怕没有眼光！"

资料来源：作者根据相关资料改编。

（2）机会创造。有时机会并不是客观存在的，是由主动型创业者创造出来的。机会的创造内生于想象和创造一个更美好未来的交互活动中，其结果就是创业者创造出一个新市场；同时，机会认知的信息并不完备，创业者也可以利用有限的信息和有限的资源，在实践中创造出机会和成果。

智慧故事

海岛卖鞋

曾经有一家美国的制鞋公司在寻找国外市场，公司总裁派了一名推销员到非洲某个海岛上的国家，让他了解一下能否向该国卖鞋。这个推销员到非洲后给总部发回一封电报说："这里的人都习惯赤脚，不穿鞋，这里没有市场。"随即这名推销员就离开了那里。总裁随后又派去另一名推销员。第二个推销员到非洲后也给总部发回一封电报，在电报中说："在这里的发现让我异常兴奋，因为这里的人都赤脚，还没有一人穿鞋，这里市场巨大。"于是他开始在岛上卖鞋……

该公司觉得情况有些蹊跷，于是总裁派出了第三个推销员。他到非洲待了三个星期，发回一封电报说："这里的人不穿鞋，但有脚疾，需要鞋。不过不需要我们生产的鞋，因为我们的鞋太窄，我们必须生产宽一些的鞋。这里的部落首领不让我们做买卖，我们只有向他的金库进贡，才能获准在这里经营。我们需要投入大约 1.5 万美元，他才能开放市场。"

该公司董事会采纳了这位推销员的建议,并通过适宜的营销组合,最终成功开拓了这个小岛市场。

资料来源:https://www.shangxueba.com/ask/108757882.html。

9.3.3 商机能力的培养

1. 观察能力培养

创业者要培养市场调研的习惯,要多看、多听、多想,见多才识广,识多才路广;同时,要有独特思维,要用积极的心态去发现创业机会。

◆ 案例

"芭比娃娃":商机来自观察和创新

在芭比娃娃诞生之前,美国市场上给小女孩玩的玩具大多数是可爱的小天使形象,类似著名童星邓波儿的银幕形象,这是大人对孩子的玩具的想象。但从大孩子的兴趣角度来看,这种玩具却略显"幼稚",他们需要的是跟自己年龄相仿的玩伴,而不是一个小宝宝。到底要将娃娃做成什么样子呢?

美国美泰玩具公司的老板露丝苦苦思索。她正好有机会到德国出差,在德国她发现了一个叫"丽莉"的娃娃,十分漂亮。"丽莉"首制于1955年,是按照《西德时报比尔德》中一个著名卡通形象来制作的。她长长的头发扎成马尾拖至脑后,身穿华丽的衣裙,身材无可挑剔,但缺陷是穿着非常"暴露"。

于是,露丝买下了三个"丽莉"带回美国,她与同事想设计出一种"成熟"而不太"暴露"的玩具;孩子们需要的是一个长大的但却不"暴露"的娃娃小女孩,他们不光需要与自己年龄相仿的玩偶,更需要一个长大后的理想形象。后来,"芭比"的样子在露丝的脑子里越来越清晰。在公司技师和工程师的帮助下,芭比娃娃就这样诞生了!10年里,公众购买"芭比"的金额达到了5亿美元。

图片来源:360图片

2. 综合能力培养

综合能力培养取决以下方面:个人生活经历和工作经历、个人爱好、偶然发现(如旅途中、参加活动时、看节目时等)、有目的地深入调查研究(阅读相关报刊、资料、书籍,聆听访谈等)、倾听他人建议、参加继续教育(课程)、亲友从事的行业及交流、家庭影响因素,等等。

从创业者智慧、视野和资源整合中获得的机遇包括:收购现有的企业,进行连锁经营(提高效率、降低成本),整合国内外优质的技术资源,与大企业、非营利机构、研究所以及大学合作;参加商业交流与展会,接触专业人士如律师、会计和技术精英;与有想法、有价值人群的交流，这一方面可以拓展人脉网络，另一方面可以寻找创业合伙人。

3. 选择合适的创业商机

合适的创业商机要包含以下特点：①它是适合自己的创业机会；②它包含有需求和客户吸引力的项目；③它能在你的商业环境中行得通；④它必须在机会之窗存在期间得到落实；⑤你拥有必需的资源（人、财、物、信息、时间）和技能，这样才能创立业务。

图片来源：360 图片

案例

牛仔裤的发明

牛仔裤的发明人是美国的李维斯。当初他跟着一批人去美国西部淘金，途中被一条大河拦住了去路，许多人感到愤怒，他却设法租了一条船，给想过河的人摆渡，结果赚了不少钱。

不久，摆渡的生意被人抢走了，他发现矿区的工人采矿时出汗多，需要大量的饮用水，于是别人采矿他卖水，又赚了不少钱。后来，卖水生意又被抢走了，他又发现采矿工人常常跪在地上，裤子容易被磨破，而矿区里却丢弃着许多帆布帐篷，他就把旧帐篷收集起来，洗干净做成裤子，结果销量很好，这就是"牛仔裤"诞生的故事。

李维斯用一种乐观的积极心态去发现问题，把问题当作创业机会，最终实现了致富梦想。

资料来源：加盟星网发文，"创业需要机会，机会要靠发现"，2023-07-22。

9.4 大数据商业价值与创业机遇

9.4.1 大数据在不同行业的应用机会

大数据是互联网时代的生产要素，大数据在各个行业的垂直特色化应用，为许多行业创造出发展空间，包括金融、电信、健康、媒体广告、零售、交通、智慧城市、房地产和家居家电等行业都有很多应用机会。

（1）金融：大数据公司专门聚焦在通过大数据进行客户信用评级，并为银行、保险公司或者 P2P 平台服务；或者基于大数据挖掘帮助银行进行客户细分、精准营销。

（2）电信：这个方向已经有专门为电信企业提供客户生命周期管理解决方案、客户关系管理、精细化运营分析和营销的数据公司，或者基于大数据提供网络层的运维管理和网络优化服务的大数据公司。

（3）健康：未来将会出现一批基于各种可穿戴设备形成的健康云数据，进行深度数据分析和挖掘的企业，能帮助人们进行健康预测和预警；未来还可以服务公共卫生部门，打通全国患者电子病历数据库，快速检测传染病，进行全面的疫情监测，并通过集成疾病监测和响应程序，快速进行响应等。

（4）媒体广告：可以通过大数据实现更科学的媒介选择；或者基于大数据建立精准广告投放系统、基于大数据的广告效果监测评估服务、基于大数据的网站分析优化服务以及基于大数据的数据管理平台（DMP）为需求方平台（DSP）提供精准营销服务等。

（5）零售：大数据公司可以帮助零售企业进行店面选址服务；利用关联规则进行客户购物篮分析，从而给客户推荐相应的促销活动；基于天气的分析和预期来判断畅销产品以及相应的进货和运营策略，或者把天气数据加入物流预测模型，确保在天气模式没有改变之前，商品能够顺利运送到各商店。

（6）房地产：通过互联网平台的大数据进行购房潜在客户挖掘；或者通过互联网大数据进行潜在装修客户挖掘；通过大数据提供精准的社区O2O服务；商业地产通过大数据对商场消费人群进行分析，掌握顾客活动轨迹、消费习惯等，提供定制服务、精准营销服务。

9.4.2 大数据的商业价值与应用

1. 帮助企业经营决策

大数据可以帮助企业做出经营决策。比如，某商店卖牛奶，通过数据分析，知道在本店买了牛奶的顾客常常会再去另一家店买包子，人数还不少，那么这家店就可以考虑与包子店合作，或直接在店里出售包子。

2. 加强客户关系管理

大数据可以让企业根据客户的属性，从不同角度深层次分析客户、了解客户，以此增加新的客户、提高客户的忠诚度、降低客户流失率、提高客户消费次数等。

3. 实现个性化营销

借助大数据，企业可以实现个性化营销。例如，银行与客户的交流渠道进行了整合，只要某个客户在网上点击查询了有关房贷利率的信息，系统就会提示呼叫中心在电话交流时推荐房贷产品，如果发现顾客确实对此感兴趣，销售部门就会发送推介信息给客户，如果这位顾客到银行网点办业务，业务人员就会详细介绍房贷产品，开始只有少量的线索，但通过多渠道与顾客交互接触，令顾客体验银行精准、体贴的服务，该客户可能变成银行的黏性客户。其结果自然是营业收入增加，同时成本大幅降低。

4. 助力社会管理

在大数据的帮助下，社会管理问题也能得到有效解决。例如，什么时间段、哪条路拥堵等问题，都可以通过分析得知。通过同一条路上多个用户手机位移的速度便可以判断当时的路况，对拥堵做出准确预警。大数据技术对历史性逮捕模式、发薪日、体育项目、降雨天气和假日等变量

图片来源：360图片

进行分析，使政府部门能够优化公共资源配置、治理拥堵、保证公共卫生环境、优化公共设施及体育项目等。法院、检察院可以通过可视化的互联网平台，公开、公正、公平处理司法案件。

5. 大数据就是资产

数据市场已经出现数据现货交易、期货交易，以及数据衍生品交易等，有人认为，数据进入资产负债表指日可待。许多数据交易平台公司也已经应运而生。

6. 大数据催生互联网金融

互联网金融并非简单地把传统金融业务搬到网上去，而是充分利用大数据来解决银企之间信息不对称的问题。数据是新产品和新商业模式的基石，推动互联网金融发展的核心正是大数据的价值。

大数据彻底改变了我们的生产和生活方式。各级政府、主管部门、企业集团都将基于大数据分析平台优化其决策。随着大数据分析能力逐渐加强，传统市场研究行业、证券研究所、产业链咨询机构甚至可能逐渐消失。银行将基于企业大数据平台开展银行直销业务，同时按照产业链金融服务事业部模式开展业务。

随着大数据系统的出现，所有依赖信息不对称盈利的业务或许都将消失。大数据对政府、金融机构、企业来说，越来越像空气一样不可或缺！

9.5 特殊机遇和现实机遇

大型企业如同大油轮，启动困难，机构复杂，运转缓慢，同样也难以减速和停住。而小企业犹如快艇，非常灵活多变、反应快捷。小企业能够准确、及时地把握市场的变化，立即进行决策、调整、执行，从而赢得机遇并抓住机遇。这对小企业提出了以下要求：一是聚焦于大型企业难以涉及的市场区域；二是小企业的业务要比大型企业更具灵活性；三是小企业需要有特色化的生产过程和产品、更高的效率。

9.5.1 经济转型的机遇

经济转型升级给企业带来了许多机遇，部分国有企业逐步民营化，原本由国有企业经营的行业允许私人企业进入，发展混合所有制成为趋势。涉及的行业从钢铁、能源、化工、制造、农业，到教育、科技、医疗和文化，还包括海洋工程、新特材料制造等。这些行业适合能提供特色化产品和有更高效率的创业企业。

9.5.2 创业促进政策的机遇

创业促进政策降低了创业的税费负担，让更多的人有机会、有激情去创业，让更多的创业企业存活下来。创业本身是很艰难的，缺人、差钱，充满不确定性和较大的风险。德国的调查研究表明：中小企业每年税费负担平均为 25 000 欧元（约合 20 万元人民币），而这超过一些中小企业每年获得的平均毛利润。这意味着什么？答案不言自明。

降低创业的税费负担,中国在行动。相比以前,个人创办企业门槛低、费用低、税收低了;同时,政府、社会还提供了许多"众创空间",助力创业企业成长。

9.5.3 优质服务中的机遇

1. 第三产业和"第四种服务"

随着国家繁荣、人民逐渐富裕,在发展传统服务的第三产业的同时,也产生了对高质量服务的需求。人们的需求表现为:一是自我价值的实现(知识修养提高、获得信息、交际和联络);二是关注自己的业余爱好(消遣、休闲、交际和自由休闲时间处置);三是塑造自己安逸、舒适的生活(需要配套社会服务)。

"第四种服务"(高质量的服务)效益,主要伴随着"偏好价值"的社会效益而产生。人们越渴望获得具有经济实用性的产品和服务,这方面需求也会越高。在先前只有少数人能享受得起的"第四种服务",目前已惠及越来越多的人。

2. "第四种服务"创业机遇

改革开放40多年来,我国经济社会快速发展,综合国力显著增强。随着居民生活水平不断提高,未来对高品质服务的需求将不断增加,许多产业蕴藏着机遇,例如以下方面。

①老龄化人口增加,不仅需要更多的健康服务工作,而且要有较多的老年照料、护理、消遣、娱乐以及资产管理等业务;此外,老年人也有越来越多的对教育培训的需求。②家务工作繁多,需要有企业承担家庭委托、家政服务。③婴幼儿的照管服务。④与生产相配套的生产性服务。⑤集休闲娱乐与观赏风景等为一体的文旅服务。⑥数据的采集和数据分析、整理服务。⑦继续教育服务。

这些事例表明,在老龄化人口照料、家政等领域都有新的需求。创业机遇不仅仅集中在生产领域之中,也体现在多样化的服务领域之中。如果企业善于发现需求,提供高品质的服务,就能获得全新的创业机遇。

9.5.4 技术创新的机遇

国际社会的官方统计表明:中小企业比大型企业更具有创新能力。创业企业对新技术进行试验、应用、改良,更能以速度取胜,德国有2/3的"专利技术和创新成果"由创业型的中小企业持有。

创新越来越多地倾向技术应用、软件创新和新应用创新的重新组合或者非物质创新的简便应用。互联网平台带来的开放式创新则使创新过程成本更低、效率更高、风险更小。

9.5.5 全球化劳动分工的机遇

"外包"模式曾经是一个令人兴奋的发

图片来源:360图片

现；而如今，只知"外包"而未听说过"众包"则显得有些过时了。"众包"是公司把过去由员工执行的工作任务外包给大众网络的一种商业模式。众包加速了劳动力的全球化；对公司而言，只要众包能提高效率，节省成本，解决问题的高手是本国人还是外国人实质上无关紧要。

如今，我们不难见到这样的画面：印度老师在网上给美国学生辅导数学，美国老师在网上给中国学生辅导英语，德国的平面设计师给中国企业设计Logo……劳动力的全球化借助网络平台驶入快车道。

有一名36岁的销售顾问丹·弗雷在美国一家威客网站上为其母亲的一本回忆录征集插图，80个竞标者中不乏黎巴嫩人、乌克兰人和马来西亚人。最后，他看中了一个菲律宾人设计的插图，这个菲律宾人的要价令丹·弗雷喜出望外：25幅图共300美元，而在美国，300美元只能买下一幅图。

◆ 随堂讨论题

1. 创业机会的来源有哪些？如何提高创业机会的识别和把握能力？
2. 为什么说失败极可能预示着潜在的变化和随之而来的机会？
3. 创业者如何抓住经济转型中的创业机遇？
4. 创业者如何抓住技术创新的机遇、整合资源而成功创业？

◆ 单元作业题

1. 讨论：如何理解大数据商业价值与创业机遇？
2. 讨论：创业者如何在国际劳动分工中找到创业机遇？

模块 10
MODULE 10

创业风险

□ 内容提要

在创业的道路上潜藏着各种风险,企业可能"九死一生"。尤其是取得初步成功的创业企业,有时会遭遇突然的风险和失败。本章讲述:创业盲目扩张的风险,内部人本管理的风险、企业经营的多面风险、融资错乱的法治风险、跨国经营的商业风险。

10.1 企业盲目扩张的风险

10.1.1 什么是企业扩张风险

1. 内部风险对中小企业来说是致命的

外部风险对于中小企业来说是持续存在的客观事物,只能长期重视,企业本身不能对此情况施加作用和影响。但内部风险是存在于企业自身之中的,它必须在企业中进行修正和防范。对于这两种风险,需要企业家采取相应措施和行动。外部风险是企业共同遇到的,而内部风险仅涉及单个企业个体。大型企业有着庞大的专家参谋班子,经常关注着内部风险,并针对它采取必要的措施;内部风险对于典型的中小企业来说只能孤独忍受,并且往往觉察得太晚。

2. 扩张而不调整组织结构风险大

企业扩张或者"增长"意味着更高的销售额、更好的市场地位和更高的生产效率,通常也会有更高的经济收益。但是并非每一次增长都会相应给企业带来市场状况和收益情况的改善。

小型企业增长意味着走向中型企业,不仅带来企业家任务结构的变化,而且会使整个企业的组织管理结构发生变化。中型企业增长将变成一个大型企业,会使该企业从劳动密集型向资本密集型结构变化。假如企业增长而不相应地进行内在机制转化，那么，这一增长很可能导致企业"死亡"。

10.1.2 小企业"增长"的风险

通常，初创企业急于扩大规模，往往陷入盲目增长。小企业，有时可能是家庭企业，家庭成员在企业里参与工作。创业者对企业所有的重要职能施加直接影响，缺少外来监控。如果在直接管理结构下不断地扩大增长，那么，企业的经营管理会超过小型企业家的独立承担能力，错误会不断地出现。

◆ **案例**

家庭小企业人员扩张的风险

两个年轻企业家富有成效地创办了一个建筑机械修理厂。他们自己负责修理和外勤服务，各自的夫人承担着厂办公室的事务工作。随着营业额的提高，他们又招聘了许多工作人员，如修理厂负责人、代理人以及女秘书。而他们自己和夫人已不经常在企业里工作，而是把时间花在出差以及"客户照料"之上。这种企业"扩张"的好景仅持续了半年，就耗费掉过去5年来的所有积累资金。他们不得不将现有的35名工作人员削减到8名，自己又重新直接管理企业，才使企业重获生存的机会。

◆ **案例**

扩充人员营业额未必增长

一家律师事务所曾经门庭若市，后来经理本人又聘请了几个律师作为自己的伙伴共同工作。队伍越来越庞大，但纯收入却越来越低，因为当事人多数希望年长的经理亲自处理其法律事件。他的雇员或者伙伴的参与没有起到扩大营业额的作用，或者说通过增加人员未产生企业效益的乘数效应。这和专科医生自己开办小医院道理相同。

图片来源：360图片

10.1.3 大中型企业扩张的风险

假如企业的管理和组织结构不随着企业规模变化而及时进行调整，那么，小型企业的增长的风险也同样会发生在大中型企业中。

◆ **案例**

两地办公司难求双倍收入

一个服务性企业在某国北部有着非常坚实的市场地位，并获得了很好的收益。该企业决定在南部地区建立一个分公司，以求得双倍的收益。企业为分公司招聘了一名有责任心的经理，但是，没有给予他决策自由和自负其责的权限。而企业老板试图针对处于两地的分公司、母公司进行管理。分公司创建仅两年，就造成诸多损失，以致不得不立即将其关闭。

10.1.4　企业扩大市场地位的风险

中小企业坚持用自己的特殊产品或特殊成果去填补一个市场空缺来赢得生机。倘若盲目地离开这个市场空缺，涉足较大的市场领域，而又缺乏足够的资金投入及相应的管理能力，这种"扩张"对企业来说可能是毁灭性的。

◆ **案例**

小建筑企业的"不自量力"

一个农村建筑企业仅有 5 名工人，过去主要从事修理和改建业务，企业运转灵活，投入成本低、效率高、效益好。后来，企业主发现了看似存在的市场机遇，该小企业随即将业务转向新建业务市场，加大了技术设备、人力、财力等资源的投入，随之招来极强的市场竞争对手，新建项目订单极少，其业务仅能保持一年。为了拯救该企业，企业主不得不重操旧业，回归修理、改建这类有市场空缺的业务。

◆ **案例**

汽车配件公司的盲目扩张

一个生产汽车配件的中型企业，20 年来一直谨小慎微、一心一意地生产汽车的特殊配件，企业的生产不断地增长。后来，由于接受了一个生产标准配件的大合同，将企业生产能力扩大了三倍，但随之招来了主宰标准配件市场企业的毁灭性竞争打击。

10.1.5　企业硬件资产成本的风险

一个企业毁灭可能是错误地扩大企业生产能力所致的，最常见的是过分投资，尤其是对耐久建筑物投资并不一定是好事。在对厂房、仓库等硬件设施的投资上，德国人崇尚的理念是大气、坚固、耐久，而美国人的理念是简单、够用、低成本。比如，对于工业企业的一条流水线，如果考虑到产品生产和市场需求的不断变化，那么也存在着这条流水线的改造成本。如果企业经营不善，厂房规模太大，闲置的固定成本也高，就可能会导致企业的崩溃。

◆ **案例**

木匠师傅不懂经营成本

一个卓有成效的木匠师傅，过去一直在自己后院的传统作坊里作业。后来，他盖起一个很大的现代化作坊，不仅耗掉其先前的利润积累，还要支付其他费用以及贷款利息等，由此造成连年亏损，以致在悔恨中破产。

> 案例

农村小客栈丢掉了特色

一个农村小客栈原本是个布置简朴而舒适且独具地方特色的聚会地点。后来，店主进行了宏大的改建，按照流行的水准加以现代化改造，虽然给他的房舍增添了另一种舒适和惬意，但原先的客人再也不敢穿着工作服随意进入了。小客栈的生意也随之暗淡，影响了收入。

据统计，仅有10%的小企业可以迅速长大，有10%的小企业可能慢慢长大，有80%的小企业是永远长不大的。对创业企业而言，保持企业正常、健康的发展比冒险追求企业增长更为重要。企业家必须对企业不断增长的内在风险有足够的提前认识。总而言之，企业扩张既可能是企业良好的发展开端，又可能是企业陨落的诱因。

10.2 企业人本管理的风险

10.2.1 创始人不能应变而变

商业市场的迅速变化和创新推动，使原有的管理、技术知识以及格局视野沦为陈旧，仅仅凭借原有的技术和工作本领等优势，企业创始人越来越失去了其影响力。假如企业不能由高素质企业家进行领导和管理，那么企业运营效率、营业额和收益会越来越低，最终在市场上竞争乏力，逐渐衰落。

图片来源：360图片

10.2.2 关键员工的管理风险

关键员工一般是指那些拥有专门技术、掌握核心业务、控制关键资源、具有特殊经营才能、对企业承包的经营与发展会产生深远影响的职工。企业需要追加招聘成本、培训费用以及寻求新客户所需的成本。关键员工一般占企业承包总人数的20%～30%。关键员工是企业的核心、代表及骨干。关键员工对于企业提升核心竞争力起着关键作用。关键员工一般熟悉企业的主营业务，了解企业的客户资源，掌握核心技术和商业机密，这些员工离职会使企业的有形资产和无形资产遭受损失，削弱了企业的核心竞争力。关键员工离职迫使企业重新招聘，需要追加招聘成本、培训费用以及寻求新客户所需的成本。关键员工离职导致企业关键岗位的空缺，而新员工也需要一段时间来适应工作环境，这会影响到企业的正常运转和发展的连续性，给创业企业带来不利影响。

10.2.3 员工素质不能持续提升

创业企业能够持续成功的根本在于解决公司接班人问题，即不断培养能够分担管理责任的新创业者。那么，新的创业者从哪里来？

《从优秀到卓越》《基业长青》的作者美国管理思想家吉姆·柯林斯在对数百家、百年优秀企业的调研和分析后，指出成功企业在人才培养方面的经验是："两手抓"，一手抓企业内部培养，一手抓外部引进。企业内部存在着三种类型的员工，即忠诚型、执行型和创新型员工。这三种类型的员工均为企业所需要的。

企业的风险在于是否能够获得或留住足够的有技能素质的工作人员，并不断地让他们受到培训、再培训。构建学习型组织是必不可少的，即企业创始人带动内部学习、培训以及外部交流；否则，企业经营难以为继。

进入数智化时代，企业管理更需要高学历、高技能的创新人才。过去，企业家可以拥有低学历，只要有实践经验，也能包打天下；但现在，不懂大数据分析和大数据管理的领导者难以成功。当然，现代企业想要留住高素质的人才，还需要企业解决好股权分配等利益分配机制问题。

10.3　企业经营的多面风险

10.3.1　市场营销缺陷的风险

小企业由于受到资金和人力资源的限制，不像大企业有多年来在营销网络、渠道上的积累。

小企业产品营销的重任必须由企业家本人承担，由于缺乏资金和人力，在积累客户、发展营销体系方面都居于劣势，企业家会因负担过重而忽视营销。

在数字经济时代，互联网改变了商业竞争和市场营销的格局。创业企业只有将传统营销、特色营销和互联网营销相结合，才能使企业"脱困"。

10.3.2　资金筹措和成本控制的风险

尽管创业企业有多种筹资渠道，但任何资金使用都会发生成本，尤其是当经济结构调整和商业环境剧变时，资产筹措经常与企业命运相关。不能使其企业正确地进行资金筹措的创业者，将会被债权人、税务局和银行追逐讨账，由此也丧失了经营生产能力。

创业小企业面临的资金困难主要包括：小企业自有资本缺乏，公司产品前景不明，别人看不到利益；银行贷款手续复杂，融资成本不小；风险投资关注科技型、利润高的项目；政府的创新基金和扶持资金不是每个企业都能获得的；互联网融资风险较大；其他的外部筹资方式渠道狭窄、额度有限、筹资成本较高。

10.3.3　细节管理与执行力的风险

做好细节成就伟大。我们不缺少雄韬伟略的战略家，缺少的是精益求精的执行者；不缺少各类规章、制度，缺少的是对规章制度不折不扣的执行。战略一定要从细节中来，再到细节中去。细节管理和执行力往往决定企业的成败。《道德经》中提到：天下大事，必作于细。

做事不贪大，做人不计小，每天进步1%，日积月累将可能成大事；相反，许多事情，仅仅1%的错误，也可能导致100%的失败。

◆ 案例

上海地铁1号与2号线

上海地铁1号线设计方案是由德国某家企业做的，其方案中的细节很多，如三步台阶、等待上车的小黄线、多个小拐弯等。上海地铁1号线建成后，一直运行良好、安全。后来，当上海拟建地铁2号线时，我国负责项目的企业方面认为，德国企业的设计太复杂、成本高，于是在自己设计建设上海地铁2号线时，追求简单化、低成本的设计和运营。但是，当地铁2号线投入运营，发生多起人与人上车时碰撞、夏季雨水倒灌问题以及地铁停运故障后，这家企业终于明白了，注重细节是至关重要的。

◆ 案例

西安地铁1号与2号线

西安地铁在建设时，先建设的是地铁2号线，当时围绕地铁交通信号项目至少有三家公司竞标：一家中资公司、一家日资公司和一家中德合资公司（西门子信号有限公司），最后中资公司中标。中德合资公司认为不公平，因为该公司在这个铁路信号项目方面的技术世界领先，于是上诉。

经上级监察机构调查，西安地铁竞标过程中没有违规情况：无论中资公司还是日资公司，均能达到项目建设技术要求而且总成本更低，或者说在提供相应技术产品的情况下，中德合资公司的价格约高出20%。

然而，随着西安地铁2号线的建成并投入运营，西安地铁2号线发生了铁路信号故障，甚至迫使地铁停运。至此，西安地铁进行了反思：关键技术和产品不能够仅仅追求成本低或者性价比高，更需要考虑地铁运行平稳、效率等长远的问题。

◆ 案例

爱立信的"因小失大"

2001年，爱立信在中国手机市场上面临着危机。当时，它的一款型号为"T28"的手机存在一定的质量问题。这本来是企业投入并不多的售后成本就能解决的问题，但它并未重视，漠视消费者的需求，从而犯了更大的错误。

那时，几乎所有媒体都注意到了"T28"的问题，似乎只有爱立信没有注意到，一再地辩解自己的手机没有问题，是一些别有用心的人在背后捣鬼。爱立信一直没有给市场一个满意的答复，也使市场对爱立信逐渐失去了信任。

10.4 融资错乱的法治风险

盲目融资会给创业企业带来巨大的法治风险，下面我们以德隆集团的经典案例来进行说明。

案例

德隆集团"成也钱、败也钱"

1. "草根"创业：生产经营

德隆集团最初创建于新疆乌鲁木齐。1986 年，大学刚毕业的唐万新和他的 5 个朋友，投资 400 元创办了他们的第一个创业实体——"朋友"彩扩部，代人冲洗 1 元钱 1 张的照片。但据称，就是这个小本生意，让他们在当年挣了约 60 万元。

1988 年至 1990 年之间，有着新奇思想和大把现金的唐万新等人开始四处出手：办厂生产自行车锁，生产卫星接收器，经销饲料添加剂，承包一家宾馆，他们甚至还组建过航空俱乐部。但这些尝试基本都以失败告终，他们还一度拖欠银行及客户资金 180 万余元。直到 1991 年，唐万新的企业成为新疆最大的电脑散件供应商，才基本挽回此前亏损。

2. 金融控股幻梦：资本运营

敏锐的唐万新等人在 1992 年嗅到市场的"牛市"气息，在当时人们购买股票尚需动员时，他们大量收购原始股和内部职工股。在西安，他们包销黄河机器厂 3 000 万新股中的 1 000 万股、国棉五厂 800 万股。然后，再在新疆等地以 1 倍或 2 倍的价格出手，变成大把的真金白银。

1992 年，新疆德隆实业公司、新疆德隆房地产公司注册成立，开始进入娱乐、餐饮和房地产投资领域。1994 年 8 月，北京 JJ 迪斯科舞厅破土动工。1995 年，坐落在乌鲁木齐市中心的宏源大厦竣工，号称是当时新疆最高档的写字楼。

与此同时，德隆进入农业产业化领域。1994 年，注册资本为 1 亿元人民币的新疆德隆农牧业有限责任公司成立，这样，德隆一方面开始了产业之旅，另一方面，因农业产业化惠及百万农户，由此获得了地方政府的认可和支持。1997 年至 2002 年间，德隆进行了一系列堪称"大手笔"的产业整合战役。其中，对新疆屯河股份有限公司和天山水泥股份有限公司（天山股份）两家公司的整合，堪称经典之作。

2000 年初，德隆国际战略投资有限公司在上海浦东新区注册，注册资本为人民币 5 亿元。德隆作为民营企业，成为一家致力于整合传统产业，立足于将资本市场与行业投资相结合的国际化战略投资公司，投资领域包括制造业（汽车零配件、重型车及经济作物深加工等）、流通业（城市商品流通业、农村农资超市等）、服务业（金融和旅游文化服务等）。

图片来源：360 图片

3. "金融帝国"诱惑：疯狂敛财

德隆真正意义上的高速扩张从 1993 年设立了"新疆金新租赁有限公司"开始。1994 年，德隆先后向海南华银国际信托投资公司、中国农村发展信托投资公司融资总计 3 亿元。正是在这 3 亿元资金基础之上，唐万新的产业整合、战略投资的理念得以生根、发芽。产业整合被看作通向"世界 500 强"的桥梁。德隆国际战略投资公司网站主页上曾写着："以

'创造中国传统产业新价值'为己任，谋求成为中国传统产业新价值的发现者和创造者。致力于通过产业整合的手段改善产业结构，增强产业竞争力以获取长期的利益回报和企业的可持续发展。"

德隆怎样实现它宏大的产业整合目标？德隆国际战略投资公司的回答是：通过行业研究确定目标，制定行业战略；选择目标企业并长期跟踪，伺机收购；通过兼并、收购，形成产业经营平台，取得行业领先地位；进行产业整合，发挥协同效应，拓展业务规模和范围，强化核心竞争能力以获得优势地位。

德隆通过2002年成立的上海友联战略管理研究中心有限公司（简称"上海友联"），打造出一个金融控股公司的平台。2002年起，德隆通过上海友联实现了对金新信托、新疆金融租赁、新世纪金融租赁等多家金融机构的操控。

在上海友联的操控下，德隆旗下的金融产品一度推出客户全面金融服务，包括"委托理财""战略并购""战略退出""MBO""借壳上市""杠杆收购"等一系列金融新产品。

但是后来，这些金融产品在德隆的资金链绷紧的压力下逐渐萎缩。最后，各家金融机构开始了疯狂的委托理财敛财活动，承诺12%甚至更高的年回报率。至此，德隆的综合金融服务名存实亡，其金融控股公司的梦想终于落空。

4. 金融幻梦破灭与德隆衰败

2004年初，德隆的资金链开始断裂，建造在沙滩上的堡垒顷刻间分崩离析。2004年4月～5月期间，德隆为了掩盖从多家上市公司挪用的巨额资金，同时也防止各地委托理财客户启用司法程序冻结资产，把所投资的各个项目通过一系列资产转移合同，转回各个上市公司内部。4月14日，德隆系股票湘火炬、合金投资和屯河股份首度全面跌停，危机全面爆发。之后，股票连续多日跌停，市值蒸发过百亿元。此后不久，德隆出售天一实业、罗布泊钾盐股权，湘火炬将德隆告上法庭。6月8日，危机进一步升级，上海市第一中级人民法院开庭审理了两起有关德隆的案件，各地债权人纷纷动用法律途径向德隆索债，德隆在各地的资产大部分被冻结。8月26日，德隆与华融公司签订了《资产托管协议》。9月4日，华融接受中国证监会委托，对德恒证券、恒信证券、中富证券进行托管经营，至此，德隆已无法掌控自己的命运。

5. 酝酿风险与金融犯罪

辉煌一时的新疆德隆集团，短短几年内就进入十几个产业，总负债高达570亿元，酝酿了巨大的资金风险。

2005年12月27日终审宣判的"德隆系刑事第一案"德恒证券案、2005年9月在乌鲁木齐开审的德隆系金新信托案等，幕后操控者均是上海友联。

重庆市高级人民法院高法对德恒案的终审判决对德隆的"金融控股"给出了说法：德恒证券公司以开展资产管理业务为名，采取承诺到期后归还委托资产本金并支付固定收益的方式，变相吸收公众存款208亿余元供上海友联公司统一调拨、使用，数额特别巨大，且造成案发后尚有68亿余元资金无法兑付的严重后果，严重扰乱了国家金融管理秩序，其行为已构成非法吸收公众存款罪。这必将遭到法律的严惩。

6. "德隆剧本"谢幕：法律的严惩

唐万新从创业边城乌鲁木齐，奔走首都北京，再落户金融中心上海，曾经气魄冲天。2004年12月17日，作为商界曾经的风云人物的唐万新被正式拘捕。2006年4月29日，唐万新被武汉市中级人民法院以非法吸收公众存款罪、操纵证券交易价格罪判处有期徒刑 8 年,并处 40 万元罚款。德隆系三家核心企业中,新疆德隆(集团)有限责任公司与德隆国际战略投资有限公司因"操纵证券交易价格罪"则各被处以 50 亿元的巨额罚款,上海友联公司因"非法吸收公众存款罪"被罚款 3 亿元。这宣告了德隆的彻底失败。

7. 金融犯罪敲响警钟

随着对德隆资产清查,德隆违规操作、商业投机以及地下圈钱等许多黑幕被逐步披露,德隆的面纱层层揭下。有人说:德隆的模式,最独特的地方不过就是德隆一直在以大规模高成本融资,以钱开路,这导致资金风险越来越大,最后必然是"成也钱,败也钱"。

图片来源:360 图片

自 20 世纪 80 年代到 2010 年前后,中国企业经营者因经济犯罪而受到法律严惩的并不罕见,其中涉足操纵资本市场的人,除了德隆的唐万新外,还有其他曾创造了辉煌业绩的创业者。其共同特征是:随着创业成果从无到有,商业模式初步成功,产生了"资本幻梦症",盲目融资扩张,甚至违反法律法规,酝酿了巨大的资金风险,最终使失败成为必然。

10.5 跨国经营的商业风险

10.5.1 跨国经营的多层面风险

不同国家,由于人文地理环境的不同、经济发展水平的差别、政策和法律制度的差异等,在企业管理、商业交易以及合作发展中,必然存在利益冲突。中国企业"走出去"实现跨国经营可能面临的风险如下。

1. 社会层面的风险

(1)政治风险。例如非洲、南美洲某些国家政局时常不稳,政府官员所做决策往往受个人利益或党派利益影响,给企业经营带来政治风险。

(2)法律风险。普通法法系国家的法律与我国法律体系存在着比较大的差别,在企业经营中,通过司法救济方式化解投资经营过程中遇到的风险或者纠纷的可能性小。

(3)文化风险。不同的文化背景的人群所形成的价值观念、行为方式、民族特性、宗教信仰、风俗习惯不尽相同,这些差异产生的冲突往往会给中国企业的对外投资活动带来一定的风险。

2. 市场层面的风险

(1)汇率风险。美元及第三方币值的波动,对中方投资者来说,将是持续的不稳定性因素。

（2）利率风险。中国企业对外投资项目大多是基础设施和资源开发类项目，施工时间长，投资额度大，因此项目受利率变化影响较大。

（3）价格风险。对于对外投资的企业而言，价格的周期性波动和变化是需要重点防范的风险。

3. 企业层面的风险

企业管理需要既精通业务、又掌握外语、适应文化差异、了解当地国情的高素质管理人才。管理者既要考虑如何保证投资能够及时产生效益，也要考虑市场波动的风险。企业管理的风险还有成本变动风险、信用保障风险、结算索赔风险、资源品质风险等。比如，中国与西亚诸国的传统政治和外交关系友好，但是，有时在经济合作中也会遇到问题。例如，中国企业满腔热情、诚实与对方合作开发矿产资源，对方则利用中国企业没有掌握当地情况的劣势而推荐劣质的矿产资源，从而给中国企业带来巨大的商业风险。

图片来源：360 图片

案例

中国民营企业 TCL 并购法国汤姆森公司

2003 年起，中国民营企业 TCL 实施"走出去"的战略，并购欧洲著名的电视机制造商法国汤姆森公司。2004 年并购完成之后，遭遇了两大问题：一是电视机制造技术发生变化，从等离子到液晶显示屏迭代；二是法国的法规更有利于就业者而不是投资商。

这次并购看起来并不成功，但也给了我们深刻的启示：①技术的发展和变化是时代造成的，企业遭遇风险在所难免；②跨国管理团队建设问题产生于制度、法律、文化的差异，法国的法律更多保护就业者而非投资商的利益，同时法国人的个性浪漫、自由，与我国企业的管理文化存在差异；③在如此巨大的制度、法律、文化差异下，中国企业为"走出去"交学费是在所难免的。

10.5.2 跨国经营的风险防控

跨国经营实践表明，制度和文化差异是核心风险。中西方制度和文化差异的核心特征为：中国文化是以儒家文化为基础的"信任文化"，而西方文化是以基督教文化为基础的"制度文化"，这也形成了中西方人的思维和行为方式的差异。西方人处事更多考虑的是法制、原则和节奏等，而中国人处事更多考虑的是人治、灵活、速度等。跨文化管理给我们的启示是，文化差异不仅暗藏着风险，也蕴藏着机遇。在跨国经营的过程中，企业应当尊重别国的文化，学习别国的文明。

据调查，在中国企业"走出去"的实践中，有许多企业遇到过各类问题，但这并不会阻挡中国企业国际化的步伐。TCL的董事长李东生说：2005年是TCL历史上最艰难也是最具挑战性的一年，但如果再有机会，我们还会坚定不移地选择走国际化并购道路。不经历风雨，怎能见到彩虹，TCL正逐步走出低谷，未来一定会更好。海尔的创始人张瑞敏说：我们在美国设厂本身就是自找苦吃，只有这样才能真正提高我们的国际竞争力。你不去大海中行驶，你就永远不知道风浪的险恶。联想的创始人柳传志说：中国要成为世界性的强国，必须有一大批知名的跨国企业，联想一定要成为国际上的金字招牌，成为民族企业的杰出代表，实现科技报国的理想。如图10-1所示，近年来，比亚迪、宁德时代等中国车企凭借新能源技术的优势，不仅能够大批量向欧洲诸国销售中国电动车、高端锂电池等，而且，2023年已在匈牙利等地投资建厂。随着竞争力的不断加强和风险防控意识的不断提高，中国企业在"走出去"的路上必将行稳致远。

图10-1　比亚迪在匈牙利投资建厂信息发布

图片来源：360图片

◆ 随堂讨论题

1. 为什么许多创业企业会陷入盲目扩张的风险？
2. 企业内部"以人为本"管理的风险有哪些？如何规避风险？
3. 为什么说错误的资金筹措和成本控制会给创业带来较大的风险？举例说明。
4. 为什么说细节管理决定企业的成败？举例说明。

◆ 单元作业题

1. 讨论：跨国经营风险有哪些？为什么说制度和文化差异是跨国经营的核心风险？
2. 讨论：在数智化时代，大学生能否进行跨境电商创业？风险可能有哪些？

模块 11
MODULE 11

赛教结合与敢闯会创

□ 内容提要

赛教结合是我国高校特色的教育模式,让高校创新创业教育变得更加"新、真、实",也取得了显著的人才培养成效。本章讲述了以赛促教与人才培养、高校主赛道设置和要求、评审规则和评审重点,并重点讲述了赢得大赛的办法和策略,以及国创大赛金奖项目评价。

11.1 以赛促教与人才培养

11.1.1 国家高度重视大学生创新创业

早在 2013 年 11 月 8 日,习近平总书记在致 2013 年全球创业周中国站活动组委会的贺信中即提到:青年是国家和民族的希望,创新是社会进步的灵魂,创业是推动经济社会发展、改善民生的重要途径。青年学生富有想象力和创造力,是创新创业的有生力量。希望广大青年学生把自己的人生追求同国家发展进步、人民伟大实践紧密结合起来,刻苦学习,脚踏实地,锐意进取,在创新创业中展示才华、服务社会。

2017 年,习近平回信勉励第三届中国"互联网+"大学生创新创业大赛"青年红色筑梦之旅"的大学生:祖国的青年一代有理想、有追求、有担当,实现中华民族伟大复兴就有源源不断的青春力量。希望你们扎根中国大地了解国情民情,在创新创业中增长智慧才干,在艰苦奋斗中锤炼意志品质,在亿万人民为实现中国梦而进行的伟大奋斗中实现人生价值,用青春书写无愧于时代、无愧于历史的华彩篇章。

2015 年,在首届中国"互联网+"大学生创新创业大赛总决赛上,时任国务院总理李克强做出重要批示:大学生是实施创新驱动发展战略和推进大众创业、万众创新的生力军,既要认真扎实学习、掌握更多知识,也要投身创新创业、提高实践能力。中国"互联网+"大学生创新创业大赛,紧扣国家发展战略,是促进学生全面发展的重要平台,也是推动产学研用结合的关键纽带。教育部门和广大教育工作者要认真贯彻国家决策部署，积极开展教学改革探索，把创新创业教育融入人才培养，切实增强学生的创业意识、创新精神和创造能力，厚植大众创业、万众创新土壤，为建设创新型国家提供源源不断的人才智力支撑。自中国"互联网+"大学生创新创业大赛举办以来，国务院副总理亲临多届总决赛现场，出席总决赛冠军争夺赛，视察大学生创新创业成果展，发表重要讲话，对大学生创新创业寄予殷切希望，对深入推进高校创新创业教育改革提出指导意见。

随着国际参赛队伍增多和国际影响力的不断扩大，第六届大赛正式更名为中国国际"互联网+"大学生创新创业大赛。《国务院办公厅关于进一步支持大学生创新创业的指导意见》（国办发〔2021〕35号）提出，办好中国国际"互联网+"大学生创新创业大赛：①完善大赛可持续发展机制：鼓励省级人民政府积极承办大赛，拓宽办赛资金筹措渠道，成立中国国际"互联网+"大学生创新创业大赛项目专项发展基金。②打造创新创业大赛品牌：强化大赛创新创业教育实践平台作用；丰富竞赛形式和内容，搭建全球性创新创业竞赛平台。

11.1.2 "互联网+"大学生创新创业大赛的成绩

1. 组建声势浩大的"双创"新锐大军

中国国际"互联网+"大学生创新创业大赛起步于2015年。截至2022年底，八届大赛累计有943万个团队、2983万名大学生参赛，是覆盖全球100多个国家和地区、面向全国所有高校、面向全体大学生的影响最大的高校双创盛会。第九届大赛于2023年5月至10月举办，第九届海南赛区决赛启动式场景如图11-1所示。

参赛项目数量为：第一届3.6万个，第二届12万个，第三届37万个，第四届64万个，第五届109万个，第六届147万个，第七届228万个，第八届340万个。第八届大赛覆盖111个国家和地区、4554所院校，有340万个项目、1450万名学生报名参加，报名人数首次突破千万；有79万个团队、330万名大学生报名参加"青年红色筑梦之旅"活动，学生创新创业的热情持续高涨。"我敢闯 我会创"海报局部如图11-2所示。

2. 开出最有温度的国情思政大课

学生怀抱"未来已来，未来我来"

图11-1 第九届海南赛区决赛启动式场景
图片来源：作者自拍

图11-2 "我敢闯 我会创"海报局部
图片来源：全国大学生创业服务网

的激情参赛,实现了做强底色、点亮红色、坚守本色和再添成色。

- 做强底色:大赛覆盖 100 余个国家和地区,报名人数突破千万。
- 点亮红色:融党史教育课、国情思政课、创新创业课、乡村振兴课、红色筑梦课为一体。
- 坚守本色:讲好立德树人故事,设置本科生创意组,增加年龄限制,评选创新创业英才奖。
- 再添成色:增设产业命题赛道,产业出题、高校揭榜、学生答题、真题真做、同题共答。

3. 打造融通中外的"双创"交流平台

国际项目"百国千校万人"参赛,搭起了全球创新创业教育最大的交流平台,提升了我国高等教育的国际影响力和竞争力。据统计,第五届、第六届、第七届这三届大赛共有来自五大洲的 120 多个国家和地区、10 314 个国际项目参赛。

4. 促进立体推进的"双创"教育改革

(1)大赛成为高校人才培养模式改革的突破口。

- 推动高校创新创业教育改革:课程、教法、师资、实践。
- 全国高校累计开设创新创业教育课程:3 万余门。
- 聘请行业优秀人才担任"双创"教师:专职教师近 3.5 万人、兼职导师 13.9 万余人。
- 推动国家级大学生创新创业训练计划:16.3 万学生、5 万余教师参与。
- 开设全国大学生工程实践与创新能力大赛:690 所高校、6.6 万名大学生参加。

(2)大赛促进形成新的教学质量观。

- 教与学:从"单声道"模式到"双声道"模式。
- 新理念:学生中心、成果导向、持续改进。
- 新标准:从我能行、我会干,到我敢闯、我会创。

(3)大赛促进形成新的人才质量观。自从业、就业教育转变为创新创业教育:"敢闯"是一种高阶素质,"会创"是一种高阶能力,"敢闯会创"是新时代培养优秀卓越人才的核心要素。

(4)大赛促进形成新的质量文化观。

提升"双创"教育质量:本科专业类教学质量国家标准,明确各专业类创新创业教育目标及课程要求;制定普通本科高校创新创业教育教学基本要求,研制创新创业教育质量评价标准。

塑造大学质量文化:通过"创新创业文化"提升"大学质量文化",通过"大学质量文化"促进"大学文化"和"大学精神"形成。

(5)搭建产教融合的新桥梁。

产业赛道:产业出题+高校揭榜+学生答题+真题真做+同题共答。

积极破除大学生创新创业教育端与实践端的壁垒，引导高校把创新创业教育与破解产业实际技术难题有机结合。

（6）带动就业：创造大量岗位需求。

精准对接智力资源、技术资源、项目资源与金融资源、市场资源、社会资源等。加速转化具有核心技术优势、市场潜力大、社会效益好的高质量项目成果。坚持创新引领创业、创业带动就业，促进大学生更高质量创业就业；前七届大赛推动累计 75 万人直接获得就业岗位，516 万人间接取得就业岗位。

11.1.3　赛教结合是人才培养的重要手段

在人才培养方面，应当把创新创业教育贯穿人才培养全过程：处处是创造之地，天天是创造之时，人人是创造之人。以创造之教育培养创造之人才，以创造之人才造就创新之国家。

《国务院办公厅关于深化高等学校创新创业教育改革的实施意见》（国办发〔2015〕36 号）的出台，旨在把创新创业教育融入人才培养全过程。其基本原则是：坚持育人为本，提高培养质量，坚持问题导向，补齐培养短板，坚持协同推进，汇聚培养合力。国家从完善人才培养质量标准、创新人才培养机制、健全创新创业教育课程体系、改革教学方法和考核方式、强化创新创业实践、改革教学和学籍管理制度、加强教师创新创业教育教学能力建设、改进学生创业指导服务、完善创新创业资金支持和政策保障体系等 9 个方面提出了基本要求。

《国务院办公厅关于进一步支持大学生创新创业的指导意见》（国办发〔2021〕35 号）提出，大学生是大众创业万众创新的生力军，支持大学生创新创业具有重要意义。应当：提升大学生创新创业能力；优化大学生创新创业环境；加强大学生创新创业服务平台建设；推动落实大学生创新创业财税扶持政策；加强对大学生创新创业的金融政策支持；促进大学生创新创业成果转化；办好中国国际"互联网+"大学生创新创业大赛；加强大学生创新创业信息服务。

11.1.4　高校是创新人才培育的主阵地

（1）创新创业教育融入人才培养体系。重视创造力的培养，创造性思维的培养，增强学生综合素质，提升创新创业能力。针对学生培养，将课堂教学、自主学习、结合实践、指导帮扶、文化引领有机统一。

（2）以赛促教，探索人才培养新途径。推进高校课程思政建设，深入推进新工科、新医科、新农科、新文科建设，不断深化创新创业教育改革，切实提高学生的创新精神、创业意识和创新创业能力。

（3）以赛促学，培养创新创业生力军。激发学生的创造力，激励广大青年扎根中国大地了解国情民情，在创新创业中增长智慧和才干，把激昂的青春梦融入伟大的中国梦。

（4）以赛促创，搭建产教融合新平台。促进教育链、人才链、产业链与创新链有机衔接，以创新引领创业、创业带动就业，推动形成高校毕业生高质量创业就业的新局面。

- 教育链：教育培养人才，人才反映教育。
- 产业链：产业反哺教育，教育支持产业。
- 创新链：创新带动产业，产业催生创新。
- 人才链：人才支撑创新，创新成就人才。

11.2 高校主赛道设置和要求

11.2.1 高校赛道设置

第九届中国国际"互联网+"大学生创新创业大赛主体赛事包括：高教主赛道、"青年红色筑梦之旅"赛道、职教赛道、产业命题赛道和萌芽赛道。

11.2.2 参赛项目要求

（1）参赛项目能够紧密结合经济社会各领域现实需求，充分体现高校在新工科、新医科、新农科、新文科建设方面取得的成果，培育新产品、新服务、新业态、新模式，促进制造业、农业、卫生、能源、环保、战略性新兴产业等产业转型升级，促进数字技术与教育、医疗、交通、金融、消费生活、文化传播等深度融合。

（2）参赛项目应弘扬正能量，践行社会主义核心价值观，真实、健康、合法。不得含有任何违反《中华人民共和国宪法》及其他法律法规的内容。所涉及的发明创造、专利技术、资源等必须拥有清晰合法的知识产权或物权。如有抄袭盗用他人成果、提供虚假材料等违反相关法律法规或违背大赛精神的行为，一经发现即刻丧失参赛资格、所获奖项等相关权利，并自负一切法律责任。

（3）参赛项目只能选择一个符合要求的赛道报名参赛，根据参赛团队负责人的学籍或学历确定参赛团队所代表的参赛学校，且代表的参赛学校具有唯一性。参赛团队须在报名系统中将项目所涉及的材料按时如实填写提交。已获本大赛往届总决赛各赛道金奖和银奖的项目，不可报名参加本届大赛。第九届大赛海南赛区决赛场景如图 11-3 所示。

11.2.3 参赛项目聚焦科教融汇

1. 突出"四新"类参赛项目

2023 年在中国天津举办的第九届中国国际"互联网+"大学生创新创业大赛，对高校主赛道参赛项目类型提出如下的新要求。

（1）新工科类项目：大数据、云计算、人工智能、区块链、虚拟现实、智能制造、网络空间安全、机器人工程、工业自动化、新材料等领域，符合新工

图 11-3 第九届大赛海南赛区决赛场景

科理念和要求。

（2）新医科类项目：现代医疗技术、智能医疗设备、新药研发、健康康养、食药保健、智能医学、生物技术、生物材料等领域，符合新医科建设理念和要求的项目。

（3）新农科类项目：现代种业、智慧农业、智能农机装备、农业大数据、食品营养、休闲农业、森林康养、生态修复、农业碳汇等领域，符合新农科理念和要求。

（4）新文科类项目：文化教育、数字经济、金融科技、财经、法务、融媒体、翻译、旅游休闲、动漫、文创设计与开发、电子商务、物流、体育、非物质文化遗产保护、社会工作、家政服务、养老服务等领域，符合新文科建设理念和要求的项目。

2. 项目要求：产教融合和专创结合

参赛项目团队应认真了解和把握"四新"发展要求，结合以上分类及项目实际，合理选择参赛项目类别。参赛项目不只限于"互联网+"项目，鼓励各类创新创业项目参赛，根据"四新"建设内涵和产业发展方向选择相应类型。图11-4为第八届大赛四川大学国赛金奖项目复盘场景。

图 11-4　第八届大赛四川大学国赛金奖项目复盘场景

11.3　评审规则和评审重点

下面以第八届大赛为例，展示重点赛道的评审规则，并分析评审的重点。

11.3.1　评审要点

1. 高校主赛道（初创组、成长组）项目评分要点

教育维度（20分）、商业维度（30分）、团队维度（20分）、创新维度（20分）、社会价值维度（10分）。

2. 高校主赛道（创意组）项目评审内容要点

（1）教育维度（30分）。

1）项目应弘扬正确的价值观，体现家国情怀，恪守伦理规范，有助于培育创新创业精神。2）项目符合将专业知识与商业知识有效结合并转化为商业价值或社会价值的创新创业基本过程和基本逻辑，展现创新创业教育对创业者基本素养和认知的塑造力。3）体现团队对创新创业所需知识（专业知识、商业知识、行业知识等）与技能（计划、组织、领导、控制、创新等）的娴熟掌握与应用，展现创新创业教育提升创业者综合能力的效力。4）项目充分体现团队解决复杂问题的综合能力和高级思维；体现项目成长对团队成员创新创业精神、意识、能力的锻炼和提升作用。5）项目能充分体现院校在新工科、新医科、新农科、新文科建设方面取得的成果；体现院校在项目培育、孵化等方面的支持情况；体现多学科交叉、专创融合、产学研协同创新、产教融合等模式在项目产生与执行中的重要作用。

（2）创新维度（20分）。

1）项目遵循从创意到研发、试制、生产、进入市场的创新一般过程，进而实现从创意向实践、从基础研发向应用创新维度研发的跨越。2）团队能够基于学科专业知识并运用各类创新的理念和范式，解决社会和市场的实际需求。3）项目能够从产品创新、工艺流程创新、服务创新、商业模式创新等方面开展创新创业实践，并产生一定数量和质量的创新成果以体现团队的创新力。

（3）团队维度（20分）。

1）团队的组成原则与过程是否科学合理；团队是否具有支撑项目成长的知识、技术和经验；是否有明确的使命愿景。2）团队的组织构架、人员配置、分工协作、能力结构、专业结构、合作机制、激励制度等的合理性情况。3）团队与项目关系的真实性、紧密性情况；对项目的各项投入情况；创立创业企业的可能性情况。4）支撑项目发展的合作伙伴等外部资源的使用以及与项目关系的情况。

（4）商业维度（20分）。

1）充分了解所在产业（行业）的产业规模、增长速度、竞争格局、产业趋势、产业政策等情况，形成完备、深刻的产业认知。2）项目具有明确的目标市场定位，对目标市场的特征、需求等情况有清晰的了解，并据此制订合理的营销、运营、财务等计划，设计出完整、创新、可行的商业模式，展现团队的商业思维。3）项目落地执行情况；项目对促进区域经济发展、产业转型升级的情况；已有盈利能力或盈利潜力情况。

（5）社会价值维度（10分）。

1）项目直接提供就业岗位的数量和质量。2）项目间接带动就业的能力和规模。3）项目对社会文明、生态文明、民生福祉等方面的积极推动作用。

3．"青年红色筑梦之旅"赛道项目评审要点

（1）公益组：教育维度（30分）、公益维度（10分）、团队维度（20分）、发展维度（20分）、创新维度（20分）。

（2）创意组：教育维度（30分）、团队维度（20分）、发展维度（20分）、创新维度（20分）、社会价值维度（10分）。

（3）创业组：教育维度（20分）、团队维度（20分）、发展维度（30分）、创新维度（20分）、社会价值维度（10分）。

参加以上项目的必要条件是：参加由学校、省（市）或全国组织的"青年红色筑梦之旅"活动。

4. 职教赛道项目评审要点

（1）创意组：教育维度（30分）、创新维度（20分）、团队维度（20分）、商业维度（20分）、社会价值维度（10分）。

（2）创业组：教育维度（20分）、商业维度（30分）、创新维度（20分）、团队维度（20分）、社会价值维度（10分）。

5. 产业命题赛道项目评审要点

教育维度（30分）、命题分析维度（10分）、创新维度（20分）、团队维度（20分）、实现维度（20分）。

11.3.2 专家评审重点

1. 思政教育成效

思政教育成效包括以下方面。

1）弘扬正确的价值观，体现家国情怀，恪守伦理规范；2）扎根中国大地了解国情民情；3）对创新创业的热爱和服务社会的担当；4）新时代青年勇于创新创造的奋斗精神；5）遵循发现问题、分析问题、解决问题的基本规律。

2. 知识运用

知识运用包括以下方面。

1）专业教育与创新创业教育结合，转化为商业价值或社会价值；2）创新创业所需知识与技能的掌握和应用；3）学科交叉、产学研协同创新、产教融合等情况；4）解决复杂问题的综合能力；5）反映院校新工科、新医科、新农科、新文科建设的成果。

3. 团队协作

团队协作包括以下方面。

1）团队有明确的目标，组成原则与过程科学合理；2）团队的知识、技术、能力等足以支撑项目成长；3）团队成员对项目有一定贡献；4）团队利用外部资源支撑项目发展。

4. 项目创新

项目创新包括以下方面。

1）充分了解所在行业，具有明确的定位；2）能运用创新理念，解决社会与市场的实际需求；3）遵循创新的一般过程，实现从创意向实践、从基础研发向应用研发的跨越；4）从产品创新、工艺流程创新、商业模式创新等方面开展创新创业实践。

5. 创新创业成效

创新创业成效包括以下方面。

1）产生一定数量和质量的成果；2）落地执行情况，项目盈利能力或盈利潜力情况；

3)提供、带动就业的能力和规模;4)对社会文明、生态文明、民生福祉等的积极推动作用。

综合以上评审重点,评审专家更加注重项目带来的人才培养成效;以赛促"教"、以赛促"学"、以赛促"创",打造高水平人才培养体系和实现高质量的创新创业。

11.4 赢得大赛的办法和策略

11.4.1 组建参赛项目和团队

(1)高校以"四新"(新工科、新医科、新农科、新文科)为指导,挖掘本校的学科、专业以及科研成果优势,寻找合适的指导教师和参赛项目以及学生项目负责人等。

(2)建立关键"链接":"指导教师-学生团队负责人-学生创业团队"协同发力。

(3)优化参赛项目:明晰产品或者服务的市场需求、核心技术及竞争优势、项目运行的资金来源等。

(4)编制商业计划书:遵循"6C"框架,即产品、顾客、竞争者、能力、资本、永续经营,把握"商业模式"灵魂,关键是"找人"和"找钱"。

其中,指导教师和学生团队负责人以及参赛项目的选择是关键点。

11.4.2 项目团队的学习和训练

1. 获奖的关键:项目团队内训

(1)参赛团队内部培训的对象首先是指导教师和学生团队负责人,其次才是项目团队的其他成员。聘请具有创业和商业实践经验的专家指导团队进行培训。师生团队应树立强本领、学经营、练内功的理念,内部模拟训练和外部专家指导训练相结合。图11-5为顾颖教授应邀给海南赛区做专题报告。

(2)强化AI技术+行业(企业)实践场景训练。2023年AI技术爆发,涌现出许多"智能工厂"和行业"创业之星",训练时应重点关注智能制造、AI技术+软件信息服务、AI技术+绿色科技、AI技术+药物和医疗器械制造、5G技术+诊疗检测、AI技术下的自动驾驶、现代农业、航空航天和消费服务等领域的项目。

图11-5 顾颖教授应邀给海南赛区做专题报告

2. 把握参赛项目的商业逻辑

(1)创业是创新的实现商业化的途径。创业的商业逻辑是创造新产品、实现新价值。创业战略关注的是如何匹配公司能力(资源)与其竞争环境中的商机。捕捉商机是创业的动力,而资源(包括资本、财物、人脉等)则是获利的基础。

(2)创业团队就是以完成创利为目标而将商机和资源整合一起的"操盘手"。创业项目可以做"比其他更好"的新产品，也可以做"与众不同"的新产品，增强新产品的竞争优势。创业过程与商业逻辑如图 11-6 所示。

3. 认知商业模式及其本质

商业模式是商业计划书的灵魂。商业模式的本质是买卖或"生意"模式，包含了企业的盈利模式。创业项目无论包装得多么华美，归根到底是商业生意，既可能赚钱，也可能亏本。

理解商业模式要回答三个问题：一是谁是公司的用户，他们最大的需求是什么，即产品的用户（顾客价值）；二是企业应为这些客户提供什么产品或服务，即核心能力和独特产品；三是企业如何有效且持续地提供这些产品和服务，即持续财力支撑。

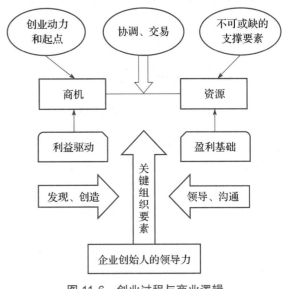

图 11-6　创业过程与商业逻辑

这样，"用户－产品－资金"循环往复的"飞轮效应"才能产生收益（或价值），商业模式能否持续成功取决于用户规模、产品销量、经营成本和利润大小。

4. 认知技术商业化的难点

（1）技术创新的商业风险。技术创新与产品商业化之间存在着"鸿沟"。用户花钱不是为了购买技术，而是为了购买解决问题的方法．必须使价值获得认可，他们才愿意付钱，否则，其商业难以成功。

（2）技术商业化的不确定性。一是技术创新与研发投入的多少没有必然关系，比如，当苹果推出 Mac 的时候，IBM 在研发上的投入至少是苹果的 100 倍；二是技术领先也可能面临商业失败，比如，当年处于绝对领先地位的诺基亚成为输家。法国协和式飞机和空中客车 A380，从技术层面解决了高速度和载客量问题，但因建造和运营成本过高、乘客不足而停产。

（3）市场需求和规模效应不足。没有规模化、低成本的供应链，难以合作共赢和实现商业成功。

（4）未必需要特别领先的技术。企业需要的不一定是特别领先的技术，而是自身可控的核心技术，并坚持 10 年、20 年以上持续改进、提升、优化。典型的成功例子比如德国中小企业"隐形冠军"和中国"专精特新"企业。

（5）创始人和核心股东的预期。假如公司创始人和核心投资者对核心技术的持续投入缺乏信心，或者他们不能坚信这项技术和市场需求有效结合能产生较大的利润，那么，技术商业化难以成功。

（6）合作各方利益诉求不一。例如技术持有者希望技术转让费高或者股份占比高；创始人和投资人关注的是产品需求、技术的可行性及商业可持续性；经营管理者希望有较高的收入回报。

(7) 技术和市场成熟度对商业化的影响。新兴技术成熟度不高,很难实现产业化、工程化、商业化的成功。比如,中国企业多年来持续投入,实现锂电池制造技术自主创新突破,使得锂电池存储和续航功能强大,从而带动电动车产业的发展。

(8) 技术成果的安全性和成本风险。比如,日本汽车制造商关注开发制造氢能汽车,而中国汽车制造商关注发展锂电池电动汽车。实践证明,锂电池电动车的安全性、成本和效率优于氢能汽车。

概括而言,科技成果商业化的核心问题在于以下方面:一是产品的市场需求及规模;二是技术的可行性;三是商业的可持续性。

5. 参赛者应"懂得"企业经营

创业是一场持续创造新产品、满足新需求的商业活动,创业者"懂得"经营更容易让专家评委信服。①顾客价值:满足顾客的"痛点"需求,有足够数量的顾客购买产品;②合理成本:不是"最低"成本,而是比竞争者的产品更合理的成本;③适度规模:不是规模越大越赚钱,而是在适度规模下,产品的生产和销售更具有竞争力和持续性;④恰当盈利:创始人和投资者应该追求企业的长期盈利;假如只顾自己和企业的短期盈利,就会"伤害"顾客、供应商、销售商、员工等各方的利益,企业也会疏于承担社会责任,从而导致商业模式不成功、创业失败。

11.4.3 应对评审专家的策略

1. 从校赛到省赛的专家评审

(1) 赛道选择。师生应根据参赛项目和人员实力以及赛道不同要求合理选择赛道,如初创组、成长组、创意组、产业赛道,或者"青年红色筑梦之旅"活动。

(2) 商业计划书的撰写与表达。专家评审重点关注以下方面。①是否符合申报表格(商业计划书)的要求,力求格式符合规范、逻辑表达清晰、内容创新务实,并反复打磨文本资料。②内容是关键:一是用户需求、产品创造、资金来源等应当清晰,尤其是资金来源,涉及创业动能机制(创业团队、合伙人、投资人、用户等利益分配),也涉及商业模式能否成立和创业公司是否有持续财力支撑的问题;二是能够对项目核心技术商业转化情况给予清晰表达。③合理选择辅助手段:用网络视频、图片资料营造创业项目必要的真实场景。

2. 从省赛到国赛的专家评审

(1) 评审专家的眼光:新、真、实。尽管评审标准、要点以及评审重点是"死的",但是评审专家是"活的"。既然是创业竞赛,专家会根据每个项目的现场展示答辩先给个总分,随着大赛评审的进程再调整每个项目的评分,并评定出等级。图 11-7 为顾颖教授在四川大学做大赛项目评委时合影。

(2) 把专家评委视为项目投资人。如何让投资人相信创业项目能够创造价值?投资人期待的是有商机前景、能够带来投资回报的创业项目,关注创业团队所掌握核心技术或特色服务的竞争优势以及市场前景。传统的"天使"或"风险"投资已成为过去,取而代之的是"价值投资":关注科技创新引领下的顾客主义和长期主义等。

图 11-7　顾颖教授在四川大学做大赛项目评委时合影

（3）学生团队负责人现场答辩应把握项目要点。①重点展示顾客价值、规模、成本和利润，其中，"规模"意味着产品需求量和销售量大；利润，涉及"商业模式"背后的利益分配机制，其主体包括创始人、投资人、团队和用户等，这也是创业的动能机制。②把"产品的市场需求、技术的可行性和商业的可持续性"说清楚。

11.5　国创大赛金奖项目评价

11.5.1　国创大赛金奖项目的"商业计划书"

教育部创新创业教育指导委员会受托于教育部高教司，编写了一本部分高校团队参与中国国际"互联网+"大学生创新创业大赛并获得金奖的项目案例集，本教材主编参与了本获奖项目案例集的个案推荐和编写工作，现拿出 10 个项目的商业计划书的框架内容与读者分享。多年来，作者做过各种层次和级别的高校"双创"大赛评审专家，图 11-8、图 11-9、图 11-10 所示为作者担任评委或做专题报告场景。

◆ 案例

金奖项目商业计划书框架

1. 同驭汽车：遨游科技创新的星辰大海（同济大学）

（1）引言；（2）点亮创造之灯；（3）打开机会之窗；（4）踏上创业之路；（5）用创新照亮未来；（6）站上产业链之巅；（7）结合本案例思考并回答问题。

2. Porotech：康河畔奏响的新材料之歌（剑桥大学）

（1）引言；（2）谱写创造音符；（3）奏响机遇序曲；（4）开启动人篇章；（5）引领时代旋律；（6）高唱奋进凯歌；（7）思考题。

3. 星火智运：无人驾驶物流运输全栈解决方案供应商（上海交通大学）

（1）引言；（2）创新创业种子的发芽；（3）创业意识和实践的觉醒；（4）创业能力的铸就：①创业机会识别，②技术快速迭代，③实现零的突破，④未来更美好；（5）企业家精神的孕育。

图 11-8　顾颖在四川大学做大赛项目评委

4. 西人马：中国 MEMS 芯片行业领军者（厦门大学）

（1）创业者经历；（2）创业背景；（3）创业历程；（4）营销模式；（5）所获奖项；（6）未来发展；（7）经验总结；（8）思考题。

5. 蜂之蜜——打造蜂产业链升级变革与精准扶贫新模式（西北大学）

（1）引言；（2）梦想点燃扶贫志向；（3）蜂产业面临问题严峻；（4）逐一攻破行业痛点；（5）科研助力产业发展；（6）踏上创新创业之路；（7）思考题。

6. 赛冷科技——当 5G 的"火焰山"遇上金刚石做的"芭蕉扇"（中南大学）

（1）引言；（2）点亮创造之灯；（3）打开机会之窗；（4）踏上创新创业之路；（5）唯有创新照亮未来；（6）站上产业链之巅；（7）总结；（8）思考题。

7. 复成医疗：从人工智能到医疗器械芯片，以自主创新"窥"见未来（复旦大学）

（1）从科学家到创业者：学科交叉研究领域的探索者；（2）从人工智能到医疗器械主控芯片：将"卡脖子"变为"杀手锏"；（3）遨游消化道癌症早筛千亿级蓝海，以科技创新助力健康中国 2030；（4）思考题。

8. Insta 360：探索创意无限的"全景之旅"（南京大学）

（1）引言；（2）开启创意创新之旅；（3）持续努力实践成功；（4）成就行业领军企业；（5）技术创新走向未来；（6）总结；（7）思考题。

9. 树米科技：为世界最大限度地解决人与物，物与物的连接（华中科技大学）

（1）引言；（2）启迪创新之光；（3）敲开机遇之门；（4）走上创业之路；（5）用创新连接世界；（6）深耕产业，服务社会；（7）思考题。

图 11-9　顾颖在四川大学做"双创"专题报告

10. 全球高效水煤浆分散剂定制开发领航者（内蒙古大学）

（1）引言；（2）点亮创造之灯；（3）以产业需求为导向；（4）踏上创业之路；（5）用技术创新引领企业发展；（6）技术领先，市场前景光明；（7）总结；（8）思考题。

11.5.2 参赛项目评价

1. 项目突出的优点

商业计划书的表达激情洋溢，文字逻辑清楚，体现了大学生的青春活力和拼搏能量，内容突出科技创新、学科交叉、创业探索、育人为本、社会价值等。体现了高校在新工科、新医科、新农科、新文科建设方面取得的成果，培养新产品、新服务、新业态、新模式。产业赛道打通高校智力资源和企业发展的需求，协同解决企业发展的技术研发和应用成效等现实问题。

"青年红色筑梦之旅"体现了大学生家国情怀、热爱创新创业、服务社会、奋斗担当等公益性质和社会价值。

2. 项目存在的不足

对创业的商业逻辑、商业本质和创业动能机制等理解不清，所构建商业模式（忽视利益相关者的利益分配机制）很难付诸实践。

偏爱技术领先，忽视技术成果转化为商业化产品的风险和困难。许多参赛者虽持有领先技术，但拿不出让评审专家信服的"产品需求旺盛和产品营销成功"的解决方案，从而错失大赛的大奖。指导教师和学生项目负责人缺乏企业经营实践经验，对用户需求、产品规模、成本高低、利润大小、资金支持等表达不清。国赛金奖或"冠军"项目与实战性的创业标杆（"隐形冠军"或"专精特新"）企业差距较大。

图 11-10　顾颖在海南赛区决赛中当评委

🟧 随堂讨论题

1. 参加"互联网+"创新创业大赛对你的创业和就业有什么帮助？为什么？
2. 如果你参加"互联网+"创新创业大赛，将如何撰写商业计划书？你如何赢得用户、创造产品和获得资金支持？

3. 为什么参加"互联网+"创新创业大赛要求"四新"类项目?如何理解专创结合和产教融合创业?
4. 为什么说技术领先未必能够实现商业成功?列举2~3个例子说明。

单元作业题

1. 技术成果商业化的影响因素和难点有哪些?为什么?
2. 你应对评审专家并赢得"互联网+"创新创业大赛的方法及策略有哪些?

模块 12
MODULE 12

产业数智化带动创业

□ 内容提要

面对商业格局的巨变，科技引领、产业数智化转型成为中国经济创新发展的必由之路。本章讲述环境巨变与商业新格局，产业数智化转型与战略，中国产业发展与国际竞争，中国优势产业案例分析，以及中国产业链与创业新机遇。

12.1　环境巨变与商业新格局

12.1.1　数智化改变生活和工作方式

数智化产业的蓬勃发展，使人们的生产和生活方式发生了深刻的变化，例如以下方面。新闻出版业：电视台、出版业等受到冲击。零售门店：线下生意减少，生活用品和服装业等交易大量来自网购。食宿行业：不提供外卖的餐饮店，非连锁的、不参与网络预订的品牌酒店难以存活。交通出行：优步、滴滴、易到等网约车平台冲击着传统出租车行业。交易支付："京东白条"抗衡"支付宝"，冲击传统银行业。社交、娱乐等行业：招聘、游戏、演艺、婚恋等网络平台兴起。

数智化发展给人们带来个性化、低费用、高质量的产品和服务，但是，也冲击了传统实体经济和产业，迫使其改变商业模式，寻找发展的新动能。

图片来源：360 图片

12.1.2　数智化改变工业时代的商业模式

伴随大规模生产、销售和传播"三位一体"模式被打破，企业销售额提升艰难，而硬件设施、人力资本、物流等成本不断提高；产品同质化与消费需求个性化之间的矛盾尖锐，传统企业难以盈利、存活。

有没有解决问题的办法？当然有，比如，C2B、"互联网+"智能制造、开放式创新——众包模式等，都是应对这些问题的有效尝试。但是，传统制造业要想向智能化制造转型、建构高绩效的商业模式非常困难，必然承担巨大的成本压力和经营风险，这涉及钢铁、能源（如煤炭、石油）、化工、建材（如水泥）、农业等几乎全部传统行业。

12.1.3　数智化下企业的经营格局

数智化时代，企业的经营格局发生了巨大变化，广泛涉及环境、决策、创新等方面。

- **环境**：互联网、大数据、人工智能、物联网、云计算以及5G技术等，让一切皆可数智化，万物皆可互联化，融入人类生活的各个领域。
- **决策**：用数据说话，通过"数据收集—数据分析—数据应用"的系统工程，指导战略、组织、管理和运营。
- **创新**：涵盖方方面面的创新，包括生活方式创新、商业模式创新、治理机制创新、技术创新等。

过去20年，是中国互联网创新应用惊艳世界的20年。现在进入数智化转型过程，可以说是"数字决定命运"的时代。向数字要增长、向数字要治理、向数字要动能、向数字要优势，推动"互联网+"向"智慧+"升级，这是大势所趋。

数字经济已成为最重要、最活跃的新动能，孕育了大量新的经济增长点。新一代数字技术蓬勃发展，催生了新产品、新业态、新模式、新职业等数字新物种，也使数智化成为最活跃的生产力源泉。近年来，直播带货、宅经济被引爆，在线医疗、在线教育、远程办公等提前5~10年迎来拐点，数字经济正加速经济社会发展的数智化全面转型。

12.2　产业数智化转型与战略

12.2.1　数智化的本质特征

数智化通过"连接"，实现各种技术的创新、各种方式的组合；利用人工智能、移动技术、通信技术、物联网、大数据、云计算等，在虚拟世界中重建现实世界。数智化推动实现现实世界与虚拟世界并存且融合的新世界。

1. 连接：连接大于拥有

数智化以"连接"带来的时效、成本、价值明显超越"拥有"带来的获得感。亨利·福特"让每个人都能买得起汽车"的理想在今天完全可以演化为"让每个人都能使用汽车"，"连接"汽车的意义远大于"拥有"汽车。

2. 共生：现实世界与数字世界融合

数智化正将现实世界重构为数字世界，这种重构不是单纯的复制，更包含数字世界对现实的再创造,这意味着数字世界通过数字技术与现实世界相连接、深度互动与学习、融为一体,共生并创造出全新的价值。

3. 当下:过去与未来压缩在当下

数智化时间轴不是从一个时刻过渡到另一个时刻,而是从一个选择跳到另一个选择,停留在每一个命令行里,就像数字时钟上的数字一样,直到做出下一个选择,新的现实就会出现在眼前。《当下的冲击》的作者道格拉斯·洛西科夫给出了时间的三种答案:永恒时间("上帝"所在)、等长时间(金钱所在)、当下时间(体验所在),并进一步展开为"农业社会的时间是自然存在的尺度,工业社会的时间是社会存在的尺度,信息社会的时间是意义存在的尺度"。

"时间就是生命,效率就是金钱"。在数智化时代,需要连接、合作、共享、共生,坚持长期主义价值观,做时间的朋友,在不确定性中寻求确定性,依赖稳定的价值观可以穿透时间、跨越危机。

12.2.2 数智化转型的方略

1. 如何理解产业数智化

数字技术进入产业端,线上线下被打通,线上企业转移到线下,形成新零售、新制造、新金融、新技术,创造产业新价值;产业互联网战略升级产生新组合。数智化资源将通过各种形式源源不断地渗透到产业链的每一个环节,从而诞生无限可能的"新产业组合"。

正确理解产业数智化应把握6个关键认知:一切正在转化为数据;连接比拥有更重要;开放、信任和协同是关键;从竞争逻辑转向共生逻辑;顾客主义;长期主义。

图片来源:360图片

2. 数智化技术下的商业格局

数智化转型的驱动力体现在:数智化技术+价值创造(利润追逐)。数智化转型对企业的影响体现在战略、人才、组织、运营等全方位。数智化改变了商业模式,主要体现在价值创造、传递、支持、获取的系统。数智化影响了战略节奏,全面涵盖产品和服务的数智化、营销渠道的数智化、组织和人才的数智化、经营和管理的数智化。

但是,数智化并没有改变商业的本质:企业存在的价值在于创造用户。概括而言,企业应当"见终局、揽全局、知时局、应变局",积极应对数智化转型。

3. 数智化转型的战略思维

数智化转型的战略思维包括五个核心理念。战略:以用户运营为核心。基础设施:实现全域数据融合。业务:用消费端数据驱动供给端变革。组织:重构数字商业的基础设施。绩效:追求和创造可持续的增长模式。

数智化转型的战略思维主要关注以下内容。"蓝海战略":开创无人抢占的市场。战略手艺化:通过实践、调整和学习的过程来形成战略,塑造企业能力或者优势。数字化转型战略相较传统战略,具有三个特点:敏捷、共创、迭代。敏捷是指将战略规划的周期大幅压缩,因为外部环境在快速变化。共创是指把战略的规划和执行融合,上级和下级、内部和外部共同参与。迭代是指不断修正之前的假设。

企业数智化转型的路径是:取势、明道、优术。简单来说,就是先审时度势,在明确了方向和时机后,再把握规律,明晰战略,最后提升能力,解决问题。

4. 数智化转型决定企业命运

2019 年,《财富》世界 500 强企业榜单中,中国企业上榜数量(129 家)首次超过美国企业上榜数量(121 家)。联想(2008 年)、华为(2010 年)、京东(2016 年)、阿里巴巴和腾讯(2017 年)等越来越多的数智化企业接踵登上《财富》世界 500 强排行榜。美国企业苹果、亚马逊、微软和 Alphabet 成为首批市值达 1 万亿美元的上市公司。无论中国企业还是国外领先企业,不断达到市值新高,都与数智化转型和创新息息相关。

❖ 案例

柯达和富士的"生死存亡"

世界著名的两家胶片照相机公司柯达和富士曾是竞争对手。2001 年,柯达的品牌市值为 300 亿美元,全球排名远高于富士。2012 年,柯达市值跌至 1 亿美元,申请破产保护,而富士市值则上升到 120 亿美元。

究其原因,在于 2002 年柯达数智化率仅为 25% 左右,而富士的数智化率已达到 60%。两家公司在 2002 年的数智化转型能力决定了 10 年后的不同命运。

❖ 案例

亚马逊新零售的"飞轮效应"

亚马逊公司是世界最大的、最会赚钱的零售商之一。其付费会员超过 1 亿名,会员费为 99 美元,赢得了强大的对供应商的议价能力。它的经营核心是通过社交媒体和庞大的网络将客户、产品、平台捆绑在一起,这也彻底改变了零售业的格局。

公司创始人贝佐斯相信互联网的增长潜力巨大,提出了以"客户体验"为中心的"飞轮效应",认为改进客户体验能带来客户增长(见图 12-1)。他坚持价格、选品、可用性的"三位一体"模式,以及大幅降价、包邮等手段。

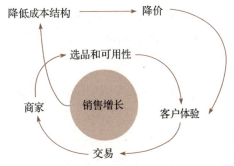

图 12-1　改进客户体验与客户增长的关系

"飞轮效应"来自数学、物理、生物学等自然科学原理,自然界中的事物可以在不同层面循环往复,产生一种自我增强的能量。商业原理也是"有效率,才有效益"。

资料来源:《亚马逊方法:平台型公司如何实现爆发式增长》,作者约翰·罗斯曼。

中国的京东、淘宝、拼多多等,与亚马逊公司的商业模式、商业原理大同小异,是更符合中国消费者需求的中国商业实践。

12.3　中国产业发展与国际竞争

近年来,世界经济出现第二次世界大战后从未有过的激烈竞争和矛盾冲突,中国产业发展与国际竞争受制于中美关系、中欧关系、俄美关系和中俄关系等。

随着中国成为世界第二大经济体,美国持续通过美元金融、科技封锁等直接手段,企图遏制中国的发展。尽管欧洲的某些政客鼓吹与中国经济"脱钩",美国裹胁欧盟联合制华,但是,中欧商业贸易往来不降反增,比如,2022年欧洲企业对华投资增长超过30%。俄乌冲突,俄美关系恶化,中俄则在政治、经贸和军事等方面建立了务实合作,"新时代中俄全面战略协作伙伴关系"深化。

《中华人民共和国国民经济和社会发展第十四个五年规划和2035年远景目标纲要》对我国的国际环境做出如下判断:当前和今后一个时期,我国发展仍然处于重要战略机遇期,但机遇和挑战都有新的发展变化。这要求我们必须深刻认识错综复杂的国际环境带来的新矛盾新挑战。

新矛盾、新挑战、新机遇蕴含在变化之中。我们要坚持用全面、辩证、长远的眼光分析当前经济形势,努力在危机中育新机、于变局中开新局。

◆ 案例

为什么 NBA 淡出中国篮球市场

NBA是指"美国篮球职业联赛",有120多年的发展史,20世纪80年代,NBA总裁敲开了央视的大门,央视开始播放NBA的篮球比赛。NBA的篮球理念、运作模式、打球技术等影响了中国篮球的发展,NBA从中国获得了巨大的商业回报。

为什么NBA在中国由盛转衰呢?20世纪90年代后,NBA吸引了大批中国球迷,他们爱上篮球,喜欢乔丹、科比等明星球员,NBA商业运作渐入佳境;随着姚明等中国球员加入NBA,NBA赢得海量的中国球迷,赚得"盆满钵满"。但是,自从2011年姚明退役后,中国球迷对NBA热度逐渐下降。2019年莫雷发表不当言论,NBA总裁肖华拒不道歉,NBA几乎彻底失去了中国消费者。

在20多年的发展中,我国在保持核电、航天、高铁、基建等产业竞争优势的前提下,在大飞机制造、智能制造、新能源技术、5G通信、量子计算等产业又建立了新的竞争优势。

12.4　中国优势产业案例分析

12.4.1　中国与欧美产业竞争的焦点

为了顺应全球化的发展,各国产业竞争逐渐聚焦在科技引领下的智能制造。第二次世界大战后,英、美两国专注于发展金融和服务业而逐渐丧失了制造业的优势,德国则一直保持着"制造强国"的优势。中国目前站上新的起跑线，能够在高端制造业领域与欧美国家展开激烈竞争。党的二十大报告提出，"推动制造业高端化、智能化、绿色化发展"，将其作为建设现代化产业体系的一个重要着力点。2023年，国务院总理李强在湖南调研时强调：大力发展先进制造业，坚定不移筑牢实体经济根基。

◆ 案例

为什么特斯拉选择在中国建厂而不是印度

基于中国市场规模、税收优惠政策、中国效率以及电动车产业链的中国本土配套条件优势等，特斯拉选择在中国上海建设"超级工厂"。

如愿以偿，特斯拉上海工厂2021年产能达到近50万辆，2022年冲击150万辆。其实，特斯拉掌门人马斯克很早就瞄上了印度大市场，印度总理莫迪亲自出马招商，但是，双方进入实质签约阶段时，印度高昂的车辆税收和较低的工作效率，以及缺乏电动车生产的本土配套企业等，让马斯克望而却步，他马上调整经营策略：扩大上海工厂的电动车产能，特斯拉只在印度建立销售基地。

12.4.2 中国的优势产业

经历了20多年的快速发展，中国在量子计算、5G通信、新能源技术、智能手机、无人机等技术和产业领域建立了新的国际竞争优势。

围绕每一产业形成产业链和供应链，提供配套产品和服务的企业少则数百家，多则数千家甚至上万家。产业发展能力逐渐转化为核心竞争优势，即"中国大市场＋核心技术自主创新＋低成本＋高效率"。

◆ 案例

中国高铁全球竞争力"一骑绝尘"

2022年，中国高铁运营里程占全球2/3，达4万km，稳居世界第一。中国高铁一是在核心技术能力上突破：2004年起步的中国中车，借助国家产业政策，自主研发、引进吸收消化、自主创新，实现了从追赶到引领的转变。二是超越外国强企：早年，德国西门子承建了"上海磁悬浮"高铁，法国阿尔斯通承建了"京沪高铁"，现在，它们与中国中车竞标处于劣势，日本国铁也逐渐衰落。三是国际竞争优势大：基于中国高铁基建费用低、效率高、速度快、安全稳定性高以及综合成本优势等，在亚洲的印度尼西亚、泰国，非洲的埃塞俄比亚以及英国都获得了大订单。

2023年10月，中国和印度尼西亚合作建设的雅万高铁正式投入营运，印度尼西亚总统佐科兴致勃勃乘坐体验。

◆ 案例

中国"基建狂魔"势不可挡

提起中国人修路、架桥、打通隧道的能力，今天的人们会很自然地想到一个词——"基建狂魔"。中国获得"基建狂魔"称号,一是依靠中国基建效率或者说"中国速度",二是依靠中国基建创新技术水平和能力。近10年来,中国在建造高楼大厦、兴建新机场、贯通超长隧道、建设跨海大桥、吹沙填海造岛、承建高难度的高铁工程等方面取得了一系列的辉煌成就。比如,世界十大跨江跨海大桥,中国占席一半。连接云贵两省的北盘江大桥(如图12-2所示),垂直高度达565m,大桥全长达1 341m,相当于200层楼高,被称为"世界第一高桥"。在南海永兴、永暑等岛屿的吹沙填海工程,取得了举世瞩目的基建成就。特斯拉掌门人马斯克曾赞叹:"中国基建效率是美国的100多倍。"

图 12-2 "世界第一高桥"北盘江大桥
图片来源:360图片

资料来源:新华网发文,"马斯克感叹中国基建速度:是美国的100多倍",2018-2-28。

12.5 中国产业链与创业新机遇

12.5.1 新兴产业发展理论和政策支持

1. 什么是国家的产业竞争力

战略管理学家迈克尔·波特在著作《国家竞争优势》中提出了有名的"国家竞争优势钻石模型"。他认为,一个国家的经济是否有活力、产业是否有国际竞争力,主要取决于四方面因素:一是生产要素,二是需求条件,三是企业的战略、结构、竞争对手的表现,四是相关产业和支持产业的表现,以及加工配套行业。

换句话说,就是一个国家的制造业领域中是否具备一批技术水平较高、技术能力极强的"专精特新"企业。它们不是单独的一两家企业,而是一个企业群体,能够形成庞大的加工配套产业群,这决定了一个国家的产业竞争力和竞争优势。由"专精特新"企业支撑的加工配套行业对产业发展的重要性尤为突出。

❖ 案例

中国无人机产业悄然崛起

无人驾驶飞机简称无人机。无人机产业是由无人机设备的设计、制造、维护、营运活动等构成的。其产业链主要包括设计测试、整机制造和运营服务三个环节。在国家产业政策助推下,无人机在个人消费、植保、测绘、能源等领域得到广泛应用。随着无线充电、手势控制、5G通信、集成芯片等关键技术不断实现突破,无人机性能大幅提升。消费类无人机产业,是我国引领全球发展水平的高科技产品制造产业。

中国无人机产业的企业有千余家。2006年起步的大疆创新公司,员工超过1.4万人,客户遍布百余个国家和地区,是全球消费类无人机领头企业。多年前,大疆无人机低调进入美国市场,成长为引人瞩目的高科技制造公司。

2. 中国产业优势与带动创业

20多年来，在我国许多新兴产业中，由"龙头企业"和大批中小企业（中小企业集群）形成了产业链或产业新生态，为创办中小企业和就业创造出新机遇。

比如，在大飞机制造领域有龙头企业中国商飞，在高铁领域有中国中车，在工程机械制造领域有三一重工，在高端芯片研发和制造方面有华为、中芯国际，在新能源汽车制造领域有宁德时代和比亚迪，等等。围绕每一产业，有200家以上甚至多达1 000家以上的配套加工中小企业。这些中小企业中涌现出许多"不为人知"而掌握核心技术的"专精特新"或者"隐形冠军"企业。

12.5.2 中国产业数智化的未来

在数智化产业领域，以大数据、AI（人工智能）、云计算、区块链、元宇宙等为代表的前瞻性数字技术深度交叉融合和快速迭代，大力推动数字原生、孪生产业高地建设，发展起了一批数字平台企业、专业数据生产商、依托数据的新创企业以及数字相关基础设施企业。

未来在产业布局方面，可依托新基础建设，聚焦未来健康、未来智能、未来能源、未来空间、未来材料五大方向以及脑机接口、合成生物、通用AI、量子科技等细分领域，率先开拓场景化"数实共生"产业新生态。聚焦集成电路、生物医药、人工智能三大先导产业，以及新材料、智能网联汽车与新能源汽车、智能制造与机器人等重点产业领域。

◆ 随堂讨论题

1. 数智化给人们的生产和生活方式带来了哪些变化？
2. 数智化的本质是什么？如何理解"产业数智化"和"数字产业化"？
3. 举例说明中国优势产业有哪些以及如何参与国际竞争。
4. 谈一谈中国新能源电动车发展对世界汽车工业的影响。

◆ 单元作业题

1. 讨论：如何理解产业带动创业以及带来发展的新机遇？
2. 谈一谈中国新兴产业数智化发展的未来趋势。

模块 13

MODULE 13

技术创新与商业成功

□ 内容提要

没有核心技术的自主创新突破,就没有中国经济的崛起。不过,并非技术领先就一定会实现商业成功。本章讲述:认知技术与商业的关系、技术商业化途径与难点、新兴技术成熟度与商业化、新能源技术与商业革命,以及技术价值在于商业成功。

13.1 认知技术与商业的关系

13.1.1 创新思想与改变行动

"创新"意为改变或创造新东西、实现新价值,前提是颠覆陈旧的认知和思想。人类始终在认识自然并利用技术创新及工具改良去改造自然。人地关系思想发展经历了四个阶段:从崇拜自然到改造自然,然后是征服自然,最后是谋求人地协调,如图 13-1 所示。

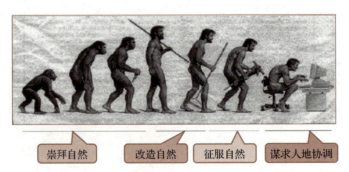

图 13-1　人地关系思想发展所经历的四个阶段

图片来源:360 图片

哥白尼的"日心说"打破了人类以地球为中心的固有认知;达尔文的"进化论"改变了对物种起源和人类进化发展的认知;弗洛伊德的"潜意识论"提升了人

类对于自我、意识和潜意识的认知;凯文·凯利的"进化体论"提出人类和机器均为进化体,本质上可以打通。赫拉利的《未来简史》提出,随着威胁人类生存问题如饥荒、疾病等被逐步攻克,智人将成为永生不老、幸福快乐和具有"神性"的人,等等。思想是行动的先导,只有在观念、认知、思想上创新和唤醒,才能在后续行为上加以改变。

13.1.2 科技创新的"金字塔"与商业化

如图 13-2 所示,科技创新的"金字塔"最底层为一般科技,其科技成熟度和产业化程度最高。随着科技难度和复杂度的不断提高,技术成熟度及产业化、工程化、商业化程度逐步降低,依次形成高科技、硬(深)科技、黑科技和炫科技。例如,在通信领域,光纤通信和器件属于高科技,量子通信属于硬(深)科技,量子计算属于黑科技,量子叠加和瞬间移物则属于炫科技。在航空航天领域,四旋翼无人机属于高科技,火箭和卫星发射属于硬(深)科技,火箭回收发射技术属于黑科技,登陆火星、改造外星则属于炫科技。

图 13-2 科技创新的"金字塔"

13.1.3 技术与商业的协同风险

发明家不是企业家(创业者),只有将发明家的成果成功引入市场并创造经济和社会效益的人才是企业家(创业者)。数智化时代的商业,更需要科学家、工程师和技术经理人、企业家(创业家)、投资者等各方的协同。

假如投资者对新产品的市场需求和盈利能力的预期不好,他就会失去投资或再投资的动能;假如这些合作方感到利益分配机制不佳而离心,则很可能导致公司整体的失败。

13.1.4 技术与商业的求同存异

技术创新使得成本更低、效率更高、风险更小、效益更好。比如,空客飞机需要不断地运用新技术、新材料等使飞机质量提高,飞行更加安全、运行成本更低;格力、华为等名优企业,需要不断地运用新技术,使产品的质量越来越高而价格越来越低,从而满足市场需求、获得用户信任。如果新技术难以在产品市场上落地,或者说,新技术的优势不能转化成产品市场的竞争优势,那么公司可能亏本。

13.2 技术商业化途径与难点

13.2.1 技术商业化的途径

依据《国家技术转移体系建设方案》(国发〔2017〕44号) 等文件精神,实现技术转移或技术商业化主要有9个有效途径,如图13-3所示。

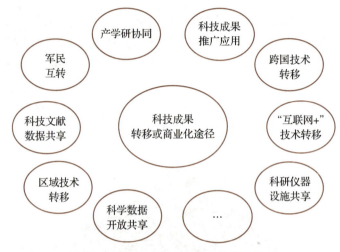

图 13-3 技术转移或商业化的途径

图片来源：蓝海长青智库

1. 产学研协同

产学研协同是高校院所与企业之间双向科技成果转移的过程,是科技成果转移最主要的便捷转移通道,也是转移效率最高的通道。从国家政策支持来看,具体包括以下方面。

发挥国家技术创新中心、制造业创新中心等多平台载体作用,科技成果转移转化是这些中心的主要任务之一。

依托企业、高校、科研院所,建设一批聚焦细分领域的科技成果中试、熟化基地,其任务是开展科技成果熟化以及之后进行转移。

支持企业牵头与高校、科研院所等共建产业技术创新战略联盟,以技术交叉许可、建立专利池等方式将促进技术转移扩散。

加快发展新型研发机构,建构共性技术研发和技术转移的新机制,并使其加入科技成果转移。

充分发挥学会、行业协会、研究会等科技社团的优势,依托产学研协同共同体推进技术转移。

2. 军民互转

军民互转即军用技术向民用转移,民用科研机构参与到国防科研项目的研发,将民用技术向军用转移。

中共中央印发《关于深化人才发展体制机制改革的意见》(中发〔2016〕9号) 提出,鼓励各类优秀人才投身国防事业，促进军民深度融合发展，建立军地人才、技术、成果转化对接机制。人才是技术的重要载体，军地人才、技术、成果转化对接，畅通技术转移通道很重要。

《中华人民共和国促进科技成果转化法》规定，国家建立有效的军民科技成果相互转化体系，完善国防科技协同创新体制机制。军品科研生产应当依法优先采用先进适用的民用标准，推动军用、民用技术相互转移、转化。军民互转：无人机技术展示场景如图 13-4 所示。

《国家技术转移体系建设方案》提出，强化军民技术供需对接，建立军民技术成果信息交流机制。这些规定都着力于加强技术转移，畅通军地技术转移通道。

图 13-4　军民互转：无人机技术展示场景

图片来源：360 图片

3. 跨国技术转移

跨国技术转移包括从国外引进技术和出口技术两个方面。要做好跨国技术转移，应当重点关注以下方面。

（1）加强国际技术合作。加快国际技术转移中心建设，构建国际技术转移协作和信息对接平台，在技术引进、技术孵化、消化吸收、技术输出和人才引进等方面加强国际合作，在国际技术合作中"实现对全球技术资源的整合利用"。

（2）加强技术转移合作。加强国内外技术转移机构对接，形成技术双向转移通道。国内外技术转移机构之间对接也可形成双方转移通道。

（3）实施技术转移行动。例如，教育部关于印发《高校科技创新服务"一带一路"倡议行动计划》（教技〔2018〕12号）提出，建立面向沿线国家的技术市场。其主要措施包括依托高校技术转移机构，构建覆盖沿线国家的技术转移网络；鼓励和支持高校围绕"一带一路"建设，加强国际优势创新资源协同，深化政产学研协同创新机制改革，建设和打造一批高校科技成果转化和技术转移基地。

4. 区域技术转移

科技成果转移具有较强的跨区域特征，即科技成果从科技发展水平高的地区向科技欠发达的地区转移。

我国自 2013 年以来，已经建成国家技术转移集聚区、国家技术转移南方中心、国家技术转移东部中心、国家技术转移中部中心、国家技术转移西南中心、国家技术转移西北中心、国家技术转移东北中心、国家技术转移海峡中心、国家技术转移苏南中心、国家技术转移郑州中心、国家海洋技术转移中心等跨区域技术转移中心。

5. 科技成果推广应用

科技成果推广应用是技术转移和成果转化交互进行的科技活动，先进行技术转移，再实现成果转化。

科技成果或技术具有梯度转移特征，通过梯度转移来延长技术的生命，或向其他行业转移，或向欠发达或不发达地区转移。国家先后建立农业技术推广体系、医疗卫生技术推广体系和行业性技术推广体系等，通过相关技术推广机构、行业协会、学会等，向城镇、工矿企业、广大农村推广先进适用技术。

《国家技术转移体系建设方案》（国发〔2017〕44号）提出，鼓励高校、科研院所在不增加编制的前提下建设专业化技术转移机构，加强科技成果的市场开拓、营销推广、售后服务。创新高校、科研院所技术转移管理和运营机制。

由于我国科技发展进步水平存在区域性差异，可利用行政的力量加强技术推广应用，更好地发挥技术的作用，创造更大的价值。

6. 科研仪器设施共享

科研仪器设施既是科研的手段，也是先进技术的载体。科研仪器设施共享不仅能够充分利用现有的科研仪器设施，有效节约科研投入，加快设施更新换代，而且能够加快科技成果的转移和扩散。

（1）《国务院关于国家重大科研基础设施和大型科研仪器向社会开放的意见》（国发〔2014〕70号）提出，国家重大科研基础设施和大型科研仪器（以下称科研设施与仪器）是用于探索未知世界、发现自然规律、实现技术变革的复杂科学研究系统，是突破科学前沿、解决经济社会发展和国家安全重大科技问题的技术基础和重要手段。其中规定了科研设施与仪器开放共享的四种情形。①必须纳入管理并向社会开放：对于科学仪器服务单元和单台套价值在50万元及以上的科学仪器设备，科技行政主管部门要加强统筹协调，按不同专业领域或仪器功能，打破管理单位的界限，推动形成专业化、网络化的科学仪器服务机构群。②自愿纳入管理：对于单台套价值在50万元以下的科学仪器设备，可采取管理单位自愿申报、行政主管部门择优加入的方式，纳入国家网络管理平台管理。③集约化管理：对于通用科学仪器设备，通过建设仪器中心、分析测试中心等方式，集中集约管理，促进开放共享和高效利用。④查重评议：对于拟新建设施和新购置仪器，应强化查重评议工作，并将开放方案纳入建设或购置计划，通过监督查重，避免重复购买。

（2）《国家重大科研基础设施和大型科研仪器开放共享管理办法》（国科发基〔2017〕289号）规定：①管理单位将科研设施与仪器向社会开放，由其他单位、个人用于科学研究和技术开发的行为；②科研设施与仪器原则上都应当对社会开放共享，为其他高校、科研院所、企业、社会研发组织以及个人等社会用户提供服务，尤其要为创新创业、中小微企业发展提供支撑保障；③科研设施与仪器开放共享是技术（手段）的共享，也是技术转移的重要通道。

7. 科技文献数据共享

科技文献是科技知识的载体，也是科技成果的表现形式之一。科技文献共享就是运用互联网技术实现文献中所记载的科技成果的共享，有利于科技知识的传播，也是科技成果转移的重要通道。

现有的《知网》（CNKI）和《万方》是两个重要的科技文献库，以及专利检索库，这些都是科学研究的基础,也是科技知识的重要来源。借助互联网技术实现科学文献共享,方便查阅相关文献,获取相关信息,实现科学知识的共享和传播。

8. 科学数据开放共享

科学数据既是科技资源,也是科技成果,借助互联网技术实现科学数据的共享共用也是技术转移。

(1)科学数据主要包括三部分:①由基础研究、应用研究、试验开发等科学技术研究开发活动产生的,是科技成果的表现形式;②通过观测监测、考察调查、检验检测等方式取得并用于科学技术研究活动的原始数据,这是阶段性成果;③在通过观测监测、考察调查、检验检测等方式取得的数据基础上衍生形成的科学数据,也是科技成果的表现形式。

图片来源:360 图片

(2)国务院办公厅关于印发《科学数据管理办法的通知》(国办发〔2018〕17 号)规定:政府预算资金资助形成的科学数据应当按照开放为常态、不开放为例外的原则,由主管部门组织编制科学数据资源目录,有关目录和数据应及时接入国家数据共享交换平台,面向社会和相关部门开放共享,畅通科学数据军民共享渠道。国家法律法规有特殊规定的除外。

科学数据原则上必须开放和共享,共享的结果是以科学数据体现出来的科技成果实现的转移。该办法还规定,引用科学数据要注明出处。这不仅是对科学数据提供者的尊重,也有利于科技成果的溯源,因为对科学数据的加工、利用可以产生新的成果。

9."互联网+"技术转移

(1)运用互联网技术连接科技成果的供给和需求,可加快知识的传播,更好地实现科技成果转移。通过互联网技术手段连接技术转移机构、投融资机构和各类创新主体等,集聚成果、资金、人才、服务、政策等创新要素,开展线上线下相结合的技术交易活动。中国技术交易所、浙江技术大市场、西安科技大市场、科易网等均为运用"互联网+"的技术交易平台。

(2)各种类型的信息系统,如国家科技成果信息系统、国家科技报告系统、国家数据共享交换平台等,均为科技成果转移的平台,发挥了"互联网+"技术转移的作用。

(3)高校院所和企业建立的开放式创新平台,也是"互联网+"技术转移。例如,海尔公司 HOPE 开放创新平台搭建了全球创新者与用户需求平台,目的是打造全球资源连接交互的生态圈,其理念是"世界就是我的研发部系统"。

(4)企业构建协同创新网络,即利用"互联网+"技术进行协同研发,推动交互数据,共享信息和阶段性成果。及时、有效的网上沟通,大大提高了研发效率,并实现了无间断研发。这种模式还促进研发管理方式的变革和研发组织的创新。

(5)越来越多的中介服务机构利用"互联网+"技术开展技术转移。它们在网络上开展供需对接、成果交易等。

互联网技术、区块链技术等信息技术用于技术转移，能够大大提高技术转移效率和成功率，这方面也有比较大的发展空间和应用前景。

13.2.2 技术商业化的难点

创业是创新商业化实现的唯一途径，但技术商业化充满不确定性。上文详细讲述了技术商业化的9个途径和相关措施。在实践中，技术商业化还面临较多难题，例如技术创新的商业风险、市场需求和规模效应不足等，第11章已有过讲述。

◆ 案例

思科：科技商业化的典范

1984年底，思科系统公司（CISCO）在美国成立。1986年，思科第一台"多协议路由器"面市，1993年，世界上出现了一个由1 000台思科路由器连成的互联网络，思科也从此进入了一个迅猛发展的时期。目前互联网上近80%的信息流量经由思科的产品传递，思科无疑已经成为全球网络领导者。2000年，思科的最高市值达到5 550亿美元，在全球拥有35 000多名雇员，短暂成为全球最有价值的公司。虽经历了2001年互联网泡沫破灭危机，但是2004年思科的营业收入仍然超过220亿美元。2012年后，思科业务不断转型和调整，到2023年底，它仍然是世界一流的IT服务商。

图片来源：360图片

1. 创始人与经营者的冲突

思科是由美国斯坦福大学波萨克（Bosack）夫妇于1984年创办的。1986年，他们利用斯坦福大学路由器的源代码，制造出世界上第一台路由产品（AGS先进网关服务器），创建了第一个真正的局域网系统（LAN）。它最初的客户来自其他大学和研究中心。1987年，红杉公司的投资人向思科注资250万美元，占有思科近1/3的股份。1988年，莫里奇被任命为公司的第一任CEO。思科进入了快速发展阶段，希望研发更好的网络技术，提供更先进的网络产品。

1990年，这家互联网设备制造商的股票上市，公司创始人一是遇到"多协议路由器"的专利技术所有权与斯坦福大学的纠纷，毕竟产品创造中利用了斯坦福大学的软硬件条件，经过协商，他们将一定数额的思科股份赠予大学作为回报，并辞职离开了斯坦福大学；二是他们与思科CEO莫里奇等人的经营理念产生冲突，不可调和。思科解雇了创始人波萨克夫妇，创始人出售了思科2/3的股票，提现1.7亿美元离开，从此与思科再没有任何关系。

在莫里奇的领导下，思科的营收从1987年的150万美元，到1995年提升到10亿美元；员工从34人扩张到了2 260人。他的领导风格奠定了思科节俭的企业文化。

2. 技术和商业的相互支撑

CEO 莫里奇是个精明人,认为思科必须从家庭作坊式经营管理中解脱出来,光靠技术研发难以发展壮大。他给思科找的新舵手是钱伯斯。1995 年,钱伯斯正式成为思科新任 CEO,掌舵这家网络公司。在他的领导下,思科创造了互联网历史上最辉煌的业绩。1997 年,思科跻身《财富》美国 500 强公司之列。当时,互联网的兴起推动思科急剧发展壮大,公司的路由器和交换机很快被视为日益网络化世界的重要支柱。从股票上市到 2001 年,思科公司的营业额几乎每年以超过 40% 的速度递增。

钱伯斯和莫里奇都干过销售,两人的专长都不是技术,因此他们也都不迷信技术。在 IBM、王安等大公司多年的

图片来源:360 智图

历练,让钱伯斯积累了丰富的市场销售经验,也形成了他独到的经营管理哲学,他能够深刻体会到满足顾客需求的重要性,与思科"以客户为中心"的企业文化不谋而合。当年由于王安公司依赖过时的技术,最终导致公司业绩滑坡,为此被迫裁掉 5 000 名员工。事后,钱伯斯更加坚定"无技术崇拜"。

但是,钱伯斯随时准备购买代表未来技术走向的新公司。钱伯斯认为,这种收购可以使思科少走弯路,减少未来的不确定性。仅 2000 年一年,思科就收购了 22 家公司。收购行动帮助思科吸纳革新的技术,迅速进入新市场,还为思科带来了一大批工程技术精英。他鼓励思科的工程师用业余时间创业,即便为了创业而离开思科也没关系,思科将作为投资者而非管理者来用资金支持他们。若项目成功,思科享有优先收购权;若失败,公司损失一些投资,但省却了不少管理、人事、组织架构调整方面的麻烦。

钱伯斯对思科影响最大,从 1995 到 2015 年,钱伯斯担任思科的 CEO,一路带领思科成为计算机网络领域的领先企业。2015 年,他离任 CEO 时,思科市值约为 1 500 亿美元。他 20 年来既带领思科成为世界顶级公司,也帮助思科渡过了 2001 年互联网泡沫破裂和 2008 年金融危机,他在"全球 907 名最佳 CEO"(2015 年《哈佛经济评论》评比)中排名第 2。当然,钱伯斯给思科带来的变化并不仅仅体现在公司的市值,更体现在以客户为中心的文化以及专注于收购的发展战略。

3. 数智时代"王者归来"

交换机和路由器曾经是互联网的基石。互联网泡沫破裂后的十几年,思科仍然是科技行业的领头羊,作为互联网设备及计算机联网系统的供应商,思科的交换机和路由器构造了互联网世界的神经系统,拥有 2/3 的市场份额。

1997 年,罗宾斯加入思科,他曾分别担任过思科美国商业销售高级副总、全球运营高级副总等职位。在钱伯斯担任 CEO 的最后两年,他让罗宾斯当顾问和助手,以确保按照正确程序交班放权。2015 年,罗宾斯出任思科 CEO,钱伯斯继续担任董事会主席,直到 2017 年离开思科。2017 年后,罗宾斯兼任董事会主席。

罗宾斯成为 CEO 后带领思科从硬件企业向软件和服务企业转型，同时思科也将研发投入由 4 亿美元提高到 63 亿美元，并在安全、分析以及网络自动化方向拓展。在罗宾斯成为思科 CEO 的第一年中，思科进行了 15 次收购，主要集中在云、安全、物联网和数据分析等领域，以布局未来。

2017 年，思科设定了一个三年计划：在 2020 年将软件销售收入比例提高到 30%。2017 年，思科裁员 6 600 人，相当于其 7% 的员工。思科当时预计到 2020 年将有 500 亿台设备联网。汽车、电梯都将接入网络，以解决以往监测难、维护难等问题。而这正需要思科的路由器和云服务。为此，思科推出了更多的网络设备新品、云和 SaaS 服务、分析平台以及机器学习应用程序等，以保护网络安全和数据安全。在 2020 财年中，思科软件及服务收入占比达到 51%，超过了设定的 50% 的目标。

资料来源：鲜枣课堂账号发文，"思科的沉浮往事"，2022-07-19。

13.3 新兴技术成熟度与商业化

13.3.1 新兴技术的三大主题

1. 值得关注的新兴技术

Gartner（全球最具权威的 IT 研究与顾问咨询公司）发布的 2022 年新兴技术成熟度曲线，列出了 25 项值得关注的新兴技术，如图 13-5 所示。

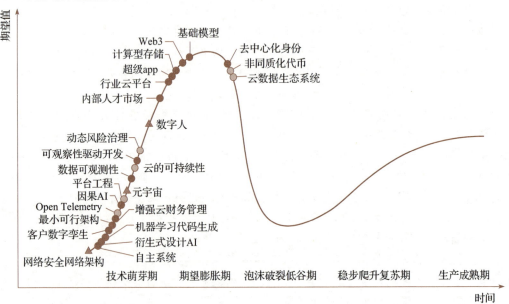

图 13-5　Gartner 2022 年新兴技术成熟度曲线

截至 2022 年 8 月。
资料来源：《世界科学》网站发文，"2022 年 Gartner 新兴技术成熟度曲线"，2022-11-26。

其中主要包含着三大主题：沉浸式体验的演进、加速人工智能自动化和优化技术人才交付。把握新兴技术成熟度，可以推动竞争差异化和效率的提升，也能提高技术成果商业化的实现水平。据预计，新兴技术只有少数有望在 2 年内被主流采用，很多需要 10 年或更长时间才能被采用。

部署处于萌芽期的新兴技术也意味着风险更大，但对早期采用者也有一定的潜在收益。比如，元宇宙、超级 app 和 Web 3 是推动沉浸式体验发展的核心技术；云的可持续性和数据可观测性正在帮助技术人员满足新兴业务需求；自主系统和因果 AI 正在支持 AI 模型创建与部署提速。

2. 技术成熟度和应用前景

Gartner 的研究副总裁 M.Davis 认为："新兴技术为企业提供了转型的潜力，尽管资源瓶颈变得愈发严重，仍需在扩展提升数字化功能的同时追求提高可持续性。企业机构必须正确看待有关新兴技术的市场炒作，利用创新技术来推动差异化竞争并提高效率，从而加速变革进程。"杰出研究副总裁 G.Olliffe 认为："在今年的技术成熟度曲线上，所有技术都处于相对早期阶段，但部分技术处于萌芽期并且在发展上存在巨大的不确定性。虽然部署此类技术面临的风险更大，但早期使用者能根据自身对于未经验证技术的接纳能力来评估和利用这些技术，则可能会带来更大的收益。"

在 Gartner 的一系列技术成熟度曲线报告中，新兴技术成熟度曲线报告最为独特。此类报告从 Gartner 每年覆盖的逾两千种技术和应用框架中发掘独到见解，言简意赅地介绍值得企业机构重视的新兴技术和趋势。这些技术和趋势可望在未来 2 年至 10 年内为企业机构带来强大的竞争优势。

13.3.2 沉浸式体验不断发展和扩展

如图 13-6 所示，沉浸式消费体验是数字体验未来的发展方向。企业可通过客户的动态虚拟表示、环境和生态系统以及新的用户互动模式来支持这种新兴技术体验。个人可以使用新兴技术管理自己的身份和数据，并且体验已集成数字货币的虚拟生态系统。这些技术帮助企业机构以新方式与客户互动，加强或开辟新的收入来源。

13.3.3 AI 自动化提速

AI 正在迅速普及，成为产品、服务和解决方案的一个重要组成部分。这一趋势正在加快专用 AI 模型的创建速度，然后用来支持自动化模型开发、训练和部署。AI 自动化重新聚焦人类在 AI 开发中的作用，能够提高预测与决策的准确性，缩短实现预期效益的时间周期。

图 13-6　AI 沉浸式消费体验技术场景

图片来源：360 智图

13.3.4 技术人员交付得到优化

成功的数字业务均为通过构建获得，而不是通过购买获得的。有些新兴技术专注于融合团队等产品、服务和解决方案构建者社区及其使用的平台。这些技术可提供反馈和洞察，支持产品、服务及解决方案交付优化和加速，提高业务运营的可持续性。

图片来源：360智图

13.4 新能源技术与商业革命

13.4.1 中国正在成为"世界新能源中心"

新能源又称非常规能源，指传统能源之外的各种能源形式，包括太阳能、风能、生物质能、海洋能、地热能、氢能和核能等。

下面我们重点讲述新能源汽车的发展。新能源汽车替代传统能源汽车是全球大势所趋。新能源汽车发展的关键是锂矿资源储备和锂电池制造技术。

中国锂矿资源储备和锂电池制造技术的优势包括两方面：一是从锂矿资源储备来看，中国本土已发现的锂矿资源储备约占世界的7%，而中国公司海外控股、参股的锂矿资源占比约为53%，中国实际控制的锂矿资源约占世界的60%；二是从锂电池制造技术来看，比亚迪、宁德时代等中国龙头企业能够制造出续航时间长、低成本、高品质的锂电池，例如，比亚迪的"刀片电池"不仅满足自身造车需要，而且符合竞争对手如特斯拉、丰田电动车的搭载需求。基于中国锂矿资源储备、锂电池制造技术和成本等综合优势，中国正在成为"世界新能源中心"。

图片来源：360图片

◆ **案例**

宁德时代：新能源电池全球领跑者

截至2023年，宁德时代连续六年动力电池全球第一。比尔·盖茨称赞其为"第二个华为"。宁德时代之所以能够建立起国际市场上的强大竞争优势，原因在于其长期、重金进行科研投入，实现了自主创新、技术突破。

2011年底，宁德时代重新创业。曾毓群是创始人和掌舵人，拥有超强的科研团队，在锂电新能源电池制造领域发展高技术含量、高质量的中高端产品。2012年，宝马成为其新能源电池的第一个客户。2015 年，凭借着技术上的优势，其订单成功超越了三星和 LG 国际巨头。2021 年，宁德时代占据全球市场份额的 32%，市值达到 1.6 万亿元，在国内排名第一。

2023 年 11 月 9 日，曾毓群获得德国诺贝尔可持续发展基金会授予的可持续发展特别贡献奖，这是对宁德时代在电池技术方面的领导力以及在加速全球能源转型方面所做努力的认可。

资料来源：根据宁德时代官方网站资料整理编写。

13.4.2　氢能技术创新与产业链发展

我国能源正从碳向氢转化。目前的石化能源、太阳能和风能都是过渡能源，最后主要能源将是氢能。基于氢能自身的高燃烧热值、储量丰富、零碳排、零污染等优点，发展氢能可以保证真正地实现绿色、清洁、可持续发展。

目前有电解水制氢、生物质制氢、工业副产氢、可再生能源制氢等多种制氢技术和方法。预计到 2050 年，世界上 20% 的碳减排可由氢能替代，氢能消费将占世界能源的 18%。我国在氢能方面，重点攻克氢能绿色制取与规模转存、安全存储与快速输配、氢能便携改质与高效动力系统等技术，关键产业链技术自主可控，处于世界领先国家行列。当然，要实现"氢进万家"，还有很长的路要走。如图 13-7 所示为氢能设备。

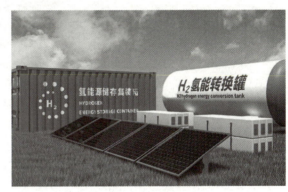

图 13-7　氢能设备

图片来源：360 图片

13.4.3　核能技术创新与产业链发展

核能是利用铀核裂变所释放的热能发电并转化为电能。核能的优势主要在于：一是核能较为清洁，其节能减排的作用是其他能源不可替代的；二是核能能量密集，铀的电功效分别是煤炭、石油的 3 000 倍和 2 000 倍。由于美国和日本等国发生过严重的核事故，对环境、人类造成了严重危害，目前各国高度重视核能安全。

我国核能经历近 40 年的发展，形成了高水平的工业创新链和产业链，核能发电量占比提升到 5% 左右，但仍然远低于世界排名领先的法国、匈牙利等国家，提升空间较大。随着核能技术的不断发展，第四代核能系统大幅提升了核能的安全性和经济性。未来核能将是可控的核裂变和核聚变的高效清洁能源。

13.5　技术价值在于商业成功

13.5.1　技术成果的商业化风险

科技成果转化的"死亡之谷"现象，普遍存在于世界各国创新活动中，在中国也非常明显。数据显示，中国科技成果转化率仅为 10%，远低于发达国家 40% 的水平。在中国企业的科技创新进程中，探索如何跨越"死亡之谷"是极为重要的。科技成果商业化失败的原因较多，比如，技术创新成果还未转化为新产品，已经被其他更领先的技术替代了，或者新产品面市后得不到用户认可，投资人和销售公司也失去了信心，等等。科技成果转化的"死亡之谷"曲线如图13-8所示。

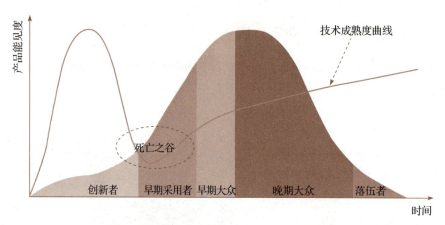

图13-8 科技成果转化的"死亡之谷"曲线

存在于技术成果和商业化产品之间的"鸿沟"或者说"死亡之谷"，必须要靠一个成功商业模式来填补，即一种创造和从用户那里捕捉价值的手段。用户花钱不是为了购买技术，而是为了购买解决问题的方法。必须使价值获得认可，他们才愿意付钱，否则，其商业模式不成功，意味着创业项目失败。商业模式还涉及公司创始人、投资人、创业团队和用户等利益相关者的利益分配机制问题。如果能够造出让用户满意的好产品，促进"产品－用户－资金"正向循环，形成不断改进用户体验、推动用户增长的"飞轮效应"，就会越过"死亡之谷"。

◆ 案例

福特汽车如何取得商业成功

现代意义上的汽车最早由德国两个工程师奔驰（Benz）和戴姆勒（Daimler）分别设计与发明，形成了当今的"梅赛德斯－奔驰公司"。但这一发明和制造，在当时没能实现商业化的成功。

1908年，美国福特汽车公司设计并生产出属于普通百姓的汽车——T型车，掀起了世界汽车工业革命。1913年，福特汽车公司开发出了世界上第一条汽车生产作业流水线，使得T型车的产量共达到了1 500万辆，这一汽车制造的世界纪录至今没有被打破。

福特汽车商业化成功的根本原因在于：低成本、高效率地生产出性价比高的汽车，采用当今的说法，也就是福特造出了普通老百姓买得起的汽车。技术创新如果成本太高，就会失去其商业价值，因为用户只愿意为"性价比"很高的产品买单。

13.5.2 核心技术自主创新的关键作用

创业者拥有竞争者所没有的核心技术能力，是实现产品创新、创造顾客价值的关键。或者说，一个国家即使拥有某个完整产业链，如果不能够实现核心技术自主创新突破，那么，也很难形成整个产业链涉及数百家企业的竞争优势，以及获得巨大的商业成功。中国光伏产业同欧美国家比起步晚、进步快，经过 20 年的持续磨砺，如今光伏产品占世界市场份额的 75%，处于世界领先地位。这主要基于中国所掌握的光伏硅片制造技术以及核心环节中的"金刚线切割技术"，能够规模化、低成本地制造出优质的光伏产品。光伏技术应用场景如图 13-9 所示。

多年来，中国坚持自主创新，实现了在高铁、大飞机、高端芯片、智能手机、新能源、无人机、量子计算、5G 通信等技术和产业领域的核心技术突破，这才有许多中国企业和产业带动创业的强势崛起。

图 13-9　光伏技术应用场景

图片来源：360 图片

随堂讨论题

1. 如何理解技术与商业的关系？举例说明黑科技和炫科技的区别。
2. 谈一谈技术成果商业化的不确定性、制约因素以及难点。
3. 为什么说新兴技术的成熟度会影响其商业化的应用？
4. 我们能够从思科的技术商业化成功过程中学到什么？

单元作业题

1. 中国新能源技术为何能够在世界居于领先地位？行业中的优秀企业有哪些？
2. 讨论：为什么说技术的价值在于商业的成功？请举例说明。

模块 14

MODULE 14

创业标杆：隐形冠军

□ 内容提要

"隐形冠军"企业这一概念来自德国，但其广泛存在于全球许多国家之中。本章讲述了什么是隐形冠军和专精特新企业、德国隐形冠军企业的特色之道，其中国实践是专精特新企业，许多日本的长寿企业也如此，它们是科技领先的全球创业标杆，对本国的经济社会稳定发展贡献巨大。

14.1 隐形冠军与专精特新

14.1.1 隐形冠军产生的根源和特征

1. 什么是隐形冠军企业

"隐形冠军"企业这一概念是德国管理学家赫尔曼·西蒙教授提出的（见图 14-1），指的是那些不为人知，却在细分行业市场中拥有核心竞争力，其产品、服务难以被超越和模仿的中小型企业。在中小企业比较发达的国家，如德国、日本、美国，都有类似的中小企业成为隐形冠军。无论哪个国家的隐形冠军企业，都有以下共同特点：拥有核心技术；具有较高的行业准入门槛；在各自所在国家，甚至是全球细分市场拥有很高的市场份额；主要从事加工配套业务，对于普通消费者而言，其知名度并不高。

2. 隐形冠军为什么会大量出现

这是产业升级和社会化分工发展带来的结果。社会化大生产的不断发展会带来三方面的变化：一是生产链

图 14-1 "隐形冠军"提出学者西蒙教授

图片来源：360 图片

条的环节不断增加，产业链越来越长；二是每个生产环节的产品多样性不断增加，产品种类越来越丰富，产品差异性和附加值不断增加；三是随着分工的细化，工人的熟练程度会越来越高。

3. 隐形冠军最大的特征是什么

一是专注：聚焦在一个狭小的细分领域利基市场上，倾注全力做第一。保持专业主义、长期主义、拜技主义、工匠精神、品质至上。二是创新：不仅限于技术自主突破和成本更低、性价比更高的产品优化，还包括全员化、全方位地持续改善经营流程，提高效率，降低风险。三是全球化：由于隐形冠军专注在一个细分市场，区域市场容量是有限的。在许多领域，中国是全球最大的消费市场，2023年，我国经济总量占全球经济比重超过18%。这就是为什么欧美等发达国家重视中国大市场。

14.1.2 隐形冠军企业不是独角兽企业

"独角兽"企业，是初创不到10年而市值在10亿美元以上的创业企业，它们活跃在高科技、互联网领域。它们的团队规模可能并不大，但可以借助资本的力量在短时间内获得爆炸式增长。独角兽企业和隐形冠军企业均依靠核心技术创业成长，但是，它们的区别在于：独角兽企业比短跑和速度，而隐形冠军企业则比长跑和耐力以及持续力。国际权威评估机构的数据表明：17%的独角兽企业在两年内倒闭或估值已低于10亿美元。全球风险投资界的数据表明：独角兽企业失败率为75%。

这种情况与隐形冠军无关，它们必须专注本行业10年甚至30年以上，依靠坚持不懈地技术创新和经营业绩而奠定行业地位，一两年短时间内经营不佳，仅仅是其行业地位有所下降而已。比如，德国看起来靠的是奔驰、西门子、巴斯夫等巨头企业，其实拥有2 000多家在各个细分市场中排名世界第一的中小企业"全球隐形冠军"。在中国，独角兽和隐形冠军企业至少有数千家，但中国的独角兽中失败企业较多，比如乐视公司。

14.1.3 中国式隐形冠军：专精特新

德国管理学家赫尔曼·西蒙教授提出了隐形冠军三大标准：世界同业市场的前三强或者至少是某个大洲的第一名公司；营业额低于50亿欧元（2019年）；不为外界周知，公众知名度比较低。按照此标准，中国中小企业能达标的并不多。但我国工业和信息化部提出梯度培养"专精特新企业－专精特新小巨人企业－单项冠军企业"的思路，是非常符合我国中小企业发展实际的，可以说，"专精特新"是隐形冠军的中国实践。

专精特新和隐形冠军既有联系，又有区别。从严格意义上说，专精特新企业不是隐形冠军企业，但是又有隐形冠军的基因，比如"聚焦、专注，重视创新研发"等。但专精特新企业在企业规模、管理水平、人均效率等方面与隐形冠军还存在不小的区别和差距，尤其在国际化程度（隐形冠军平均在35个国家设有分公司）方面差距比较明显。

14.2 德国隐形冠军企业

据统计，2021年德国有370万家中小企业，占企业总数的99.7%，贡献了约70%的就业率,是德国经济发展的中坚力量。更重要的是,在2021年《财富》世界500强排行榜中,德国企业只有28家,但在中小型市场领军者排行榜中,德国企业占比48%。

14.2.1 德国隐形冠军的共同特征

德国能成为欧洲第一大经济体和世界强国,固然,大众熟知的奔驰、宝马、西门子等大企业功不可没,其实,支撑德国经济的主要是那些数以千计、不为公众所熟知的中小企业隐形冠军。它们的共同特征如下。一是目标明确:做行业世界第一。二是专注偏执:力图在一个具体产品上形成绝对竞争优势。三是抓牢客户:产品和技术选择狭窄,深挖精雕,对于客户则放眼全球。四是另辟蹊径:它们的产品创新未必属于高科技,但对客户而言一定是有价值的。五是与狼共舞:与世界级强手竞技,最强大的对手促使其成为世界领袖。

图片来源:360图片

14.2.2 隐形冠军:卓越的文化和走自己的路

隐形冠军企业有如下特点:一是领导者是真正的企业家,有魄力、有胆识、有格局,大事讲原则,平时与员工打成一片;二是对员工精挑细选,员工工作效率高、能力强,出勤率很高,而流失率几乎为零,形成了认同感强大的企业文化;三是高度专注于狭窄的技术和产品市场,利用非常有限的资源,建立产品和服务质量的绝对竞争优势,做顶级的产品,鹤立鸡群,赢得客户;四是隐形冠军企业喜欢走自己的路,意志坚定,在很多事情上做法都十分独特,与现代管理理论的教条格格不入,其他公司也很难模仿其产品、技术、管理以及服务等。

◆ **案例**

德国W公司的高度专注

中小企业隐形冠军通过仔细观察顾客的需求和相关的技术,高度专注狭窄市场及产品,不搞多元化。这些企业认为:"我们是这个行业的专家,专注于自己的竞争力,成为小市场的主宰者,并做出大成绩,而不是担当大市场中的凤尾角色。"比如,德国W公司定位于给餐厅和宾馆生产洗碗机,沿着餐厅、宾馆洗碗机的产品线路开发出其他服务,把产品和服务推广到全球。餐厅、宾馆使用这家公司的清洁剂洗出来的盘子格外晶莹闪亮。W公司认为:"顾客需要最干净的,我们的盘子会说话。"专注于小市场,有可能征服世界大市场。做精、做优、做专、做新,是绝大多数的中小企业必选之路。

◆ **案例**

德国Braun公司、CC公司:保护自己的独一无二

基于产品卓越的品质,隐形冠军要求自己在产品制造上有特殊的造诣和深度,做所有能

做的事情，拥有专精技术和核心竞争力以及产品的独特性，拓展海外市场，喜欢建立自己的子公司。比如，德国布朗 Braun 公司生产电动剃须刀及刀片，什么事情都自己做，哪怕是专用机床和刀片小螺钉，在它涉足的 6 个市场中有 4 个市场它都是领袖。CC 公司生产机器，80% 的机器由自己生产，他们像"防贼"一样盯着竞争对手，把自己定位为一个终端消费产品的制造商。尽管沿着自己的价值链往深处走，会付出较大的代价，却能在终端产品价值上给顾客带来独一无二的价值，别人模仿不了。

14.2.3 隐形冠军行业和产品的多样性

一些典型的隐形冠军企业案例直观展示了其行业多样性、市场地位的重要性和特殊性等。它们涉及的产品和行业非常多样化，不仅仅局限于大家所熟知的机器制造或汽车供应商行业。它们不仅有历史悠久的常青企业，也有不断涌现出来的在研发创新的最前沿探索的新锐企业。

图片来源：360 图片

❖ 案例

德国隐形冠军的行业多样性

（1）Flexi。福莱希（Flexi）公司占有伸缩狗链大约 70% 的世界市场份额，制造完全在德国的一家工厂完成，超过 90% 产品出口到大约 100 个国家。

（2）Utsch。Utsch 公司制造的汽车车牌行销 130 多个国家，全球拥有 1 500 名员工和 8 500 万欧元营业额，它是世界上拥有行业领先地位的名优企业。

（3）Invers。该公司是共享汽车系统的世界领导者。共享汽车是一个朝阳行业，它改变了人们的出行方式，未来发展潜力巨大。Invers 不仅服务欧洲领先的共享汽车运营商系统，而且通过当地的分支机构服务美国和亚洲地区的客户。

（4）IP Labs。你很可能已经使用过一次数码相册。那么你在编制、订货和生产过程中所使用的软件很可能就来自 IP Labs 公司。这家年轻的公司是这个领域的世界冠军。

（5）Delo。Delo 胶黏剂被广泛应用在诸如安全气囊传感器、银行卡或护照芯片等多个领域。特别是在新技术领域，比如智能卡，Delo 在全球市场处于领先地位。全球 3/4 的芯片卡使用的都是 Delo 黏合剂。

（6）Belfor。倍尔复（Belfor）公司是火灾、水灾和风灾灾害清理领域的全球市场领导者。凭借其近 10 亿欧元的销售额和 6 000 多名员工，倍尔复比最强

图片来源：360 图片

大的竞争对手的规模大了两倍以上,并且是唯一一家在全球范围内提供这项特殊服务的公司。

(7) Trodat。该公司自 20 世纪 60 年代以来就是世界范围内无可争议的图章制造商,也是发明彩色图章的公司。公司产品出现在 150 个国家的书桌上,产品出口率达 98%。

(8) Temenos。这家公司成立于 1993 年,是零售店、企业、银行以及小微金融机构等各类用户的软件供应商。其在业内世界领先,在全球有 63 个分支机构、4 300 名员工,为 145 个国家的 1 000 多家金融机构提供服务。

(9) Jungbunzlauer。当你喝可口可乐时,可能不会想到 Jungbunzlauer 公司。每瓶可口可乐的柠檬酸都是由这个无人知晓的世界隐形冠军提供的。

(10) Gottschalk。欧洲唯一的图钉制造商。全球仅有的另外一家制造商(中国公司)制造同样的产品。Gottschalk 公司每天生产 1 200 万个这样的小商品,以 300 种不同品牌销往世界各地。

(11) Ludo Fact。该公司是个纯粹的桌面游戏制造商,是这项业务中的欧洲冠军。公司员工从 1995 年的 34 人增长到目前的 600 多人。每天有 7 万个桌面游戏离开生产车间,公司的年产量达 1 700 万,增长势头强劲。

(12) Eigenname。嘉特纳(Eigenname)公司是世界摩天大楼外墙的建造商,在该领域无可争议的世界第一。它使用喷气发动机来测试外墙抗击风暴的强度。世界最高建筑如"迪拜塔",就是由嘉特纳公司建造的外墙。

(13) Baader。在冰岛,一个合格的技师被称为"巴达人"。这是因为他曾很可能在巴达(Baader)系统中受过培训。巴达公司是鱼类加工厂的设备供应商,它遥遥领先于其他竞争对手,拥有 80% 的世界市场份额。

图片来源:360 图片

(14) ARRI 和 Sachtler。阿莱(Arnold & Richter, ARRI)集团制造摄影机,萨拿(Sachtler)公司制造摄影专业三脚架,这两家公司都是全球摄影器材市场的领导者,赢得过多个奥斯卡技术奖项。

(15) Smiths Heimann。海曼(Smiths Heimann)公司是全球领先的检查行李和货物的 X 光机制造商。超过 200 个国家使用海曼公司的设备检查毒品、武器或爆炸物,确保空中旅行安全。该公司产品还有为邮局提供的扫描检查卡车的巨型设备和海关专用的移动系统。

(16) IREKS。爱焙士(IREKS)公司成立于 1856 年,是烘焙原料的全球市场领导者,业务遍布世界 90 多个国家。爱焙士以不同寻常的与客户间的紧密联系和优质服务著称。400 多人的销售团队来自 30 个国家,均是有资质的面包师或糕点师,可以更好地与客户建立紧密的关系。

(17) Igus。易格斯(Igus)公司是塑料滑动轴承和所谓的拖链系统的双料市场领导者。公司从 1985 年的 40 名员工发展到了 3 000 名员工,遍布世界各地。这个隐形冠军极具创新精神,每年开发超过 2 000 个新产品和衍生产品。

(18) Verlag Aenne Burda。Burda Mode 几乎人人皆知。但只有少数人知道安内·博达(Verlag Aenne Burda)出版社。它的时尚杂志和时装裁剪模板以 16 种语言在 90 多个国家发行,自 1961 年以来,它就是该领域全球市场的领导者。

(19) Gerriets。杰里茨(Gerriets)公司生产剧院帷幕和舞台设备。它是世界上唯一一个生产大幅舞台帷幕的厂家,在这一领域的全球市场份额为 100%。无论你坐在纽约大都会歌剧院、米兰的斯卡拉歌剧院还是在巴黎的巴士底歌剧院,都可以看到由杰里茨生产的帷幕。

(20) Klais。克莱斯(Klais)公司生产的管风琴世界闻名,公司产品不仅在德国的科隆大教堂和中国爱乐乐团广受欢迎,而且出现在北京国家大剧院,日本京都、委内瑞拉加拉加斯、英国伦敦、澳大利亚布里斯班、美国奥克兰和吉隆坡双子塔等地的音乐厅。这家全球公司只有 65 名员工。公司 CEO 克莱斯说他的公司是一个"全球性的盆栽公司"。

图片来源:360 图片

(21) Multivac。莫迪维克(Multivac)是一家占有 60% 市场份额的世界领先的热成型包装机制造公司。拥有 80 家子公司、5 200 名员工,过去 10 年间员工数增长了 3 倍以上,公司产品行销 140 多个国家。

(22) Stengel。Stengel 公司是过山车设计和建造商,产品行业世界第一。40 多年来,Stengel 公司为迪士尼乐园、六旗游乐园等承建了超过 500 辆过山车。

(23) Phoenix Contact。菲尼克斯电气(Phoenix Contact)成立于 1923 年,是全球电气连接、电子接口和工业自动化领域的技术与市场领袖。在全球 50 多个国家有子公司,员工超过 17 000 名。每年有几百种创新产品问世,拥有 2 000 多个专利,超过 60 000 种产品,能够为客户提供全面解决方案。

(24) Hillebrand。海蓝德(Hillebrand)是一家全球领先的葡萄酒和酒精饮料运输公司。通过遍布世界各葡萄酒产区和主要消费市场的 47 个分支机构,在 78 个国家开展业务。在葡萄酒运输领域,海蓝德公司有超过 50% 的世界市场份额。

(25) Wanzl。旺众(Wanzl)公司不仅制造机场行李推车,也制造购物手推车,其产品出现在中国的上海浦东国际机场、日本的成田国际机场等世界上许多地方,它是本领域的全球市场领导者。而全球第二大制造机场行李推车的公司也来自德国,它是卡塞尔的 Expresso。

(26) Brainlab。博医来(Brainlab)公司为外科手术提供的系统性服务,类似于汽车导航仪器给行驶车辆提供的导航服务。自 1989 年起,博医来不断提升外科手术规划和方案实施中的准确度。这家快速成长的公司在全球的装机量超过了 5 000 台系统,占全球市场份额的 60%。

资料来源:西蒙,杨一安. 隐形冠军:未来全球化的先锋:第 2 版[M]. 张帆,吴君,刘惠宇,等译. 北京:机械工业出版社,2019.

◆ 案例

隐形冠军产品的多样性

隐形冠军的产品范围涵盖了整个工业产品、消费产品和技术服务等各个领域,其中不知道有多少我们每天都在使用的产品。隐形冠军的产品有：按钮（Union Knopf）、装订材料（Bamberger Kaliko）、金属网（GKD Kufferath）、无损检测（Förster，Deutsch，通用电气检测科技公司）、咖啡生豆贸易（德国汉堡的 Neumann-Gruppe）、缝纫针（阿尔伯斯塔特的 Groz-Beckert）、育种（KWS 种子公司）、缆绳游乐设备（柏林电缆厂）、香精香料（Givaudan，Firmenich 和 Symrise）、花卉土（ASB Grünland）、养鸡场设备（Big Dutchman）、酒店软件（Micros Fidelio）、捕蝇纸（Aeroxon）、温度控制技术（Single）、良种赛马（Schockemöhle inMühlen）或大型活树移栽（von Ehren）。

图片来源：360 图片

资料来源：西蒙，杨一安. 隐形冠军：未来全球化的先锋：第 2 版［M］. 张帆，吴君，刘惠宇，等译. 北京：机械工业出版社，2019.

14.3 中国专精特新企业

14.3.1 隐形冠军的中国实践：专精特新

专精特新，是指具有专业化、精细化、特色化、新颖化特征的中小企业。改革开放 40 多年来，中小企业为中国经济和社会发展做出了巨大的贡献：50% 以上的税收、60% 以上的 GDP、70% 以上的创新成果、80% 以上的劳动就业和 90% 以上的企业数量，还有 68% 的外贸出口。推动中国成为世界第二大经济体，中国专精特新企业功不可没，主要企业为科技领先的中小型制造企业。

"隐形冠军之父"、赫尔曼·西蒙教授对中国政府大力培育专精特新、出台很多帮扶政策的做法给予了很高评价，

图片来源：360 图片

认为中国政府如此重视中小企业健康、可持续发展，一定会培育出一大批专精特新企业，中国企业将是德国隐形冠军最有力的竞争者。从本质而言，专精特新是隐形冠军理念的中国实践。专精特新是隐形冠军的"初级阶段"，隐形冠军是专精特新的榜样、标杆、目标和方向，是专精特新的"底层逻辑"。隐形冠军的目标不在于"隐形"，而是要勇于争夺细分（利基）市场的冠军。

我国工业和信息化部和《中外管理》杂志社多年来评比出中式隐形冠军企业数万家："中国造隐形冠军""专精特新""小巨人""单项冠军"，发掘了一大批应用技术实力在国内同行或者全球同行中处于领先水平的中小企业，对于中国产业发展、产业带动创业等方面意义重大。

我国要成为制造强国，需要更多专精特新企业。虽然中国制造业总量连续十多年位列全球首位，为我国经济的发展提供了有力支撑，但目前还不是制造强国，产业集群和产业链中还有不少"断点、堵点、卡点"，缺少具有国际竞争力的"撒手锏"技术等。

14.3.2 专精特新企业的成功法则

专精特新企业，应当采用的是将持久耐力与短跑速度加以整合的企业发展模式。"专精"是聚焦狭窄而关键的技术和产品，"特新"是能给客户提供与竞争对手相比差异化、独特的产品和服务。其经营理念主要有三方面。一是价值主义：为狭窄的产品市场和广阔的国际市场客户创造价值，如在"卡脖子"的芯片制造技术上实现突破，为客户创造价值。二是技术主义：专注科技创新，提高效率，降低成本，带动商业模式创新。三是长期主义："小巨人"高新企业投资大、风险高，如拼短跑势必输给擅长短跑的独角兽企业。它们需要马拉松赛道，与多个竞争对手比拼耐力，做擅长持久奔跑的骆驼。

14.3.3 中国高科技创新企业的"榕树模式"

如图 14-2 所示，榕树的特征是独木成林、根系特深、树干健壮、枝繁叶茂。它代表着长寿、包容、常绿、顽强、长期。我国有一批高科技企业如同榕树一样茁壮成长，呈现如下特点。一是找准根基：根基和原点是企业的起点，也指向未来的方向，起点既是眼前利益又关乎"红海战略"，方向既是未来价值又关乎"蓝海战略"，根基体现了创始人的核心贡献。二是强化主干：企业高管团队是主干支撑，企业与榕树一样要定期剪枝去叶，强化主干，吸收根部营养，为枝叶提供成长支撑。三是枝繁叶茂。基于根基与主干，企业不断延展市场和拓展用户，与榕树一样形成气根；气根通过光合作用、吸收营养反哺主干与根基，促进枝繁叶茂。

图 14-2 榕树

图片来源：360 图片

14.3.4 "中国造隐形冠军"的特质："五稳"致远

"中国造隐形冠军"企业是高质量发展的引领标杆，专注细分市场，聚焦主业，高创新投入，稳步提升，其特质体现为"五稳"。一是成长稳：稳扎稳打、步步为营、厚积薄发，注重长期积累，追求"功到自然成"。二是经营稳：内生式成长，资产负债率很低，谨慎贷款，对运营风险把控能力强。三是动能稳：紧贴客户、工艺改进、技术创新、产品迭代，加速提升竞争力，是其制胜的不二法宝，其研发投入长年保持营收的 5% 左右。四是员工稳：合伙制模式，员工积极性高、效率高、核心员工流失率极低。五是地位稳：实现从做产品、做品牌到引领"标准"的跨越，成为行业标准的引领者。

14.3.5 中国专精特新企业案例

> **案例**
>
> ## 广东思沃：攻击"大象"的弱点
>
> 多年前，自动贴膜机生产被欧美、日本企业垄断，其市场地位如"大象"一样牢固（图14-3所示为贴膜机组成部分）。广东思沃公司发现外国企业的设备虽有技术参数的优势，但其灵活性和实用性较差。比如，客户会要求商家对设备做定制化的改动，而改动意味着不确定性和成本风险，思沃对标的日本龙头企业20年才做一次改动。显然，拒绝改动会把客户拒之门外。
>
> 思沃公司满足客户改动需求，调整参数、不断验证、快速试错、快速交付。在不断对产品进行打磨、改良中积累了许多的"隐形本领"，与华为、苹果、思科等知名大客户都有业务合作。如今，思沃的贴膜机产量占全球市场份额的60%，排名世界第一。

图 14-3　贴膜机组成部分
图片来源：思沃官网

> **案例**
>
> ## 艾华的隐形冠军特质是如何"炼成"的
>
> 湖南艾华集团主营铝电解电容器，成立30多年，从"跟跑"到"领跑"，如今成为行业"霸主"，是中国第一、全球前四的铝电容器制造商。艾华为何能成为"中国造隐形冠军"？
>
> 一是成长稳定：2008年全球金融危机，行业整体下滑30%，艾华却保持增长25%；2020年，艾华拥有世界上少有的完整产业链，稳定供给、逆势增长。二是技术领先：凭借耐超强冲击电流的铝电容器特有技术，占领全球高端照明市场份额的65%；依靠抗雷击、长寿命的铝电容器技术，成为全球智能手机快充市场占有率最高的企业。三是成为行业标杆：凭借技术实力、专注投入、科学管理、工匠精神等打造出冠军特质。

> **案例**
>
> ## 海佳机械："精一"成就隐形冠军
>
> 2020年底，青岛海佳机械在全球销售喷水织机已达10万台，全球市场占有率达20%，连续多年排名世界第一，成为喷水织机领域名副其实的隐形冠军。海佳机械为什么能成功？
>
> 一是聚焦、专注和精一：持续做喷水织机，不搞多元化，不追求规模和速度。二是学习并超越强手：对标日本强企，学习标准化生产和工匠精神，提升产品质量和性能，在性价比和客户服务方面超越对手。三是核心技术的自主创新：拥有30多项实用新型专利，追求技术工艺精进，获得较高的利润回报。四是客户遍及五洲：更专业、更懂客户，一切从客户角度考虑，满足客户的定制化需求，做到极致，实现全球客户"零流失率"。

> 案例

晨光生物："吃干榨净"的世界第一

20世纪90年代末，一家濒临破产的县城小型五金厂改行做生物提取：无资金、无技术、无人才、无市场。20多年后，这家小厂已成为世界天然色素行业领军企业、国际重要的植物提取供应商，做到辣椒红、辣椒精、叶黄素三个产品世界第一，让我国自主生产辣椒红色素的国际市场占有率由2%增加到80%以上（图14-4所示为叶黄素提取物）。它就是晨光生物。晨光生物靠什么成功？一是攻克技术壁垒，自主创新制造生物提取设备：淡季做设备技术改造，使旺季设备加工更快、成本更低。二是抢占国际市场：凭借优质产品和良好的企业信誉等赢得国际市场认可，2020年出口创汇上亿美元。三是共同参与：生物提取行业风险高但利润大，股东和员工共投、共创、共享、共担。

图 14-4　叶黄素提取物
图片来源：360图片

14.4　日本专精特新企业

14.4.1　日本"长寿企业"大国的秘密

1. 日本"长寿企业"概况

曾有学者做过统计，在日本有260万家公司，其中百年老店有25 321家，200年以上的长寿企业有3 939家，300年以上的有1 938家，500年以上的有147家，1 000年以上的竟然也有21家。世界最古老的企业排名前十中，仅有一家是德国的，其余9家都是日本的，全是家族企业。

> 案例

"金刚组"为排名第一的"长寿企业"

"金刚组"是一家木结构建筑公司，创业至今有1 440多年的历史，入选了吉尼斯世界纪录，如图14-5所示。从"金刚组"可找到长寿企业的共性：创立于公元578年的金刚组，一直专注木造寺院的建筑，其家规是专注本业。

20世纪80年代，公司因扩大业务到房地产建设，导致公司巨亏、几乎破产，金刚家退出了公司经营，"金钢组"变成了非家族企业，这才得以保全。

图 14-5　日本最"长寿企业"金刚组
图片来源：360图片

综合来看,"长寿企业"成功的因素包括:长远观点、长期管理;不追求短期的快速增长;强化核心能力;重视与利益相关者长期的关系;重视企业的独立性和内部的财务风险;强烈的家族继承意识。

2. 核心经商思想

(1)利他主义。利他主义在日本有1 500多年的历史。300年前,日本商人学者石田梅岩提出独特的"商人道"思想,树立"以营利为善"的伦理价值观。大批日本商人借鉴中国的"先义后利""仁、义、礼、智、信""修身齐家治国平天下"的儒家思想,"经营之圣"松下幸之助和稻盛和夫等均有强烈的"利他之心"。

(2)工匠精神和永续经营。日本将工匠精神视为国宝。日本企业非常重视永续经营,而要做到永续经营,就必须将社会责任和顾客价值作为最重要的部分,同时用极致产品和工匠精神来经营企业。

14.4.2 日本专精特新企业的产生和发展

1. 日本专精特新企业涌现

产业升级和社会化分工发展使产业链越来越长,产品多样性、产品差异性和附加值不断增加;随着分工的细化,工人的熟练程度则会越来越高。

通过对1969年和1983年两个时间点进行分析,当时不仅是日本产业转型升级的关键时期,也是日本品牌美誉度不断上升,并且日本制造从本土走向世界的关键时期。相关数据表明:1~9人规模的小企业出现了爆炸式的增长,从47万家增长到近60万家;20~99人规模的企业从6.8万家增加到8.3万家;而受行业发展、竞争情况等影响,1 000人以上的龙头企业数量却从800多家降至650家。这些数字说明了产业升级经历了专业化分工不断深化,并且小而专、小而精、小而强的企业不断涌现的过程。

2. 战略性新兴产业发展

当时,日本提出要发展新能源电池、智能家电、机器人等多个战略性新兴产业。这个过程中需要用到大量的测量仪器、制造装备、电子零部件等,它们的质量又是由模具、软件、传感器等设备的精度决定的。而这些设备的质量和精度又由什么决定?它们是由一个庞大的掌握基础制造技术、制造业核心技术的专精特新中小企业群决定的。它们掌握着锻造技术、铸造技术、冲压机工技术、动力传感技术、切削技术、热处理技术等。当年,日本政府整理出17项技术并进行专门立法,并且特别指出,掌握这些核心技术的是小企业,特别是那些专精特新中小企业,而不是大企业。

据统计,全球范围内的12种主要半导体设备,基本被欧洲、美国和日本垄断。其中,60%~80%的零部件均从日本中小

图片来源:360图片

企业采购而来。从表面上看,虽然半导体行业被欧洲、美国、日本三分天下,但若从供应链的角度看,基本被日本企业掌控。可以说,如果没有日本中小企业的加工配套,全球半导体行业或将面临瘫痪。

3. 为何不能一蹴而就

2014 年,日本顶尖的专精特新企业为 2 100 家左右,企业平均的创业年代是 50 年,大部分属于第二代以上的家族企业,企业平均员工人数不到 200 人,但人均销售额达到 4 000 万日元(约 300 万元人民币)。它们很难如独角兽企业一样爆炸式增长,主要有三个方面的影响因素:

第一,它们开展的不是商业模式创新,而是硬核技术方向的创新。研发周期较长,即使几十年如一日地攻克某专项技术,也很可能只取得一点进步。

第二,它们都处于整体产业链中非常细分的环节,很难有规模效应。一家企业很难在较短的时间里,做到几百、上千甚至过万的产业规模。

第三,日本企业和德国企业类似,主要以银行的间接融资为主,而银行贷款需要有担保和抵押。所以,资金供应存在上限,这决定了日本专精特新企业发展的天花板。这也是为什么我们会看到,即便专精特新企业有很高的技术水平,或在全球市场保有很强的竞争力,但通常规模不会太大。

14.4.3 如何造就"专精特新"企业

这些专精特新企业并不是一个"人"在战斗,它们成长、发展、升级的每一步,背后都有一个强大的产业生态和创新生态作为支撑。金字塔体系是日本制造业最基本的产业组织结构。在日本,几乎每个行业都有几座金字塔塔尖。图 14-6 所示为日企自主研发和制造场景。

图 14-6　日企自主研发和制造场景
图片来源:360 图片

▦ **案例**

北野精机:高密度的经验和技术交流

北野精机是一家需要产业链上下游之间进行高密度的知识交换的企业。企业仅有 28 人,却生产着高精尖产品。比如在生产手机屏幕的新材料方面,由日本几家大工厂提供原材料,北野精机出售生产设备,每台售价约为 2 000 万元人民币。

为何小团队能够进入如此高精尖的领域?一是 20 世纪 50 年代前后,北野精机开始和大学实验室合作,随着这些实验室的发展,毕业生又进入各大研究机构。实验室网络不断扩展,通过定期与实验室负责人进行交流,并寻求协同创新,积累了大量的经验和技术。二是拥有一群长期合作的供应商伙伴,大家平时一起吃饭、打球,当然也少不了切磋技艺。在几十年的高频率交流碰撞中,企业的经验和技术都得到了很大的提升。

> **案例**
>
> ### 岛田制作所：专注生产和研发
>
> 在上下游企业、客户和供应商之间长期稳定的合作关系下，日本的岛田制作所不需要过多考虑营销业务，可以专注进行生产和研发。它是一家只有4个人的钣金加工小作坊，年产值却可以达到9 000万日元，人均2 000多万日元。可贵的是，这么小的企业还在努力培育自己的供应商队伍。目前，该企业有三个固定外协：A工厂只有两个人，做冲压；B工厂有三个人，做涂装；C工厂只有两个人，专门做丝网印刷。

14.5 "创业王国"与商道智慧

14.5.1 "创业王国"以色列的创新创业精神

以色列仅有900多万人口，但据统计24%的人口拥有大学学历，涌现出了14位诺贝尔奖得主。以色列的科学家在遗传学、光学、农业科学、物理学、医学、工程学和计算机科学等领域取得了卓越的科研成果，并应用于产业化实践。以色列的军事和科技实力突出，工业化程度高，经济实力强。

以色列被称为"创业王国"，全民投入创新创业。这个中东国家的空气中弥漫着蓬勃的创业元素、创业精神，为整个国家提供创业"燃料"，让它成为当今世界上科技发展最为快速的国家之一。奋斗不止、勇于创新的精神，是该国的宝贵财富和永不枯竭的发展原动力。中以两国在高科技产业、生物工程、农业等方面有着合作。

> **案例**
>
> ### 以色列"创业之父"
>
> 在以色列，有一位名叫约西·瓦尔迪（Yossi Vardi）的博士（见图14-7），他的创业故事不仅在以色列年轻创业者之间口口相传，更在全球范围内成为创业者的精神偶像，被称为以色列的"创业之父"。
>
> 他从27岁开始创业，共投资超过80家高科技企业，其中5家成功上市。他创办的即时通信软件在1998年卖出了4.2亿美元。他就是以色列"创业之父"。他的成功，引发了无数年轻的以色列创业者的追随，涉及互联网应用的高科技创业企业在以色列如雨后春笋般诞生。

图14-7　创业王国的约西·瓦尔迪博士

14.5.2 商道智慧故事集萃

在全世界，犹太人的人口数量仅为1 600多万，只占世界人口的0.3%。但据说，美国华尔街有一半以上的超级富翁是犹太人，诺贝尔奖得主中犹太人占总数的30%以上。《塔木德》是犹太人创新创业和致富的智慧宝典。下面,我们分享其中一些蕴含商道智慧的故事,以及另外一些广为流传的带给我们启迪的小故事。

智慧故事

商道智慧故事

即使是一美元也要珍惜

两个年轻人约翰和杰克都去了美国西部淘金,寻找机会赚钱。有一天,两人在大街上同时看到一枚面值一美元的硬币,约翰跨过去了,而杰克却捡起了硬币。约翰认为杰克真没出息,一枚硬币也要捡;而杰克却认为财富不会凭空降落,一枚硬币都不愿意捡的人,难成大事!

后来两人同时被一家小公司看中。但是公司薪水很低、干活很累,约翰拒绝了,而杰克应聘了并努力地工作。约翰面试了许多公司,却始终找不到赚大钱的工作。两年后,两人相遇,杰克的事业蒸蒸日上,而约翰没有固定工作,难求温饱。可以说,古往今来,成大事者都必须能从小事做起。小钱都不去把握,怎能抓住大钱呢?

萨利赫父子经商"变通总能赚钱"

第二次世界大战前夕,萨利赫父子从德国逃亡到美国,给一家店的老板推销缝纫机。刚开始,推销成绩不错,第二次世界大战爆发后,生意变得萧条。儿子问父亲:"还要继续推销缝纫机吗?"父亲说:"我们需要改行了,推销残疾人用的轮椅。"虽然儿子有点诧异,但还是按照父亲的意图推销轮椅,果然,战争下的伤残士兵都需要轮椅,他们一年推销出5 000多辆轮椅。

图片来源:360图片

后来,战争即将结束,轮椅不好卖了,儿子不免有些担忧。父亲说:"战后人们最希望安稳美好的生活,美好生活基于健康的体魄,我们推销健身器材吧!"萨利赫父子的经商故事展示了卓越的经商智慧:懂得变通,及时调整经商方向和目标,总能赚到钱。

赚钱要有创新意识

菲勒是一位著名的企业家,生于贫民窟,从小做生意,表现出与众不同的财富眼光。他想买玩具又没钱,就把捡来的玩具车修好后让同学玩,向每人收0.5美元。不到一周时间,他挣到的钱就能买一辆新玩具车了。成年后,他的生意头脑更惊人。有一艘日本货轮遇到了风暴,船上一吨上等丝绸遭水浸泡后,变成了颜色斑驳的废品,货主打算把这些废品全部扔掉。菲勒知道后,找到货主说愿意免费处理这批废品。在得到这批丝绸后,他就把它做成了迷彩服装,轻易地赚到了10万美元。

菲勒的独特之处在于"在别人司空见惯的东西上发掘商机",变成自己的创业资本和成功秘诀。

把握信息能赚大钱

成功经商立足于掌握最新的信息。"即使是风,只要用鼻子嗅嗅它的味道,你也可以知道它的来历。"

"股神"巴菲特对股市行情进行分析前,每天至少阅读五份财经类报纸,购买股票之前,深入了解一家公司至少连续三年以上的财务状况及业内的情报,保证自己比别人更了解该公司,从而确保投资的准确性。

在数字化时代,信息渠道和获取方式复杂、多样,人们需要做到:一是筛选多种有效信息,进行分析、思考、推理;二是注重观察,依靠经验冷静判断、抓住商机、果断决策;三是多加积累,头脑里的新东西多,大脑运转速度快,自然容易找到最适合自己的行事方法。财富创造力如此产生。

"78∶22 经营法则"

犹太人有一条"78∶22 经营法则",强调将大部分资源和精力集中在少数重要的客户或项目上。他们专注于价格昂贵的钻石、珠宝或者金融生意,这些商圈聚焦的都是富贵人家,做富人生意利润丰厚。犹太商人起家时靠放贷赚钱,比自己办企业风险低、获利大;后来建立金融机构,投资于耗资多、回报高的大项目。"78∶22 经营法则"表明:什么地方财富聚集,就把经商的重点放在哪里,这样能花最少的时间和精力赚到最多的钱。

精于借势,成就事业

据说,美国乡村有个老头和儿子相依为命。一天,一个人找他说,要带他儿子去城里工作,老头断然拒绝。这人又说:"如果你儿子跟我走,美国首富的女儿能当你的儿媳!"老头心动了。这个人找到美国首富说:"我想给你的女儿找个对象"。对方说:"快滚!"这人又说:"如果你女儿的对象是世界银行的副总裁呢?"这回,对方同意了。这人找到了世界银行总裁说:"我给您推荐一个副总裁!""不需要。"这人又说:"如果新任副总裁是美国首富的女婿呢?"总裁立刻答应了。这个故事说明:高明的人精于借势,成就自己的事业。

掌握"厚利适销"的原则

在美国纽约著名的第 42 大街上有家专业服装店,店主卢尔请到了优秀的设计师,满心以为生意会好。他做了 1 000 件牛仔服,成本每件 60 美元,仅卖 80 美元,但生意惨淡。

他没灰心、不放弃,以每件 50 元大甩卖,但还是没顾客。卢尔绝望了,店前挂出"世界最新款式牛仔服每件 40 美元"的广告。结果,吸引来了不少购买者。他仔细一看才发现,居然是店员粗心大意,在 40 的后面多加了个"0",变成了 400 美元。

他的生意骤然火爆,糊里糊涂地卖完 1 000 件,发了笔横财。"厚利适销"是一种独特的营销策略。东西方社会都有讲究身份、崇尚富有的心理,有些富有的顾客不会太计较价格,反而对便宜货并不认同,认为"便宜无好货"。

◆ 随堂讨论题

1. 德国中小企业隐形冠军的特征是什么?它们对德国经济的贡献如何?
2. 中国专精特新企业的特征、模式和特质是什么?

3. 日本"长寿企业"的核心经商思想有哪些？简述"长寿企业"与专精特新企业的区别与联系。
4. 谈一谈"创业王国"以色列的科技创新和创业精神。

◆ 单元作业题

1. 讨论：在全世界，隐形冠军企业无处不在的根源是什么？它们与独角兽企业有哪些区别？
2. 讨论：决定隐形冠军或者专精特新企业能否持续实现商业成功的是技术领先、创新精神、经营诀窍还是商业智慧？为什么？

模块 15
MODULE 15

人工智能技术创业

□ 内容提要

伴随互联网、数智化等相关科技的迅猛发展，以人工智能技术为代表的前沿科技正在改变着世界的运行规则，虚拟世界正在变为现实世界的一部分。本章讲述了元宇宙产业及元宇宙产业链是什么，它们带来了什么机遇和风险，以及大模型与人工智能，大模型的进化、开发与评测，重构数智商业新生态，并且分享了有哪些数智时代的"创业之星"值得我们学习和借鉴。

15.1 元宇宙产业与产业链

15.1.1 什么是元宇宙产业

（1）元宇宙的起源与演化。"元宇宙"一词的提出源自1992年的科幻小说《雪崩》，最初作为一种虚构的数字世界而出现。随着时间的推移，这个概念在科技界获得了实际意义。经过30多年的发展，元宇宙已经从一个幻想的概念转变为一个具有实际影响力的产业领域。这种转变标志着数字化、交互式的未来世界的形成。元宇宙产业的发展不仅是技术进步的结果，也是人类对于更加沉浸式、互动性和多元化数字体验需求的自然反应。

（2）技术集成与产业形态。元宇宙产业的发展得益于多个前沿技术的融合和相互作用，包括虚拟现实（VR）、增强现实（AR）、人工智能（AI）、区块链技术、云计算和大数据等。这些技术的结合创造了一个多维度、互动性强的虚拟世界，使其成为现实世界的一个扩展和补充。元宇宙

图片来源：360图片

产业通过模拟现实世界的社会和物理属性,不仅重构了人们的社交互动方式,还为各种经济活动提供了新的平台和机会。这个产业在为用户提供全新体验的同时,也在推动经济模式的转变,如通过虚拟商品和服务创造新的商业价值。

(3)产业影响与应用领域。元宇宙产业的影响已经渗透到社会的各个层面。在旅游、文化、房地产、娱乐、游戏、教育、医疗等行业中,元宇宙都显示出了巨大的变革潜力。这个产业不仅提供了新的商业机会,而且改变了人们的生活和工作方式。例如,在教育领域,元宇宙提供了一个新的互动和沉浸式学习环境,学生可以在虚拟世界中进行实践操作,从而提高学习效率。在娱乐行业,元宇宙则开创了全新的互动娱乐模式,如虚拟音乐会和在线社交活动,为用户提供了前所未有的体验。

15.1.2 什么是元宇宙产业链

如图 15-1 所示,元宇宙产业链主要包括 7 层,具体如下。

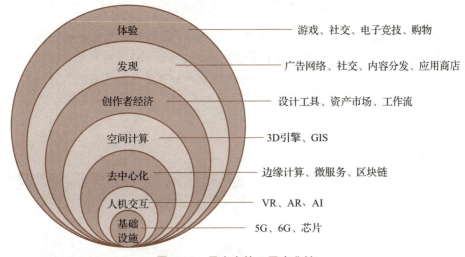

图 15-1 元宇宙的 7 层产业链

图片来源:360 图片

(1)基础设施层:这是支撑元宇宙运行的底层技术,包括通信网络基础设施、算力基础设施和新技术基础设施等。主要负责元宇宙中数据的实时传输与分发、存储计算与处理以及数据挖掘与分析决策。例如,高速的通信网络是实现元宇宙中高质量实时互动的关键,而强大的算力则是支持复杂虚拟环境运行的基础。没有强大的基础设施支持,元宇宙的稳定运行和持续发展是不可能实现的。

(2)人机交互层:通过视觉、听觉、触觉等方式,实现现实世界与虚拟世界的连接,包括智能手机、XR 头戴设备等。这一层提高了用户在虚拟世界中的体验感,使得用户能够更加沉浸于元宇宙之中。

(3)去中心化层:建立元宇宙的分布式架构和经济系统,保证元宇宙的安全性和可持续性,包括边缘计算、区块链等。这一层使得元宇宙能够实现共创、共享及共治,促进了创作者经济的发展。

（4）空间计算层：构建和渲染元宇宙中的三维场景与交互系统，包括3D引擎、XR技术等。这一层为元宇宙提供了丰富的视觉体验和互动性。

（5）创作者经济层：协助创作者提升内容创作的质量与效率，并促进成果变现，包括设计工具、贸易体系等。这一层鼓励了创作者的参与，促进了内容的多样性和丰富性。

（6）发现层：元宇宙技术与场景连接的桥梁，包括广告、社交网络、展览展会、应用商店等。这一层帮助用户发现和体验元宇宙中的新内容与活动。

（7）体验层：实际参与并作用到场景中，包括游戏、社交、运动、购物等。这一层是用户直接参与和体验元宇宙的地方，为用户提供了丰富的互动体验。

这七个层次共同构成了元宇宙的完整产业链，从技术基础到用户体验，每一个层次都为元宇宙的构建和发展提供了重要的支持和贡献。①

案例

ChatGPT 带来的到底是啥

2022年12月，OpenAI推出的聊天机器人ChatGPT在网络上迅速走红。作为一个基于大型语言模型的人工智能应用，ChatGPT通过与人类进行自然语言的交流和互动，能够完成诸如撰写邮件、论文、脚本、商业提案以及创作诗歌和绘画等多种复杂的工作任务。仅仅上线两个月，ChatGPT就吸引了超过2亿用户，引发了谷歌、微软、百度等科技巨头对类似AI投资项目的高度关注。

尽管ChatGPT的出现可能部分改变新闻、教育、医疗、图形和软件制作等行业的就业格局，并让从事这些行业的画家、作家、翻译者、记者等职业从业者感到担忧，但它目前仍存在技术局限性。例如，ChatGPT在视频、图片和文字内容创作方面的机械性与错误率，暴露出其技术尚未成熟，仍需依赖人类的创意和监督。此外，机器人的创新成果还受到制度法规、道德文化等多重因素的制约。

图片来源：360图片

案例

大型科技企业加速元宇宙创业布局

自2021年以来，全球范围内的科技巨头纷纷加快对元宇宙产业的投资和布局。这些公司各自采取了不同的策略来探索和发展自己在元宇宙领域的业务。例如，微软通过开发"企业元宇宙"项目，着重于企业级应用。英伟达推出了一个以元宇宙为基础的虚拟和协作平台，强化了其在虚拟现实技术方面的领先地位。脸书（Facebook）公司更名为"元宇宙"

---

① 资料来源：https://www.163.com/dy/article/HLCAGF 3N0531WA1P.html。

（Meta）公司，标志着其对这一新兴产业的重视。索尼通过推出面向元宇宙的新型游戏头盔，拓展了其在消费电子市场的影响力。

同时，百度、字节跳动等中国科技公司也在积极布局元宇宙领域，百度发布了自己的元宇宙产品，而字节跳动则通过收购 Pico 加强了其在虚拟现实市场的竞争力，海尔公司推出了"智造元宇宙平台"，展现了制造业与元宇宙结合的新趋势。

15.1.3 元宇宙产业机遇和风险

1. 元宇宙产业的机遇和优势

元宇宙为用户提供了全新的体验和互动方式，可以满足人们对于虚拟现实和增强现实的需求。元宇宙的应用领域广泛，可以在教育、娱乐、商业等多个领域带来创新和变革。元宇宙产业具有巨大的市场潜力，可以为创业者和投资者带来丰厚的回报。元宇宙产业的商业化模式多样，具有灵活性和可持续性，可以为企业创造持续的商业价值。

图片来源：360 图片

2. 元宇宙产业的挑战和风险

（1）技术的成熟度和稳定性是关键风险点。目前，元宇宙技术仍处于发展初期，存在一些技术难题和不稳定性。

（2）用户需求和接受度是重要风险点。虽然元宇宙具有巨大的潜力，但用户的接受度和需求仍然是不确定的。

（3）安全和隐私保护问题是重要的挑战。元宇宙中的数据和交易需要得到有效的保护，以防止恶意攻击和信息泄露。

15.2 大模型与人工智能

大语言模型（large language model，LLM）简称大模型，在狭义上指基于深度学习算法训练的自然语言处理（NLP）模型，这些模型主要应用于自然语言理解和生成等领域。然而，广义上的大模型涵盖了机器视觉（CV）、多模态和科学计算等领域的大规模模型。ChatGPT 的出现引起了全球对大模型的广泛关注和讨论。比尔·盖茨认为，ChatGPT 的诞生具有划时代的意义，其重要性不亚于互联网的出现。

15.2.1 云计算到大模型的进化

1. 云计算时代的影响

云计算时代对信息技术产生了深远影响，尤其是在数据处理和存储领域。云平台如 AWS、Azure 和 Google Cloud 提供了高效、可扩展的数据中心服务，使企业能够在没有昂贵硬件的情况下处理和分析巨量数据。这种灵活性使得更多企业能够利用先进的数据分析和机器学习技术，推动了技术创新和新业务模式的产生。云计算的普及也促进了技术的民主化，使得中小型企业和独立开发者能够轻松接入强大的计算资源，从而平等地参与到技术革新中。

2. 大模型时代的崛起

在云计算的基础上，大模型时代的崛起是人工智能领域的一个里程碑，它代表了从传统算法到更复杂、更强大的模型的转变。这一时代的核心特征是利用大量数据和先进的深度学习技术来训练模型，使其能够执行更加复杂和细腻的任务。例如，大型语言模型如 GPT 和 BERT 在自然语言处理领域展现出惊人的效果，能够生成连贯的文本、理解复杂的查询并提供准确的信息。这些模型的成功应用不仅改善了用户体验，还为多个行业带来了革命性的变化，如医疗、法律、金融等领域。

3. 从云计算到大模型的过渡

这一过渡标志着信息处理从以存储和计算能力为核心，转变为以数据驱动和算法创新为核心。云计算为大模型提供了必要的数据处理能力和基础设施，而大模型则利用这些资源实现了 AI 技术的飞跃发展，这种过渡不仅促进了人工智能的商业应用，也推动了技术的创新和社会的转型。例如，大模型的出现使得 AI 技术能够更好地理解和响应人类语言，推动了智能助手和自动化服务的发展，同时也为未来 AI 的进一步发展和应用奠定了基础。

15.2.2　大模型带来三大革命性的变化

1. 大模型推动 AI 技术的跃升

大模型的普及代表了人工智能技术的一次巨大飞跃，实现从弱 AI 到通用 AI 的转变。早期的 AI 系统主要聚焦于特定的、狭窄的任务（弱 AI），但随着大模型的发展，我们开始看到 AI 能够理解并执行更加复杂、更接近人类认知的任务（AGI）。这种转变意味着 AI 不再仅仅是简单的工具，而是能够进行复杂决策、创造性思考和学习新技能的系统。

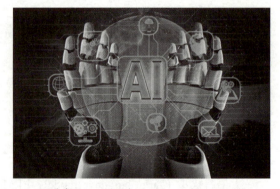

图片来源：360 图片

在跨领域应用的拓展方面，大模型推动了 AI 在各个领域的应用，从医疗诊断到法律咨询，从个性化教育到自动驾驶，AGI 的潜力正在被逐步解锁，为各个领域带来革命性的变化。

2. 大模型推动算力向机器智力的跃升

（1）机器智力成为新动力。在大模型时代，机器智力正在成为推动社会和经济发展的新引擎。这种智力不仅体现在数据处理和分析的能力上，还包括学习、适应和创造的能力。机器智力的崛起改变了传统的生产和服务方式，使得自动化、智能化成为各行各业的新常态。

（2）商业模式的创新。随着机器智力的应用，新商业模式开始出现。例如，个性化推荐系统改变了零售业的运营方式，智能化的供应链管理提高了制造业的效率，AI 驱动的内容创作开辟了媒体和娱乐行业的新领域。

3. 智能化推动数字社会向智能社会的飞跃

（1）从数字到智能的社会转型。随着通用人工智能的发展，我们正从一个以数字技术为主导的社会转型为一个更加智能化的社会。这种转变不仅体现在技术层面，更深刻地影响着人们的生活方式、工作模式和社交互动。

（2）生活质量的提升和挑战的出现。通过个性化的健康管理、智能家居系统等，智能化社会预计将大大提升人类的生活质量。同时，这一转变也带来了新的挑战，如就业结构的变化、AI 伦理和隐私保护的问题，以及法律体系对新技术的适应等。

图片来源：360 图片

4. 创新与创业的重新定义

大模型的发展为创新与创业提供了肥沃的土壤。创业者可以利用先进的 AI 工具来分析市场趋势、优化业务流程以及创建全新的客户体验。AI 驱动的数据分析和预测模型为创业企业提供竞争优势，使它们更准确地识别市场机会和客户需求。同时，大模型的应用也在开辟新的商业领域，如基于 AI 的内容创作、智能客户服务解决方案和高度个性化的营销策略。这些变化不仅为传统行业带来创新机会，也为商业模式创新提供契机。

15.2.3 大模型发展的历程：从起源到领先

大模型发展主要经历了三个阶段，分别是早期探索期、中期沉淀期和迅猛发展期。

1. 早期探索：神经网络和 AI 的基础

从 20 世纪 50 年代到 2005 年，AI 技术经历了从基础的神经网络模型到初步的深度学习算法的探索。在这一时期，AI 技术的基础框架和理论体系逐渐形成，为后续的发展奠定了基石。早期的 AI 探索主要集中在神经网络的开发和应用上。这个阶段的神经网络处于起步阶段，主要侧重于理解和模仿人脑的处理方式。研究者在这个时期努力理解神经元的工作原理，以及如何用简化的数学模型来模拟。

早期的突破，如简单的前馈网络，虽然在功能上受限，但为后来的深度学习和复杂网络结构的发展奠定了基础。这一时期的 AI 技术主要应用于简单的分类任务和模式识别，还未能处理复杂的数据集或执行高级认知任务。

2. 中期沉淀：构建高效的神经网络

从 2006 年到 2019 年，AI 技术进入了一个快速发展和探索的阶段。在这一时期，以

Transformer 为代表的新型神经网络结构出现，从而大大提高了模型的效率。中期沉淀阶段见证了神经网络技术的重要进步，特别是深度学习的兴起。这一时期的重大突破包括卷积神经网络（CNN）和循环神经网络（RNN），这些架构能够更有效地处理图像、声音和时间序列数据。

深度学习的成功在于其能够通过多层网络结构学习数据中的复杂模式，从而更准确地进行预测和分类。这一时期的另一个关键进展是大量数据集和强大计算能力的可用性，这为训练更大、更复杂的模型提供了条件。深度学习技术在图像识别、语音处理和自然语言理解等多个领域取得了显著成果。

3. 迅猛发展：大模型时代到来

从 2020 年开始，以 GPT-3 等模型为代表的超大规模预训练模型成为 AI 技术的新标杆。这些模型的出现，不仅在技术上取得了巨大的进步，还在应用范围和影响力上实现了质的飞跃。大模型时代的来临标志着 AI 技术的一个新纪元。

这一时期的核心是大规模预训练模型，如 GPT-3 和 BERT，它们通过利用巨量的数据集和高级算法，能够执行前所未有的复杂任务。这些大模型在自然语言处理、机器翻译、文本生成等方面展现出卓越的能力，推动了 AI 从实验室走向实际应用的转变。

此外，大模型也开始涉足多模态学习，能够同时处理与理解文本、图像和声音等不同类型的数据。这一时期的技术发展不仅改善了现有应用的性能，还开辟了新的应用领域，如自动内容创作、复杂决策支持系统和个性化教育平台等。大模型的快速发展也引发了对算法透明度、公平性和伦理问题的广泛讨论，提示了未来 AI 发展的新方向和挑战。

15.3 大模型进化、开发与评测

15.3.1 大模型家族和进化

大模型作为新物种，一直在快速进化之中。目前已经初步形成包含各参数规模、各种技术架构、各种模态、各种场景的大模型家族。大模型谱系如图 15-2 所示。

1. 参数规模的演进

（1）初期阶段。大模型的发展最初聚焦在构建基本的预训练模型，这些模型通常具有相对较少的参数，适用于处理基础的数据集和任务。

（2）大规模预训练阶段。在这一阶段，模型的参数规模开始显著增长，形成了大规模预训练模型。这一阶段的模型能够处理更复杂、更多样的数据，提供更准确的预测和分析。

（3）超大规模阶段。目前，超大规模预训练模型成为主流。这些模型的参数规模通常达到了千亿级别，能够处理前所未有的复杂任务和数据。

2. 技术架构的发展

（1）Transformer 架构的引入。Transformer 架构的出现标志着大模型技术的一个重要转折点，它为构建更高效、更灵活的模型提供了基础。

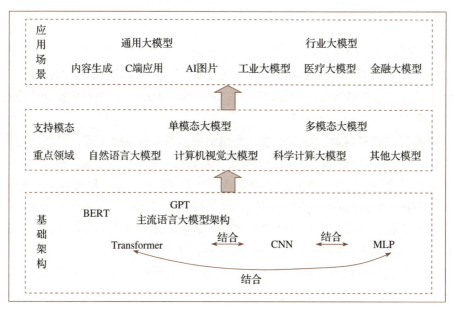

图 15-2　大模型谱系

图片来源：天翼智库

（2）主流技术路线。基于 Transformer 架构，GPT 和 BERT 成为大模型领域的两条主要技术路线。GPT 模型特别在语言生成方面展现出卓越的性能，而 BERT 则在自然语言理解任务中取得了显著成就。

3. 模态的多样化

（1）从单模态到多模态。早期大模型主要处理单一模态的数据，如文本或图像。随着技术的发展，现代大模型开始能够同时处理多种模态的数据，如文本、图像、语音等，实现更丰富的交互和应用。

（2）感知与决策的结合。在多模态模型的发展中，还出现了将感知能力（如视觉和听觉处理）与决策能力（如语言理解和推理）结合的趋势，这使 AI 系统不仅能够理解多种形式的输入数据，还能基于这些数据做出更复杂的决策推理，从而在自动化服务、智能助理等领域展现更高级的应用潜力。

4. 应用领域的拓展

（1）通用大模型。这类模型具有强大的泛化能力，能够在少量或无须微调的情况下应对多种场景，如 ChatGPT 和华为的盘古模型。

（2）行业专用大模型。针对特定行业的需求，大模型经过定制化微调，以适应特定领域的应用，这类模型就是行业专用大模型，例如金融领域的 BloombergGPT 和法律领域的 LawGPT_zh。

15.3.2　大模型的开发策略

在探索大模型的开发策略时，主要策略集中在两种不同的方法：自主构建大模型的探索和基于现有模型的调优实践。

1. 自主构建大模型的探索

深度学习和数据处理。自主构建大模型的过程中,深度学习算法的选择和优化至关重要。这包括选择合适的网络架构(如 CNN、RNN、Transformer),调整层次和参数设置来提高模型的准确度。

(1)计算资源的高需求。构建先进的大模型如 GPT-4 或 BERT 等,需要巨量的计算资源。这不仅涉及昂贵的硬件成本,还包括能源消耗和维护成本。对于需要进行大规模并行处理的任务,选择合适的硬件(如特定的 GPU 或 TPU)和优化计算过程成为关键挑战。此外,持续的硬件和软件维护也是开发和运营的重要组成部分。例如,为了训练一个复杂的图像识别模型,一家科技公司投资了大量的 GPU 资源,并优化了算法来加速训练过程。尽管硬件成本高昂,但快速完成模型训练可以提升图像处理的速度。

(2)创新的机遇与挑战。自主构建大模型为开发者提供了实现创新的机会。他们可以探索新的算法、设计独特的网络结构或开发特定于应用的模型。然而,这也带来了额外的挑战,比如在实验性和创新性算法中保持模型的稳定性和可靠性,以及处理潜在的未知错误和漏洞。例如,一个创业团队在开发一种基于 AI 的医疗诊断工具,他们决定设计一种结合 CNN 和 RNN 特点的混合网络结构,这种方法可以提高模型在处理复杂医疗图像和患者数据时的准确度。

2. 基于现有模型的调优实践

(1)调优流程的细节。对现有开源模型的调优,涉及一系列细致的步骤。这包括识别和选择合适的开源模型作为基础,然后根据特定应用的需求调整模型的参数。这可能涉及改变网络层的配置、添加新的训练数据或调整学习率等。微调过程中,需要权衡如何在保持模型原有强大能力的同时增强其在新领域的适用性。例如,某家初创企业为了开发一个定制的客户服务聊天机器人,选择了一个开源的 GPT 模型,他们对模型进行调优,改变部分网络层的配置,添加了行业对话数据来训练模型,从此这个机器人能更好地理解和响应特定领域的客户查询。

图片来源:360 图片

(2)挑战与限制。虽然基于现有模型的调优具有时间和成本效益,但它也面临一些限制。调优过程中可能受到原始模型架构的约束,例如某些功能或性能上的局限。此外,在处理特定或复杂任务时,调优模型可能不如从头构建的模型那样具有针对性和优化性。例如,某家数据分析公司使用开源的图像识别模型来识别特定类型的医疗影像,虽然模型在通用图像识别上表现出色,但在处理复杂的医学图像时,由于模型的架构限制,难以达到预期的精确度,最终不得不重新开发一个专用化的模型。

（3）快速适应与效益成本。使用开源模型的调优路径使开发者能够快速适应市场变化和应用需求。这种方法特别适合于那些资源有限或需要快速结果的场景。与自主构建模型相比，调优现有模型在时间和成本上更为高效，但可能牺牲一定的定制化和创新性。例如，某家初创企业为了开发一个产品推荐系统，采用了基于 BERT 的开源模型。通过添加自己的产品数据库作为训练集，该企业可以在较短的时间内得到一个可用的推荐系统，既节约了开发时间，也降低了成本。

图片来源：360 图片

15.3.3　大模型效能的评测方法

随着大模型数量的快速增长，如何评价其效能以及适用性成为一个关键的课题。面对众多的多样的大模型，如何有效评估它们的性能，如何选择最适合特定需求的模型，对于业界以及潜在的企业客户都显得非常重要。当前大模型评估方法主要分为以下几种：

1. 基于数据集的性能评估

此评估方法侧重于利用标准化的数据集来测试模型的基础性能。通过对模型在特定数据集上的表现进行量化分析，评估其准确率、召回率等关键指标。例如，使用像 SuperGLUE 这样的综合性能测试集，可以全面检验模型在语言理解、逻辑推理等方面的能力。此方法主要用于评价模型在处理标准任务时的基本效能，如语言翻译、文本分类等。

2. 多维度综合评估

除标准数据集评估外，基于多维度综合能力的评估方法，包括了通过专门设计的评估体系来检验模型在文本生成、语言理解和知识问答等方面的表现。这种方法通常结合人工评测和自动化测试。人工评测侧重于通过专家的主观判断来评价模型在更复杂、更高层次的语言处理任务上的表现；而自动化测试，如使用先进的大模型作为评估标准，可以快速、大规模地评估模型的性能。

3. 实际场景测试

还有一种评估方法是将大模型置于实际应用场景中进行测试，这种方法更侧重于模型在现实世界任务中的表现，而不仅仅是在标准测试集上。通过观察模型在处理真实数据时的表现，可以更全面地评估其适用性和应用价值。

通过采用多样化的评估方法，我们可以较准确地衡量大型 AI 模型在不同环境下的效能。在应用层面，全方位的模型评价对于所有技术扩散的主体（创新者、采纳者等）至关重要，它不仅指导企业在众多模型中采纳最适合其商业需求的解决方案，还揭示了模型在特定商业环境中可能带来的商业价值。此外，评估结果对于预测模型的市场表现、指导产品迭代、优化用户体验具有重要意义。综上所述，大模型效能评价不仅关乎技术层面的优化，更在于如何将这些技术创新转化为具体的商业效益。

15.4 重构数智商业新生态

15.4.1 模型即服务的商业应用

模型即服务（model as a service，MaaS）作为一种创新的商业模式，在数字化转型的浪潮中正变得更加重要。它不仅仅是一种技术服务，更是一种全新的商业思维方式，能够为多个行业带来变革的力量。以下是 MaaS 模式在不同应用场景下的表现以及商业策略：

1. 互联网和 MaaS 应用

在互联网领域，MaaS 体现为直接向终端用户提供基于订阅的服务。这种模式下，用户可以根据使用量或服务质量来支付费用，从而给企业带来稳定收入。例如，某 AI 驱动的写作助手或分析工具采用订阅制，为用户提供高效的文本处理服务。

2. 大模型云服务的推广

如图 15-3 所示，提供基于云的大模型服务，包括数据标注、模型训练及微调工具，为企业提供了灵活的 AI 能力扩展。这使得即使是资源有限的小微企业，也能够利用先进的 AI 技术来提升其业务水平。

3. 插件（Plugin）应用

大模型的插件化为各种应用提供了扩展功能，从而吸引了更多用户。例如，某在线旅行平台通过集成先进的 AI 模型，能够为用户提供更加个性化和便捷的服务，如一站式预订机票、酒店和租车服务。

图 15-3 基于云的大模型消费服务场景

图片来源：360 智图

4. 行业定制化解决方案

MaaS 提供了行业定制化解决方案的可能性，特别是在需要高度专业化服务的领域，如金融分析或医疗诊断。这类解决方案通常针对特定项目需求进行设计，为企业提供更具针对性的服务。

5. 自主应用的增强

企业通过将先进的大模型集成到自家的应用软件中，能显著提升其产品的智能化水平。这种做法不仅提高了用户的工作效率，还增强了交互体验。例如，某些办公软件集成了 AI 助手，能够基于用户指令自动生成文档或报告。

6. 开放 API 的商业机遇

开放 API（application programming interface，应用程序编程接口）为第三方开发者提供

接入大模型的能力,从而允许他们在自己的产品和服务中利用这些模型的高级功能。这种模式鼓励了创新的商业应用,如定制化的客户服务解决方案或数据分析工具。

15.4.2 大模型驱动的行业变革

1. 知识密集型行业的先行应用

(1)互联网行业。互联网行业中,大模型的应用已从基础的搜索优化扩展到复杂的用户行为预测和个性化推荐。这些模型通过分析大量用户数据,提供更准确、更相关的内容推荐,从而提升用户满意度和平台黏性。

(2)金融行业。金融机构利用大模型进行风险评估和市场分析。AI模型能够处理和分析大量金融数据,为决策者提供洞察,帮助他们预测市场趋势和管理投资风险。

(3)教育行业。教育技术的发展正在通过个性化学习方案和智能教学工具改变传统教育模式。AI辅助的教育平台可以根据学生的学习进度和偏好提供定制化的学习内容和指导。

2. 互联网信息服务行业的标杆

在办公自动化方面,大模型正在简化文档创建、数据分析和报告生成等任务。通过语言理解和生成技术,减少重复工作,提高工作效率。在内容创作领域,AI模型如ChatGPT正被用于自动生成文章、报告甚至编程代码,大大提升了内容创作者和开发人员的生产力。

3. 专业领域的长期渗透

(1)医疗领域。AI技术正在改变医疗诊断和治疗方式。例如,AI模型被用于分析医学影像、提供治疗建议,甚至协助进行手术规划。

(2)交通行业。在交通领域,AI技术正用于改善交通流量管理、减少事故和优化路线规划。

(3)制造业。制造行业正在利用AI进行生产流程优化、质量控制和预测性维护,从而提高生产效率和降低成本。

图片来源:360图片

4. 传媒和教育行业的广泛应用

(1)传媒行业。媒体公司正在使用大模型来生成新闻报道、编写稿件和创作视觉内容。AI驱动的内容创作工具不仅提高了生产效率,还增加了内容的多样性和创新性。

(2)教育行业。AI教学助手、智能教育平台正在提供更加定制化的学习体验。这些平台能够根据学生的学习风格和进度调整教学内容,帮助学生在自己的节奏下学习。

15.4.3 商业生态的智能化重构

商业生态的智能化重构是指利用虚拟世界、数字资产以及智能技术,重新构建并优化现实世界的一种商业运作方式。商业生态的智能化重构可以带来新的创业机会,同时也要面对更大的市场变革与更强的竞争压力。商业生态的智能化重构对于创业的影响主要体现在以下方面。

（1）创新产品和服务。智能化重构为创新产品和服务提供了机会。创业者可以探索利用 AI 和机器学习技术来开发新的消费者产品、工业设备或智能家居解决方案，以满足不断变化的市场需求。

（2）数据驱动决策。创业者可以构建数据分析和预测工具，以帮助企业做出更明智的决策。这可能包括提供数据仪表板、智能报告或业务智能解决方案，以支持企业的战略规划和运营决策。

图片来源：360 图片

（3）创业生态系统。智能化重构可以促进创业生态系统的发展。创业者可以建立基于 AI 的孵化器或加速器，帮助其他创业公司在智能化重构的领域中获得支持和投资。

（4）智能化竞争。创业者需要密切关注市场动态和竞争对手，以确保自身的智能化解决方案具备竞争优势。这可能需要不断改进技术、调整市场定位、改善与合作伙伴的合作关系。

（5）法规和伦理问题。创业者需特别注重数据隐私、安全性和商业道德问题。产品和服务的合规性对于建立商誉、促进企业可持续发展至关重要。

（6）创业者通过创新产品和服务，可以吸引更多客户；通过数据驱动的决策，可以更加精确地满足市场需求，提高客户的满意度。在智能化的竞争中，成功的创业者可以借助智能技术保持领先地位，吸引投资和合作，进一步扩大其市场份额。智能化重构不仅为创业者带来了更多的商业机会，还成为实现可持续创业的重要因素。

15.5　当下与未来的创业之星

2023 年，《财富》发布了中国最具社会影响力的 65 家创业公司，它们活在当下、走向未来，它们与元宇宙产业链创业、大模型云计算及人工智能技术高度关联，成为高端化、智能化、绿色化制造领域的"创业之星"，拥有各自独特的商业模式。它们也是引领世界第四次工业革命的"新军"。65 家公司的行业占比如下：智能制造及服务 19 家，绿色科技 8 家，药物和医疗器械研发及商业化服务 8 家，软件及信息技术服务 7 家，医疗、诊断及检测 7 家，自动驾驶 5 家，农业现代化 4 家，消费及其他 4 家，航空航天 3 家。具体情况如下。

图片来源：360 图片

15.5.1 智能制造及服务

（1）上海黑湖科技有限公司。这家公司成立于2016年，先后推出黑湖智造、黑湖小工单、黑湖供应链等SaaS应用，连接制造企业内外部数据孤岛，实现生产现场信息的实时聚合、协作、分析与决策，让制造云端在线，产业链上下游互联互通、高效协作，提升运转效率、质量及柔性制造能力。

（2）苏州清研精准汽车科技有限公司。这家公司于2018年成立，是中国领先的智能电动汽车全生命周期检测平台，通过验证测试数据、生产制造检测数据等，搭建智能电动汽车全生命周期海量数据库；利用自研算法模型，对汽车进行故障预测、事故分析、风险预警，让智能电动汽车更加安全、性能更优。

（3）南京铖联激光科技有限公司。这是一家由南京航空航天大学增材制造研究所孵化的国家级高新技术企业，专注于口腔齿科全流程数字化，提供一站式齿科3D打印数字化解决方案，先后研发出具有自主知识产权的齿科专用3D打印机、义齿智能化设计软件和后处理设备，实现齿科全产业链数字化。

（4）杭州宇树科技有限公司。这家公司专注于消费级、行业级高性能足式机器人、灵巧机械臂自主研发、生产及销售，以全自研电机、减速器、控制器、激光雷达等机器人关键核心零部件和高性能感知及运动控制算法，整合机器人全产业链，在四足机器人领域达到全球技术领先。

（5）西咸新区大熊星座智能科技有限公司。作为一家焊接科技型公司，致力于"改善全球2 000万焊接工人的工作环境"，推进焊接大师经验、决策力的数据化与模型化，实现对机器人的赋能。核心产品智能焊接系统WOS已在全球首次实现水下非常规动力舰艇、航天发动机、船舶海工、重型钢构等场景下的全流程自适应焊接。

（6）浙江砖助智连科技有限责任公司。这家公司专注于细分行业未来虚拟工厂构建和运营的数字孪生，于2020年成立，主要聚焦造纸、智能装备、新能源及上游新材料等细分行业，为行业头部客户和产业集群客户提供工业数字孪生产品和应用，以及相关的未来工厂的建设项目和运营服务。

（7）北京拓疆者智能科技有限公司。拓疆者针对安全生产政策趋严、招人成本上升等痛点，打造了"工程机械远程智控系统"。该系统可以无损加装在各类工程机械上，将挖掘机、装载机等升级成为智能遥控的机器人（见图15-4）。

（8）中科物栖（南京）科技有限公司。中科物栖的RISC-V AI芯片、人机物空间操作系统、物端超微计算机等核心技术产品，可广泛应用在AI物联网领域，构建"人机物"深度融合的万物互联生态，如智慧农业、水利、应急、工业、消费等领域。

图15-4 AI技术+智能制造工厂场景

图片来源：360图片

（9）秒优大数据科技（杭州）有限公司。自2019年起，这家公司专注于产业数字化和供应链创新两大布局，依托大数据、物联网、AI、5G移动通信等新兴技术，坚持自主研发GST、MES等全套核心产品，是柔性智能制造整体解决方案和一站式、全品类服装柔性供应链服务商。

（10）灵动科技（北京）有限公司。这是一家全球范围内唯一的全系列、端到端、实现五大洲部署的视觉AMR高柔性解决方案提供商，专注于视觉自主移动机器人和智能机器人集群调度系统研发，为物流业和制造业提供端到端自动化解决方案，服务着众多《财富》世界500强企业。

（11）上海感图网络科技有限公司。基于自研底层AI框架及技术打造的产品体系，感图网络科技从覆盖全制程的AI精准检测入手，提升检测精度，保证了检测数据的准确性，辅以贯穿整体生产过程的人、机、料、环的数据收集，做到可见、可量化、智能化的良率管理，帮助客户增收、提质、降本等。

（12）北京路凯智行科技有限公司。这是一家智慧矿山无人驾驶整体解决方案供应商，将在军工、农业领域积累的特种车辆无人驾驶经验，应用于新的工业场景，打造独具特色的智慧矿山无人驾驶解决方案。为矿山客户提供无人驾驶技术服务、无人驾驶运输服务，致力于推动矿山整体智慧化升级（见图15-5）。

（13）亮风台（上海）信息科技有限公司。这家公司是国内首批AR产品和服务供应商之一，以空间计算、智能交互、AR云、人机融合AI等核心技术打造AR计算平台，在智能制造等垂直领域落地深耕，助力国产大型客机C919成功商业飞行、宝武钢铁AR智能运维等重大应用场景建设。

图15-5　智慧矿山无人驾驶车

图片来源：360图片

（14）镁佳（北京）科技有限公司。这家公司是互联网思维和AI技术驱动的汽车智能化和联网化零部件供应商，不但提供智能座舱域控制器、智能网联域控制器、自动驾驶域控制器、智能语音交互系统等软硬件产品，以及车联网和汽车大数据平台等汽车PaaS服务，还提供软件开发和测试服务体系。

（15）深圳市唯酷光电有限公司。这家公司专注于柔性液晶显示材料及其产品应用的研发、生产、销售。这家公司自主研发出功能性创新产品，主导并参与的全球主要汽车玻璃厂商的汽车明暗无级调光玻璃项目是世界级领先技术项目，其无雾度可连续明暗调光液晶膜、调光玻璃可以隔热，填补了全球产业空白。

（16）追觅科技。这家公司于2017年成立，在智能生活家电领域、广义机器人领域持续深耕和创新。这家公司在高速数字马达、流体力学、机器人控制及SLAM（即时定位与地图构建）等方面拥有一系列授权专利并处于全球领先地位。

（17）苏州艾吉威机器人有限公司。这是一家专注于工业场景无人驾驶技术的移动机器人企业,其移动机器人产品线拥有国际发明专利和国家发明专利的无反射板激光自主导航叉车系列,应用于轮胎、石化、纺织、汽车、3C、机械制造等工业场景,为制造业提供贯穿设计、生产、管理、服务等各个环节的数字化解决方案。智能制造工厂的控制平台如图 15-6 所示。

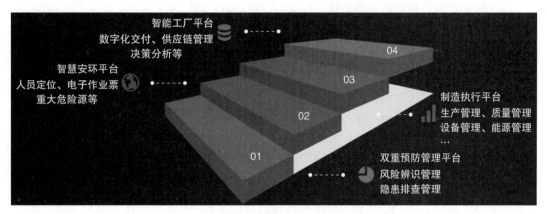

图 15-6　智能制造工厂的控制平台

图片来源:360 图片

(18)重庆摩方精密科技股份有限公司。这是全球唯一可生产最高精度达到 2μm 并实现工业化的 3D 打印系统提供商。作为工业母机的一种,摩方的面投影微立体光刻增材制造技术具备的成型精度和公差控制能力,结合多种性能材料和相关后处理工艺,为多种行业提供了全新的超高精密制造解决方案。

(19)致瞻科技(上海)有限公司。这是一家研发、生产、销售碳化硅半导体器件和中高端电力电子装备的高科技公司,核心产品为碳化硅先进电驱系统与碳化硅功率器件,聚焦服务氢能源燃料电池、新能源汽车以及工业、航天等特殊应用市场。

15.5.2　绿色科技

(1)绿普惠科技(北京)有限公司。绿普惠以实现"数字化推动消费端减碳"为目标,产品"绿普惠云-碳减排数字账本"是第三方绿色生活减碳计量底层平台,利用互联网、大数据等数字技术,实现公众"衣、食、住、行、用、购、游"多场景的绿色减排行为数据量化,为政府、企业提供数字化碳账本服务。

(2)小犀新能源科技(南京)有限公司。小犀新能源作为电动出行能源服务商,致力于让电动出行用户感受到更便捷的电动出行补能体验。其 Maas E 平台基于用户真实需求、便捷、效能及安全四个关键指标与人、车、桩、网等多元和多源的立体数据,为充电用户节省等待及充电时间,充电综合能效提升 25%。

(3)清陶(昆山)能源发展股份有

图片来源:360 图片

限公司。清陶能源专注于新能源材料的产业转化，着力打造整合的"固态锂电池—关键材料—核心装备—综合利用"全产业链。核心产品固态锂电池具有能量密度高、耐高温、寿命长、可柔性化等优点，在新能源汽车、特种环境、储能等领域成功应用。

（4）杭州宇谷科技股份有限公司。这家公司通过端云协同技术实现了电池主动均衡、高效续航、能耗管理、故障诊断、容错控制等功能，保障了电池安全和续航能力，自主研发的智能锂电池管理系统和搭建的充换电全国化的服务网络，使得下游用户群体受益，实现商业模式与消费模式的创新。

（5）深圳中科欣扬生物科技有限公司。这家公司在合成麦角硫因的工程菌中重构了以甲醇等有机碳一为原料的利用途径；结合现代化绿色低糖发酵技术，用创新全合成路径实现麦角硫因规模化生产，无须使用具有污染性的溶剂，实现绿色安全和低成本规模化生产。

（6）茵塞普科技（深圳）有限公司。结合昆虫生物转化、工业自动化、数字孪生和AI等技术建立了一套标准模块化组合、立体封闭式养殖、生物均衡性转化、数据可视化同步的整体系统解决方案，将原本焚烧、填埋处理掉的有机废弃物高效地转化成昆虫类动物蛋白，实现绿色低碳循环和社会的可持续发展。

（7）江苏美科太阳能科技股份有限公司。这家公司于2017年创立，历经多晶硅片、P型单晶硅片、N型单晶硅片的发展，始终坚持光伏硅片的技术创新。晶硅切割废料制备太阳能级多晶硅关键技术和硅废料"两步法"制6N多晶硅技术属于国内外首创，达到了国际领先水平，填补了光伏行业空白。

（8）态创生物科技（广州）有限公司。态创生物是全球首批实现多种物质量产的合成生物平台型企业之一，独有的Tidetron Tao"本道"自动化研发平台，覆盖科技护肤、食品饮料、家居清洁、生物医药等领域，解决了合成生物科研成果转化应用"卡脖子"难题，产业链条实现绿色升级。

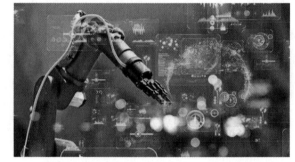

图片来源：360图片

15.5.3 药物和医疗器械研发及商业化服务

（1）深圳市新合生物医疗科技有限公司。新合生物依托AI技术打造RNA研发平台和创新药研究，已搭建多组学大数据采集平台及多重生物组学数据库，利用AI及生物信息技术进行深度药物靶点挖掘及全自动药物设计，用于创新性RNA技术平台升级及药物研究。

（2）深圳深信生物科技有限公司。这家公司于2019年创立，主要从事核酸药物及其递送技术开发，是国际范围内为数不多的掌握mRNA递送底层技术并具备自主知识产权的科技公司。在传染病疫苗、罕见病等方向构建内部研发管线，已获得美国食品药品监督管理局（FDA）的新药临床试验申请（IND）批准，进入临床开发阶段。

（3）上海和誉生物医药科技有限公司。这家公司于2016年成立，专注于肿瘤新药研发，以小分子肿瘤精准治疗和小分子肿瘤免疫治疗药物为核心，致力于开发新颖及高潜力药物靶点的潜在 first-in-class 或 best-in-class 创新药物，用于改善中国及全球病人的生活质量。这家公司拥有由 15 种候选药物组成的产品管线。

（4）上海司羿智能科技有限公司。这家公司于 2017 年成立，以康复为使命，为医院、社区、家庭提供消费级康复机器人及全周期康复解决方案。先后推出全球首款脑机接口手功能康复机器人、国内首款下肢软体外骨骼、国内首个可同时满足医院、社区和家庭使用的上肢康复机器人等原研新品。

（5）杭州启函生物科技有限公司。这家公司于 2017 年创立，是一家将高通量基因编辑技术应用于细胞治疗和器官移植领域的生物科技公司，利用其高通量基因编辑技术和对免疫移植知识的深刻理解，开发出免疫兼容的同种异体细胞治疗和异种器官疗法，是中国第一个获批的基因编辑 iPSC 来源的细胞治疗产品。

图片来源：360 图片

（6）安徽中盛溯源生物科技有限公司。这家公司于 2016 年创立，专注于 iPSC 基础研究与临床转化，已建成融合 iPSC 技术的覆盖全产业链的产品和服务体系，拥有国际领先的高标准科研级和临床级干细胞研发生产设施，以及 iPSC 超级供体库。国内首款获批临床的 iMSC 和 iNK 细胞药物。

（7）南京三迭纪医药科技有限公司。这是一家全新的 3D 打印药物技术平台公司，拥有从药物剂型设计、数字化开发，到连续化生产全链条的专有技术。作为中国唯一的 3D 打印药物专业公司，三迭纪公司可望成为全球最具影响力的智能制药企业。

（8）西安臻泰智能科技有限公司。臻泰智能结合脑机接口专利提出"BCI+VR+机器人"脑机智能康复行业整体解决方案，目前已落地全国标杆三甲医院 30 余家，提供脑机智能康复整体解决方案，通过脑机接口、康复机器人等技术，帮助患者提升康复训练的效能。

15.5.4 软件及信息技术服务

（1）杭州乒乓智能技术有限公司。这家公司于 2015 年成立，是全球最大的跨境支付平台之一，已在全球设有超过 30 个分支机构，业务覆盖全球 200 多个国家及地区。这家公司已建立了跨境收款、外贸 B2B 收付款、供应链融资、SaaS 企业服务等多元化的产品体系。

（2）运去哪物流科技集团有限公司。运去哪是一站式国际物流在线服务平台，基于全链路数字化及全球物流服务网络，在线为中国和全球出海品牌提供海运、空运、铁运、海铁多式联运、跨境电商物流等跨境物流产品和综合物流解决方案，业务覆盖全球 91% 的国家及地区。

（3）杭州趣链科技有限公司。这家公司是企业级区块链技术服务商，致力于为政府及企业客户加速实现数字化转型，做好数字经济"新基建"。它拥有全球首个区块链 3.0 全栈全生态能力体系，涵盖国产自主可控的底层技术能力、开放互联的跨链能力及高效的数据共享和隐私计算能力等。

（4）深圳店匠科技有限公司。这家公司专注于为全球 B2C 电商提供产品和技术解决方案，"通过卓越的技术引领客户全球商业成功"。店匠科技提供建站工具，企业可以低成本快速搭建自己的独立电商网站，实现品牌化运营和多渠道销售，提供的全球化解决方案可以帮助中国商户快速出海。

（5）埃摩森网络科技（上海）有限公司。这家公司是中国第一家服务流程全在线的人力资源顾问公司，借助全自主研发的 Apollo 猎头智能交付系统的人岗匹配的 AI 建模能力，在人力资本数字化、HR AI 等领域，提供全生命周期的高效率人才配置、智能职能运营等人力资本全方位服务。

（6）西安货达网络科技有限公司。这家公司专注于大宗能化产业，提供覆盖大宗商品贸易、物流及金融全流程的数字供应链服务。针对大宗商品流通中"发运收"核心环节，进行软硬件一体化深度数字改造，深入煤炭、电力、化工、建材、铁路货站等业务场景；提供数字供应链解决方案等。

（7）深圳十方融海科技有限公司。这家公司于 2016 年创立，是专注教育、文化创新发展的科技企业，通过运用云计算、大数据、AI 等技术打造全实操场景数字职业在线教育解决方案。主营产品有知识分享平台－荔枝微课、技能实训系统－女娲云教室、数字技能课程平台等，全网用户超 1.5 亿，累计帮助超 650 万人就业。

15.5.5 医疗、诊断及检测

（1）江苏鹍远生物科技股份有限公司。这家公司于 2014 年成立，一直以攻克癌症早期筛查与辅助诊断为目标，基于 DNA 甲基化底层技术，开发了肺癌、肝癌、胃癌、胰腺癌、甲状腺癌等多个产品管线，并大规模应用于临床、体检以及政府民生工程。业务覆盖了我国 22 个省份的 800 多家医疗机构。

（2）西湖欧米（杭州）生物科技有限公司。这家公司于 2020 年创立，是西湖大学的科技成果转化企业之一，专注于 AI 赋能的微观世界数据，致力于以蛋白质组大数据技术创新为驱动力，联合多模态大数据，助力精准医学和药物研发，建立了世界领先的蛋白组学技术平台，实现了蛋白组学技术在疾病早期诊断方面的转化落地。

（3）M20 Genomics。这家公司是专注于单细胞产品与相关技术开发的生命科技公司。2022 年推出了全球首个基于随机引物的全样本高通量单细胞全长测序技术 M20 Seq 及单细胞转录组 VITA 系列产品，大幅提升了单细胞测序技术的各项检测指标，极大地拓展了医学样本库等全新的单细胞技术应用领域。

（4）曜立科技（北京）有限公司。这家公司的业务覆盖智能系统、数据服务、术后患者管理以及产业生态服务等

图片来源：360 图片

多个板块，利用 AI、大数据等技术帮助医生实现"繁杂工作一步到位"；为医院建立高质量的数据体系，医疗数据覆盖筛查、诊断、治疗、长期管理等全临床路径，推动国内医疗与国际医疗水平精准接轨等。

（5）湖南伊鸿健康科技有限公司。这家公司致力于赋能百万家基层医疗机构，为在基层就诊的三亿家庭提供医学检验服务，解决基层医疗机构运用医学检验工具做精准诊断时规模不经济、场景不适应的问题。全国首创图像法血液细胞分析设备及其云端算法，搭建了全球首个大规模应用的数字化云检测服务网络体系。

（6）上海医药大健康云商股份有限公司。这家公司专注于打造创新药商业化全周期服务平台，为中国创新药企业提供从临床研发到上市的商业化及患者服务的全周期解决方案。持续深化数字化业务和互联网平台升级，为政府与研发和制药企业等提供数字化营销、患者服务、公立医院互联网医院运营等专业服务。

（7）精智未来（广州）智能科技有限公司。这家公司聚焦呼气诊断领域，利用微机电、微流控和 AI 技术，自研自产了全球首款超灵敏、高分辨率、智能化、床旁呼气分子分析色谱仪，可实现对呼吸气体中挥发性有机物进行精准的定性和定量分析，为患者居家监测提供无创、便捷、普惠的疾病诊断和健康管理解决方案。

图片来源：360 图片

15.5.6 自动驾驶

（1）赢彻科技（上海）有限公司。这是一家自动驾驶卡车技术和运营公司，业务聚焦干线物流，坚持"全栈自研+量产驱动+深度运营"的核心策略，自研全栈 L3 和 L4 级自动驾驶技术，和汽车产业紧密合作率先实现智能重卡前装量产，为物流客户提供更安全、更高效的自动驾驶技术和新一代 TaaS（transportation as a service，运输即服务）货运网络，拥有多项独家设计。

（2）禾多科技（广州）有限公司。禾多科技以促进自动驾驶技术产业化落地为目标，已拥有全栈自动驾驶研发能力，可为汽车厂商全面提供域控制器硬件+底层基础软件+上层应用软件的全栈式解决方案。以行车和泊车两大场景为量产切入点，为最终实现全场景无人驾驶而努力。

（3）上海智驾汽车科技有限公司。这是一家 AI 驱动的自动驾驶全栈技术公司，其核心技术自研和数据智能体

图片来源：360 图片

系，提供全工况、多场景、跨平台的辅助驾驶和自动驾驶系统产品及解决方案，通过 OTA 在线升级等汽车智能化、数字化转型技术，赋能智慧出行产业链生态，推动自动驾驶逐级落地。

（4）北京小马智行科技有限公司。这家公司着力打造适用于各类车型及应用场景的"虚拟司机"，布局自动驾驶出行服务、自动驾驶卡车及乘用车智能辅助驾驶，凭借提供安全、先进、可靠的全栈式自动驾驶技术，以及 AI 技术领域的最新突破，成为全球首家在中美均推出自动驾驶出行服务的公司。

（5）Momenta。这家公司致力于通过突破性的 AI 科技，实现可规模化的自动驾驶，基于数据驱动的"飞轮"技术洞察，以及量产自动驾驶与完全无人驾驶相结合的"两条腿"产品战略，更高效快速地实现无人驾驶规模化落地，赋能更安全、便捷、高效的未来智慧出行。

15.5.7　农业现代化

（1）四维生态科技（杭州）有限公司。这是一家服务"三农"的科技企业，致力于打造"现代农业 4.0"场景。运用光生物 LED 植物照明、垂直立体种植、植物营养与作物栽培、环境控制与机械设计等高新技术，打造数智植物工厂，破解传统农业生产效益不高、土地资源紧缺、靠天吃饭等难题。

图片来源：360 图片

（2）南京未米生物科技有限公司。这家公司成立于 2017 年，专注于性状改良玉米、特用玉米和植物底盘玉米开发。完全自主开发基因编辑及递送工具，具有高效安全的植物基因敲除、敲入和替换核心技术，能够实现精准育种覆盖各个植物物种，递送效率高出行业平均水平 50%，突破了在玉米、水稻、大豆和棉花等 10 余种作物上的递送技术瓶颈，实现了 18 种作物的无基因型限制递送。

（3）金丰公社农业服务有限公司。这家公司于 2017 年成立，用组织化管理、公司化运作来提高生产托管的效率并对接粮食加工转化企业，满足农户"不下地、产量高、卖高价"的服务需求，重点打造"金融保险、农资套餐、生产托管、农产品销售"四类服务及"增产托管、全程托管、订单托管"三大服务形式。

（4）丰码科技（南京）有限公司。这家公司将 AI 大数据技术应用于农业，在智能化种植领域深耕，提供收集数据、分析数据、自动化执行整体解决方案，其自主研发的作物生长模型 Unigro，利用植物反馈快速生成种植大脑，真正可以代替人进行决策；丰码番茄和草莓实现国际质量（GAP）认证。

15.5.8　消费及其他

（1）深圳顺丰快运股份有限公司。这家公司依托顺丰强大的"天网＋地网＋信息网"三网合一的综合性物流服务网络，提供生产与商业流通、航空货运、陆运包裹、跨境 FBA 等一站式大件综合物流服务。顺丰推出的大件跨境服务，为国内外制造和贸易企业、跨境电商提供便捷可靠的跨境物流和一体化的进出口解决方案。

（2）影石创新科技股份有限公司。这家公司成立于 2015 年，其产品全景相机市场占有率居全球第一，2021 年市场份额超过 40%，产品硬件用户超过 200 万。为各行各业提供先进的智能影像解决方案，专业级产品被广泛应用于数字房产、警务安防与勘查、航空航天、医疗公益等领域。

（3）站坐（北京）科技有限公司。公司旗下品牌 9am 智能拥有自研的全场景人体传感器和 AIoT（AI+IoT，人工智能物联网）的核心技术，为企业提供办公空间数据分析服务和数字化升降工位整体解决方案；9am 智能打破国外品牌在中高端市场的垄断，将产品线延伸至个人家居场景，用科技解锁更多未来办公与生活新场景。

图片来源：360 图片

（4）深圳市锐尔觅移动通信有限公司。这家公司致力于"打造兼具强劲性能和越级设计的产品，让每一个年轻人尽享愉悦体验"。2021 年，智能手机销量达到一亿台，快速占据主流智能手机品牌之列。2022 年，这家公司与世界著名材料公司 SABIC 合作，探索新型环保生物基材料，发布全球首个生物基设计手机，寻求设计和环保的深度融合。

15.5.9　航空航天

（1）江苏深蓝航天有限公司。这家公司于 2016 年成立，聚焦液体可回收复用运载火箭的研制，致力于大幅提升人类进入太空的能力、降低进入太空的成本，"立志成为太空运输产业的推动者"。通过对主打产品"星云"系列运载火箭一子级的垂直回收和重复使用，大幅降低火箭发射服务成本，提升发射服务能力。

图片来源：360 图片

（2）浙江时空道宇科技有限公司。这家公司是航天信息与通信基础设施和应用方案提供商，通过自主研发的多种量级通用卫星平台，实现从卫星研制到卫星量产 AIT 的一站式在轨交付；通过未来出行星座及自有地面系统，提供全球中低速卫星通信等服务。

（3）广州中科宇航探索技术有限公司。这是国内首家混合所有制商业航天火箭企业，覆盖系列化运载火箭研发、定制化宇航发射、亚轨道太空旅游等业务范围。依托中国科学院力学研究所和空天飞行科技中心的科研力量与资源优势，以我国宇航领域重大战略需求为导向,逐步成为迈入世界固体运载火箭领域先进行列。

◆ 随堂讨论题

1. 什么是元宇宙产业和产业链?元宇宙产业的核心技术有哪些?
2. 简述元宇宙产业创业的机遇和风险。
3. 如何理解大模型与人工智能的关系?简述大模型的进化和开发过程。
4. 如何理解数智时代的商业模式?

◆ 单元作业题

1. 讨论:人工智能技术对哪些行业发展产生推动作用?为什么?
2. 简述当下"创业之星"的特质以及其商业模式。

后 记
POSTSCRIPT

呈现在读者面前的这本教材《创新思维与创业实战》，是在原版《创新创业新思维与新实践》的基础上修订而成的。新教材既包含了我本人多年来从事通识教育、创新创业教育和创业管理专业教育的经验，也体现了我和我的教学团队以及教材团队 3 年来完成国家级新文科教改项目和省部级教材研究项目的成果，以及承担省级一流本科课程教学等教学研究与实践的体悟。

多年来，教育部通过遴选国家级教改项目、一流课程、优秀教材、优秀教学成果奖等方式，强力支持高等学校提升创新创业教育教学质量和水平，大力推进新工科、新医科、新农科、新文科交叉融通，高阶性创新创业教育也更加注重聚焦产教融合、科教融汇和专创结合，让中国高校创新创业教育变得更加"新、真、实"，这本新教材的亮点也集中反映在这些方面。

我作为这本新教材的主编和我的教学团队以及教材团队负责人，在此特别鸣谢如下：

首先，感谢我作为委员的"2010—2015 年教育部高等学校创业教育委员会"和"2018—2022 年教育部高等学校创新创业教育指导委员会"的秘书处（中南大学和同济大学）；感谢上海财经大学常务副校长、本届国家级双创教指委副主任委员徐飞教授，为这本新教材再次撰写了精彩绝伦的序言。

感谢中南大学杨芳教授，南开大学张玉利教授，同济大学周斌教授、许涛教授，杭州师范大学副校长黄兆信教授，上海财经大学刘志阳教授，西安电子科技大学李勇朝教授，西安交通大学王小华教授；感谢华东师范大学阮平章院长、教授，感谢西北工业大学柴华奇教授、贺华副主任，感谢四川大学吴迪副院长，感谢海南大学教务处处长王志刚教授、耿刚副处长、冯建成教授、谢小峰副院长，感谢华东理工大学司忠业主任等许多跨校创新创业教育的同行领导和专家。

其次，感谢"2020—2024 年陕西省高等学校创新创业教育工作委员会"主任委员单位西安科技大学，也是我主持的国家新文科教改项目联合实施单位。感谢主任委员蒋林教授、秘书长张传伟教授和秘书处赵蕾主任。

再次，感谢西北大学教务处和经济管理学院多年来对我和我的团队在课程与教材建设方面的鼎力支持。感谢西北大学教务处前后几任处长王正斌教授、李剑利教授、曹蓉教授，感谢我的经济管理学院学科和专业同事白永秀教授、郭立宏教授、贾明德教授、赵守国教授、陈希敏教授、安立仁教授、徐璋勇教授、惠宁教授、王满仓教授、齐捧虎教授、茹少峰教授、赵景峰教授、陈关聚教授、李纯青教授、吴振磊教授、杜勇书记、马莉莉教授、李辉教授、杨建飞教授、梁学成教授、高煜教授、马晓强教授。

最后，感谢机械工业出版社吴亚军老师对这本再版教材能够顺利出版的大力支持。

顾颖　博士
西北大学教授、博士研究生导师
教育部高等学校创新创业教育指导委员会委员
陕西省高等学校创新创业教育工作委员会副主任委员
2024年6月20日

参考文献
REFERENCE

[1] 哈默. 中产企业：创办、管理、机遇、风险[M]. 顾颖，编译. 北京：中国华侨出版社，1998.

[2] 柯林斯，波勒斯. 基业长青[M]. 真如，译. 北京：中信出版社，2002.

[3] 赵守国，顾颖，史耀疆. 中国西部中小企业创业与成长研究[M]. 北京：中国社会科学出版社，2004.

[4] 顾颖，马晓强. 中小企业创业与管理[M]. 北京：中国社会科学出版社，2006.

[5] 安德森. 长尾理论[M]. 乔江涛，译. 北京：中信出版社，2006.

[6] 德鲁克. 创新与企业家精神[M]. 蔡文燕，译. 北京：机械工业出版社，2006.

[7] 柯林斯. 从优秀到卓越：珍藏版[M]. 俞利军，译. 北京：中信出版社，2009.

[8] 廖春红. 越简单越实用：九型人格[M]. 北京：中国华侨出版社，2018.

[9] 三矢裕，谷武幸，加护野忠男. 稻盛和夫的实学：阿米巴模式[M]. 刘建英，译. 北京：东方出版社，2013.

[10] 特劳特，里夫金. 重新定位[M]. 谢伟山，苑爱冬，译. 北京：机械工业出版社，2011.

[11] 陈威如，余卓轩. 平台战略：正在席卷全球的商业模式革命[M]. 北京：中信出版社，2013.

[12] 凯利. 必然[M]. 周峰，董理，金阳，译. 北京：电子工业出版社，2016.

[13] 大前研一. 专业主义[M]. 裴立杰，译. 北京：中信出版社，2006.

[14] 王伟立. 华为的团队精神[M]. 深圳：海天出版社，2013.

[15] 司春林. 商业模式创新[M]. 北京：清华大学出版社，2013.

[16] 波特. 竞争战略[M]. 陈丽芳，译. 北京：中信出版社，2014.

[17] 卢新元. 众包模式中用户行为研究[M]. 北京：科学出版社，2019.

[18] 桂曙光，陈昊阳. 股权融资：创业与风险投资[M]. 北京：机械工业出版社，2019.

[19] 陈劲，郑刚. 创新管理：赢得持续竞争优势[M]. 3版. 北京：北京大学出版社，2016.

[20] 顾颖，王莉芳. 创新创业新思维与新实践[M]. 西安：西北大学出版社，2020.

[21] 西蒙，杨一安. 隐形冠军：未来全球化的先锋：第2版[M]. 张帆，吴君，刘惠宇，等译. 北京：机械工业出版社，2019.

[22] 陈春花. 价值共生：数字化时代的组织管理[M]. 北京：人民邮电出版社，2021.

[23] 杨光，辛国奇. "中国造隐形冠军"的9个传奇[M]. 北京：企业管理出版社，2021.

[24] 江帆，陈江栋，戴杰涛. 创新方法与创新设计[M]. 北京：机械工业出版社，2019.

[25] 李牧南. 产品创新思维与方法［M］. 北京：机械工业出版社，2021.

[26] 邓立治，邓张升，唐雨欣. 商业计划书案例：从创新创业大赛到创业实战［M］. 北京：机械工业出版社，2021.

[27] 赛诺，辛格. 创业的国度：以色列经济奇迹的启示［M］. 王跃红，韩君宜，译. 北京：中信出版社，2010.

[28] 赫里姆. 塔木德：犹太人的经商与处世圣经［M］. 邹文豪，编译. 北京：中国画报出版社，2009.

[29] 张艳玲. 塔木德：犹太人的创业与致富圣经［M］. 北京：民主与建设出版社，2017.

[30] 艾弗森. 以小博大：我和我的纽柯钢业［M］. 郭颐顿，杨彦恒，译. 上海：中国出版集团，东方出版中心，2019.

[31] 大前研一，等. 数字化革命：企业数字化经营的逻辑［M］. 陆贝旎，译. 北京：机械工业出版社，2021.

[32] 首都经济贸易大学经济学院. 应用经济学课程思政教学案例集萃［M］. 北京：首都经济贸易大学出版社，2022.

[33] 李威平. 运营智能化与数字化转型［M］. 张月强，译. 北京：人民邮电出版社，2022.

[34] 刘红松. 中国式隐形冠军：聚焦专精特新之路［M］. 北京：企业管理出版社，2022.

[35] 林惠春，谢丹丹，朱新月. 专精特新：向德国日本隐形冠军学什么［M］. 北京：企业管理出版社，2022.

[36] 船桥晴雄. 日本长寿企业的经营秘籍［M］. 彭丹，译. 北京：清华大学出版社，2011.

[37] 陈强，鲍悦华，常旭华. 高校科技成果转化与协同创新［M］. 北京：清华大学出版社，2017.

[38] 李彦宏，等. 智能革命：迎接人工智能时代的社会、经济与文化变革［M］. 北京：中信出版集团，2017.

[39] 黄震. 开放式创新：中国式创新实践指南［M］. 杭州：浙江大学出版社，2020.

[40] 阿特拜克. 动态创新：技术变革与竞争优势［M］. 焦典，峨嵋，译. 北京：中国广播影视出版社，2022.

[41] 希发基思. 理解和改变世界：从信息到知识与智能［M］. 唐杰，阮南捷，译. 北京：中信出版集团，2023.

[42] 萨霍塔，阿什利. AI革命：人工智能如何为商业赋能［M］. 刘强，程欣然，译. 北京：机械工业出版社，2023.

[43] 罗伯茨. 高新技术创业者：MIT的创业经验及其他［M］. 陈劲，姜智勇，译. 北京：清华大学出版社，2023.

[44] 罗伯茨. 创业精英：MIT如何培养高科技创业家［M］. 陈劲，姜智勇，译. 北京：清华大学出版社，2023.

[45] 陈春花. 组织的数字化转型［M］. 北京：机械工业出版社，2023.

[46] 杨汉录，宋勇华. 打造灯塔工厂：数字—智能化制造里程碑［M］. 北京：企业管理出版社，2022.

[47] 林文岚. 洞察：商业成功的秘诀［M］. 北京：中国商业出版社，2022.

[48] 宋政隆. 无边界商业模式［M］. 北京：中国商业出版社，2023.

[49] 闻悦玲. 零成本低风险创业［M］. 北京：中国纺织出版社，2023.

[50] 天翼智库. 迎接大模型时代：大模型发展简史及攻略［J］. 互联网天地，2023（5）：8-15.

[51] 吴寿仁. 实现技术转移的9个路径［R］. 北京：蓝海长青智库，2022-08-23.

[52] 蓝海长青智库. 2022年新兴技术成熟度曲线［R］. 北京：蓝海长青智库，2022-08-20.